再生する国立公園
National Park Renaissance

日本の自然と風景を守り、支える人たち
the road to natural resource and landscape conservation in Japan

瀬田信哉

アサヒビール株式会社発行■清水弘文堂書房編集発売

再生する国立公園

目次

日本の自然と風景を守り、支える人たち

National Park Renaissance

the road to natural resource and landscape conservation in Japan

S T A F F

PRODUCER 礒貝 浩・礒貝日月（清水弘文堂書房）
DIRECTOR あん・まくどなるど（国際連合大学高等研究所）
CHIEF EDITOR & ART DIRECTOR 二葉幾久 渡辺 工
DTP EDITORIAL STAFF 小塩 茜
PROOF READER 飯塚 彰 石原 実
COVER DESIGNERS 二葉幾久 黄木啓光 森本恵理子（裏面ロゴ）
□
アサヒビール株式会社「アサヒ・エコ・ブックス」総括担当者 谷野政文（環境担当執行役員）
アサヒビール株式会社「アサヒ・エコ・ブックス」担当責任者 竹田義信（社会環境推進部部長）
アサヒビール株式会社「アサヒ・エコ・ブックス」担当者 高橋 透（社会環境推進部）

ASAHI ECO BOOKS 25

再生する国立公園

日本の自然と風景を守り、支える人たち

瀬田信哉

アサヒビール株式会社発行□清水弘文堂書房発売

はじめに

日本に国立公園が誕生して75年になる。現在では29の国立公園面積は国土面積の5・5%、国定公園、都道府県立自然公園を合わせると14・3%にもなる。その国立公園に1年間に3億5277万人が訪れるという統計がある（環境省　平成18年自然公園利用者調）。海外観光客を考慮しても、全国民が年に2・7回も訪れる計算になる。しかし、国立公園に行ってきたと実感する人はきわめて少数だろう。何が国立公園への認識を遮断しているのだろうか。

「国がつくったものでもないのに国立公園とはおこがましい」という人は、国立劇場や国立病院・大学を連想する。昔ならば郵便切手を思い浮かべた人もいただろう。「心のふるさと」ととらえてくれる人もいれば、名ばかりではないか、という人もいる。本文で何度も登場する「地域制」という公園制度からは実体が見えにくいからだ。規制に主眼を置いた国立公園制度は、観光開発華々しい時代にあっては、開発の障害だ、いや自然保護の砦だと賑やかに論じられ、国民の関心も高まったが、現代では過去の出来事のように忘れ去られている。それはそれで国立公園にとっての休息の時代かもしれないが。

僕は本書でも書いているが、国立公園の現場管理の経験をとおして日本の自然環境の保全に関わりたいと思っていた。当時それを国立公園管理員（レンジャー）仲間に呼びかけていたから、隠居の身になってからの時間をそうした資料の発掘とまとめに充ててみようと思った。また、環境問題や国立公園に関心のある親しい研究者からは、環境庁創設前後の国立公園行政を当事者の目でまとめてみては、とも言われていた。

国立公園の現状と方向性を、役所風の総花的な意見集約型報告書にしたり、教科書的に全貌を記述するのであれば、すでにレポートや著述がある。それとは違い体験的に、また、国民が国立公園にどのようにかかわってほしいかを、期待をこめて書くことにした。本書の構成は以下のようになっている。1章は国立公園管理員として駐在した現地体験談、2章は環境庁創設前後のことを関係文書や資料を集成してドキュメント風にまとめたもの、3章は環境庁自然保護局創設までの国立公園行政史、4章は環境庁になってからの変化と効用など、5章は今後の国立公園への使命と期待、という構成になっている。章立ての順に読んでいただくと、若干自分史的な色合いが濃くなるので、2章、3章を読んでから1章に戻るという読み方も新たな視座を与えるのではないかと思う。本書をとおして国民にも、後輩レンジャーにも、もっと国立公園にかかわってほしいという気持ちを読み取っていただければ、幸いである。

個人的な話になるが、編集発売元である清水弘文堂書房の前社主の礒貝浩氏とは旧知の間柄である。浩氏との付き合いは環境庁勤務時代からだから、およそ20年。その多くはカナダ大使館での、本書の帯文を寄せてくれたC・W・ニコル氏やアサヒ・エコ・ブックスのディレクターあん・まくどなるどさんと関連した会合だった。

礒貝氏と最後に会ったのは、平成19年7月5日のインテリアデザイナーの内田繁さんの紫綬褒章受章のお祝いパーティで、それから1月後の8月5日未明、急逝された。彼とは以前から本を執筆する約束をしていた。彼の死後平成20年5月から本書の執筆を始めた。原稿提出を8月末と定め、6、7、8月を夏の陣とした。本書中にも転載した文がいくつかあるが、僕は印刷物を電子情報として保存していなかった。ワープロで打ち直す作業に恐れおののいていたとき、立教大学の教え子がそれを引き受けてくれ、やがて先輩も手を貸してくれた。ゆとりができて僕は励まされ、千葉県立中央図書館や国立国会図書館に通うことができた。本書で使った文章はごく少ないが、この好意がなければ執筆は立ち往生しただろう。中島和華子さんと石曽根（旧姓田嶌）零さんにお礼を言いたい。執筆を始めると分量は膨大になり、圧縮作業をしなければならなかった。3分の2に圧縮する作業を10月下旬から始めた。その間に、レンジャーの後輩で現在は侍従の下均氏（第4章の「緑の国勢調査」の「身近な生きもの調査」執筆者）に、事実の確認と助言を依頼した。彼は宿直の夜などに時間を作ってこまめに手を入れてくれた。改めてお礼を申し上げる。この作業は昨年末まで続いた。冬の陣というべきものだろう。最後になるが、発行元のアサヒビール株式会社、清水弘文堂書房のスタッフの方々、本書に登場する多くの方々にお礼申し上げる。このような機会に恵まれたというのも礒貝浩氏の導きかもしれない。

なお、校正段階で最も頭を悩ましたのが人名の敬称等だった。役職を離れた場合、呼び捨てにするか、氏をつけるかで大いに迷った。多くは敬称略でご容赦いただきたい。

第1章　レンジャーの日々

昭和36（1961）年12月に厚生省国立公園部に採用された筆者の国立公園管理員（レンジャー）としての現地経験は、38年5月の阿寒国立公園川湯駐在に始まる。3年間勤務の後41年4月南アルプス国立公園、42年7月富山県技師として出向、44年4月上高地駐在と目まぐるしく転勤する。上高地には中部圏開発整備本部勤務後の47年7月から1年間再び勤務する。

39年国立公園に指定された南アルプスでは、辞令上は野呂川広河原駐在の厚生技官だったが、事務所もないままに山梨県庁の観光課に机を借りた。富山県では週の半分は県庁の貿易観光課勤務、週後半は立山室堂の管理所を拠点に現場と山岳回りなどをしていた。

1　単独駐在の阿寒国立公園管理員

レンジャーの日々

前任者からの引継ぎ書の冒頭を引用する。

阿寒国立公園は弟子屈町、阿寒町、美幌町、足寄町、津別町、標茶町の6町にまたがり、約8万7000ヘクタールの面積を有する。その内、弟子屈町、阿寒町が90％以上を占め、主要利用地点もこの２町のなかにある。

阿寒国立公園川湯管理員事務所の管轄は、このなかで弟子屈町、美幌町、標茶町の部分であって、全体の70％を占める。川湯・和琴の２集団施設地区を有し、摩周と硫黄山山麓の二つの重要なる特別保護地区のほか、屈斜路湖畔を中心とする一大特別地域があり、ほとんどは国有林であり比較的原始景観が保存されているが、平坦地は開拓地、農地が多く普通地域となっている私有地である（国立公園のしくみは２４５頁の表を参照）。

川湯集団施設地区には国有林から所管省換えされた厚生省所有地（11・８ヘクタール）もあり、駐車場や園地の公園施設のほかにもバス会社の営業所やガソリンスタンド敷など16件、同様に和琴地区（51・５ヘクタール）ではキャンプ場、売店敷の10件の土地の貸付業務がある。

川湯温泉地は旅館や売店、飲食店のほんどが民有地だが、観光客が往来し宿泊する場所なので、建築物の新改築には許可を必要とする特別地域だった。管轄外になる阿寒湖畔も宿舎のほかに観光客目当ての風俗営業飲食店が多く、まさに観光遊興の最前線といえる異様な雰囲気もあった。

国立公園の主要観光ルートは美幌峠から屈斜路湖畔、川湯温泉、川湯硫黄山、摩周湖展望台と弟子屈から阿寒湖畔に通じる針葉樹林帯を縫う国道であり、昭和９（１９３４）年指定の火山地形と森林と湖を眺望できる典型的な道路公園だった。川湯温泉は釧網本線川湯駅から４キロで、このバス区間が冬期間の唯一の交通路だった。管理員事務所はアカエゾマツ林の外縁部にあった。

レンジャーの主なる仕事は事務所のある川湯と屈斜路湖畔和琴半島の国有財産管理、温泉街での旅

阿寒国立公園川湯管理員事務所兼住宅

館や売店の新・改築の許認可への指導と意見の進達（引継ぎされた未処理許認可案件は17件）、それに必ず観光客が立寄る摩周湖・美幌峠などの展望地点が清潔で好ましい環境にあるかを見回り、指導することであった。

レンジャーは毎日の巡視経路と業務内容を管理員日誌にして、毎月ごとに本省に報告した。その際に北海道庁の公園担当課、出先の釧路支庁にもカーボン紙転写の控えを送った。厚生技官のレンジャーが直接厚生省とのかかわりを実感するのは、給与が金券で送られてきてそれを郵便局で現金化するときだけだった。事務所の光熱水費や消耗品の購入、電話料金の支払いはすべて国費の支出負担行為担当官を都道府県庁の担当部長が務めていたので、北海道庁（釧路支庁）の世話にならなければならなかった。組織上の上司は本省国立公園部管理課長だが、本省職員が長時間かけて現地に来ることは稀で、電話もハンドルを回して電話局交換を呼び出しても、東京につながるには4、5時間を要した。

この当時の管理員日誌が手元にある。入手経路は覚えていないが、本省で不要になって処分寸前だったものではないかと思う。私的な日記などつけていないからこの日誌を見ながら当時を振り返ることにする。その前に、「国立公園」に投稿した文から始めよう。これは筆者にとって初めて活字になった文章だった。

▼（レンジャーズ・スポット）展望台にて

「厚生省阿寒国立公園管理事務所」という標識が、バスステーションから温泉街への連絡園路脇にあり、私の事務所兼住宅はその奥にある。バスから降りてきた人、あるいはこれから乗ろうとするそうした観光客を眺めているのが、私の楽しみの一つとなっていた。

その標識を見て、無意識にふりむく人、立停まる人、あるいは窓をあけている頃だと「国立公園というのは厚生省か」と仲間と談じ合う連中、はたまた小径を戸口まで入り込む人とさまざまであり、そうした人々の行動を気付かれずに観察しては、一人悦にいっている。

私の如く一人で駐在していると、忙しいときは新聞記者並みに駆け回っているが、その気にさえなれば、天候、時刻に関係なく、事務所でぼんやりしていることも可能である。そして私の仕事といえるものの大部分は、造園の技術的なことでなく、観光後進地域に起こりうるゴールドラッシュ的とでもいうのか、金になるものは何でも売ってやろう式の人間との対決である。それは各展望地でマリモを売る都会の愚連隊であり、彼らに刺激され、山から高山植物をとってきては売物にする地元の人間であり、挙句のはて一夜にしてバラックの売店をつくりあげ居座る人間との局地戦争であって、そんなシーズンの間、自分が造園屋なのかと考えてみても始まらない。

そうした喧嘩をしなくともよくなれば、そのときは展望台や園地にのんびりと腰を据えて、風景を見るためにやってくる人々の行動をじっくりと観察してみたい。そして、それらの人の表情や行動から、何を考え、あるいは無意識のうちに何をやらかそうとしているかを知りたい。風景を見ているとき、自然のなかにあるとき、その対象たる自然景観と人との間に、人間が無意識のうちに空間をどれだけ必要としているのか、個々の展望台で見きわめてみたい。階段や苑路があるのに、そこを通らず、ごみ籠があるのにそこに捨てない、一般には道徳心の欠如として誹謗される人種の行動には特に興味がある。自然のなかで、人工のものに規制されることに対し、つとめて無視したがり反逆したがる気持ちを理解したい。彼等は都会にあり、職場や家庭では必ずしもそうであるとは思われないからである。

人間は目標を決めて歩いても、直線上を歩けない動物である。一種の放心状態のなかで、それをやれと命令できうるだろうか。

私はそうした地点で、吸殻入れやごみ籠を直線に並べてみたり、曲線にしてみたり、あるいは無造作ではあるが、何らかの傾向を見出せるような配列で置いてみて、人の動向を知ろうと思う。それが利用者の心理状態を汲みとったと言えるかどうかはわからないが、少なくとも、そうした利用者の意向に逆らわない素直な施設を、自然環境のなかで考えることができたとき、初めて私は造園家としてのレンジャーになれるのだと思っている。

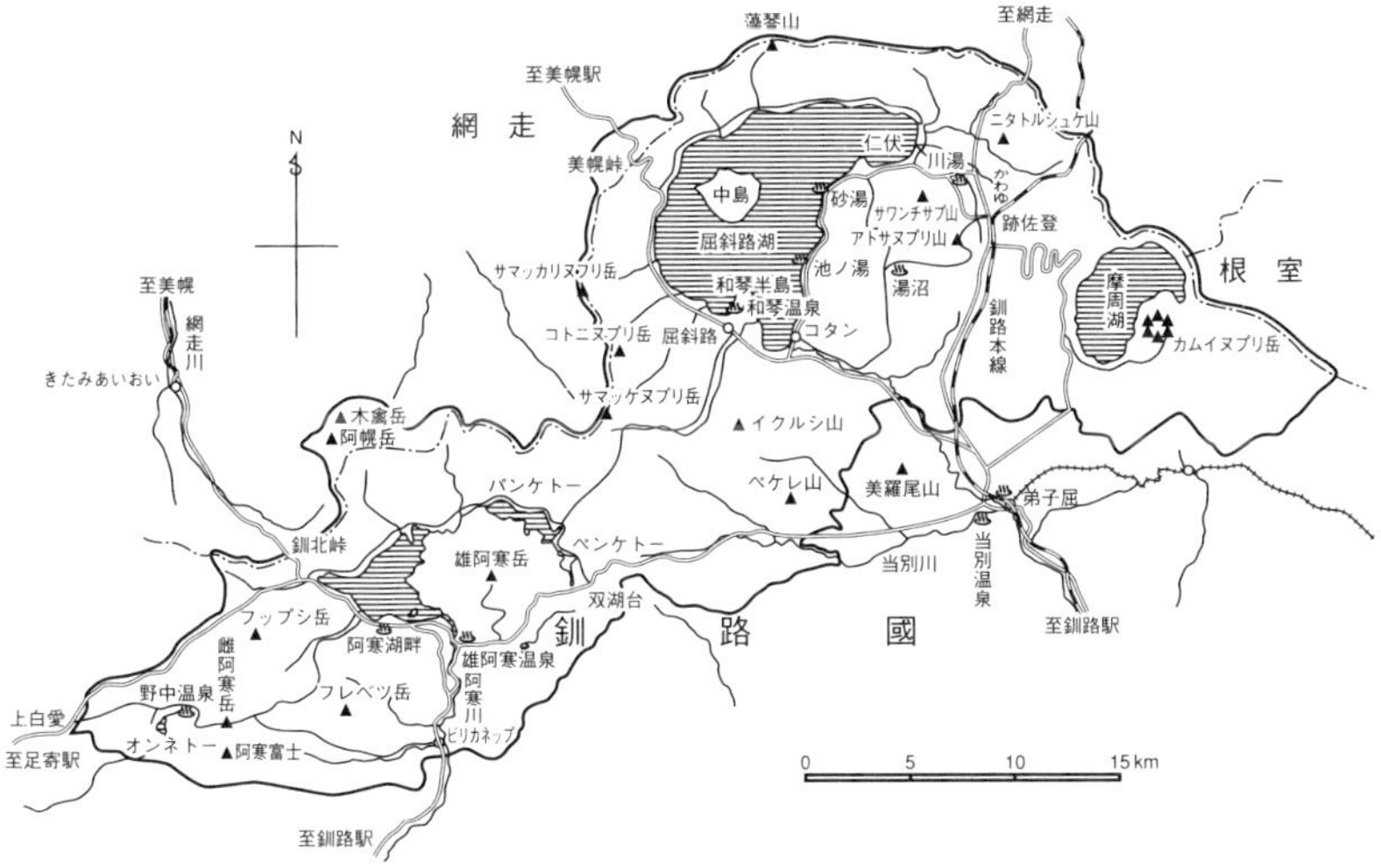

昭和40年当時の道路図

阿寒国立公園川湯駐在管理員　瀬田信哉
（「国立公園」174号　昭和39年4月）

レンジャーとしての毎日がいかなるものだったか。1年目の利用シーズンは、この展望台での局地戦争に尽きている。摩周第1展望台に駐車場が整備されるのはこの年の秋だったが、それ以前にも駐車帯があり、最盛期には同時に5、6台の定期観光バスが15分間停車して観光客を降ろす。その観光客が展望台に群がり、その脇の園路上には立ち売りが現れる。バスの停車する展望地点はほかにも美幌峠、和琴半島、砂湯、硫黄山、阿寒湖へ通じる横断道路中間地点の清水の沢（最後まで雪渓が残り、その水が飲める）、双岳台、双湖台とある（地図参照）。このうち美幌峠、硫黄山、摩周湖、清水の沢には露店が出没したし、双湖台では阿寒観光協会が黙認する違反工作物がやがて出現する。

立ち売り食品は北海道観光の定番御三家であるトウモロコシ、馬鈴薯、イカ焼きだった。川湯硫黄山では噴気で卵を蒸かして売るゆで卵売り数名がバスの客を待ち構えていた。摩周では屈斜路湖畔の岸辺に流れ着くマリモならぬマリゴケをマリモと偽り、釧路湿原のシラルトロ湖に生育するというマリモも売られていた。本当は天然記念物阿寒湖のマリモかもしれないが、検証する手立てがない。クロユリの球根やイソツツジの苗などの高山植物も台上に並ぶが、出生が不明だから取り締まることもできない。

クロユリの球根売りには、赴任の数年前につらい思い出があった。学生時代だったが大阪から訪れた母親、妹を案内して川湯温泉に宿泊したときのことである。観光バスが最後に立寄った硫黄山で、母がアイヌ人らしい子どもにクロユリを買ってほしいと付きまとわれることがあった。

3年後に赴任したら、その子がまだクロユリの球根を売っていた。場所は硫黄山や和琴半島と一定していないが、一人の和人同級生もいた。聞けば中学生だという。夏休み休日ならいざしらず、5月、6月の授業日にも学校に行かないのだ。親の姿がないのだから手伝い、というわけでもない。こうした立ち売りそのものの行為が自然公園法に違反するかどうかは微妙だった。筆者もいろんな地点で、いろんなケースでのせめぎ合いをしてきたが、当時は違反検挙も起訴もできなかった(後になって、硫黄山での卵売りが土地所有者である国有林側の告発によって罰金刑が科せられ、最高裁判所での判例となる)。

管理員業務報告（以下、「日誌」という）

昭和38年7月11日（木）晴れ

巡視経路：川湯・和琴半島往復

業務内容：和琴集団施設地区内で黒ゆりの球根を売る中学生に再三注意すれどやめないので、黒ゆりの球根を没収して、事務所にて返すことにした。

なお、この問題で教育委員長等とも相談したが一向にやめない。4、5年来続いていて帰校の意志がない。またほかの展望地、川湯等においてもコケモモ、シャクナゲ、ハイマツなどを売っている（注1）。

学童生徒が通学しないで物売りをしている、それも観光客に付きまとって必死に売っている光景を放置しておくわけにはいかない。これは風致を阻害する行為かどうかは別にして、見過ごしてはおけないと地元中学校の元校長に相談し、2人の親に手紙を書いた。和人の母親は、なぜ先生に相談したかと憤って抗議したが、1学期中は通学させると約束した。アイヌ人の親からは返事もなく、T君の立ち売りは続いた。教育関係者に聞くと、1度ならず何度も指導はしたそうだが、筆者の見解はT君

（注1）　厚生省所管地の集団施設地区には集団施設地区管理規則が定められていて、許可なく物品販売はできない。摩周湖などの国の補助金を得て整備された展望台では、整備主体である北海道が国有林から土地の貸与を受けて整備し管理するが、管理規則はない

摩周第１展望台からの凍る摩周湖

霧氷の摩周第３展望台

を無理やりにでも学校に戻すべきでなかったのかと憤った。

そのうち摩周第３展望台の上り口で一人の女性がリンゴ箱に物を並べて売り始めた。このようなときには即座に撤去させないと、次々と同業者が現れる。この婦人に立ち去るよう説得した。彼女がT君の母親だということが判明した。露店をたため、たたまないのやり取りに、相手が強面の常習者なら闘争心も募るのだが、生活保護問題もありそうな事情が絡んで、どうも分が悪い。座り込んでT君の復学についても話し合った。彼女はこの露店に眼をつぶってくれるなら子どもは学校にやる、という。結局その年は変な取引条件で黙認した。この婦人は客のこないときは、焼酎を飲み続け、翌年には世を去った。レンジャーが何事をも一身に背負わなければならないわけではないが、このような観光地の最前線では、さまざまなことが絡み合っていて、杓子定規の法律解釈だけでは何事も解決しないと感じた。

このアイヌ婦人の場合は人情との葛藤だったが、摩周第１展望台では地元や釧路から送り込まれた暴力団、それに地元町当局や商工会、土地管理者としての営林署、さらには警察署を交えての複雑な攻防戦となった。

摩周第１展望台付近の立ち売り

朝日新聞編集委員の本多勝一氏は昭和58年に同紙北海道版に掲載した「新・北海道探検記」のなかで知床峠での立ち売りに関連して、摩周湖での一連の事件を「摩周湖観光売店に暴力団介入」という連載記事で報道し、記事（朝日新聞北海道版　昭和58年5月19日）は後に単行本になった。

そこでは国立公園の中枢を占める摩周湖が、博物館的「風景」へと変貌していく過程を解析していた。最後に、40年からしばらく、暴力団が自主的に引っ込んだ時期があると書き、それは地元の代議士が自然公園法違反でレジャーランドをつくろうとしたことに管理員が対決したこと、これを見て感心した暴力団が、当の管理員の阿寒在勤中は管内に現われないことにしたと書き、そのうえで「それも本質的にはヤクザの仁義のやり取りにすぎない」と締めくくっていた。

ことの起こりは筆者の着任以前からのことだが、着任した38年春に展望台に近接して地元暴力団が仮設のバラック売店を建てた。このバラックの撤去を命じたが、子分は親分の命令でしたことだから撤去できないという。それならと釧路拘置所に収監中（別件の傷害事件で）の親分に面会しようとしたが、地元警察署からまず拘置所気付で手紙を書いてみたらと勧められた。そこで「貴殿の一家が許可なく仮工作物を建てたが、これは自然公園法違反であるので直ちに撤去させるように命じられたい」旨の書簡を送付した。やがて「この手紙を見せて、子分に撤去を命じるように家内に伝えてほしい」という手紙が届いた。その内容を証明する法務事務官誰それの署名も付されていた。ほどなく撤去され、第1ラウンドは終わった。

それより以前に弟子屈町が展望台からは少し離れた場所にバラックの仮設売店を建設し、地元商工会に店舗貸ししたいという申請があった。名目は汲み取り式公衆トイレの管理費を捻出するためにも、公共団体が責任を持って仮設売店からの収益で管理するというものだった。やむを得ず許可をしたのだが、この騒動に怖気付いたのか許可後1月たっても建てなかった（正確には仮工作物の許可権者は北海道知事で、ここでの事務担当は釧路支庁）。

2年目には釧路を本拠地にする組織暴力団が焼きイカ販売に乗り込んできた。リヤカーや、木箱を配置してのイカ売りである。50匹入りの木箱を10箱、すなわち500匹のイカを醤油につけて炭火で焼いて、バスを降りた観光客のほうに団扇であおいで鼻を刺激する。観光客は展望台3分ですぐにイカ売りに群がる。摩周湖を見下ろしながらの焼きイカはうまいのだろう。当初はこれを100円で売っていたが、すぐに売り切れるので、胴体を100円、足を30円として売る。それでも瞬く間に売り切れた。生イカは10円もしない原価だった。その暴力団の現地幹部に夜に呼び出されて、ゲソの売り上げ分をショバ代として納めるから、眼をつむってくれと頼まれた。1日で1万5000円は、厚生省から送金される給料より多かった。もちろん断ったが、それからは嫌がらせが続いた。

摩周第1展望台が主戦場ではあったが、美幌峠（ここには既に美幌町観光協会の売店兼休憩舎があり、駐車場から峠の展望地点に至る歩道脇にはアイヌ衣装での写真撮影や木彫り販売の机を並べた露店が存在していた）でも、砂湯でも出没する。摩周展望台で厚生省国立公園管理員の腕章を巻いたレンジャーが執拗に販売を妨害すると、彼らは道具を畳んで車で別の場所に移動するのだが、管理員には定期観光バスしか移動手段がないので常に後手に回った。

なぜそこまでこだわったか。川湯温泉・摩周湖・弟子屈間は観光道路として開発された典型的な道路公園であり、バスガイドはその登山道路を登り詰めるまで、神秘の湖摩周湖と何度も語り、乗客はそのイメージに期待を膨らませる。ようやく駐車場にたどり着き、階段を上って、初めて眼前に湖面が姿を現すという一瞬の感動が用意されているはずだった。その感動を阻害する呼び声と食欲をくすぐる匂いは好ましくない。川湯・弟子屈のバスターミナルからせいぜい車で30分の行程だ。トイレも飲食も市街地のターミナルで満たせばいいし、大量生産された土産物をここで買うことにも不自然さがあったからだ。

利用の規制

自然公園法には「利用のための規制」という条文がある。
この法律第24条（現行法では30条）は、
　国立公園又は国定公園の特別地域、海中公園地区または集団施設地区内においては、何人も、みだりに次の各号に掲げる行為をしてはならない。
一　当該国立公園又は国定公園の利用者に著しく不快の念をおこさせるような方法で、ごみその他の汚物又は廃物をすて、又は放置すること。

二　著しく悪臭を発散させ、拡声機、ラジオ等により著しく騒音を発し、展望所、休憩所等をほしいままに占拠し、けんおの情を催させるような仕方で客引きし、その他当該国立公園又は国定公園の利用者に著しく迷惑をかけること。

2　国又は都道府県の当該職員は、特別地域、海中公園地区又は集団施設地区内において前項第二号の掲げる行為をしている者があるときは、その行為をやめるべきことを指示することができる。

3　前項に規定する職員は、その身分を示す証明書を携帯し、関係者の請求があるときは、これを提示しなければならない。

刑罰法令の対象となる反道徳行為のうち、比較的反社会性の少ないものは軽犯罪法の定めにより軽微な刑罰が科せられているが、特別の場合には強度の規制をもって対処する必要性および正当性が生まれてくる場合もある。この点で国立公園又は国定公園は、国民の保健、休養、教化という重要な使命を負う地域であり、より厳しい行為規制と罰則を規定していた。

とはいえ「ほしいままに占拠し、けんおの情を催させるような方法の客引き」や「利用者に著しく迷惑をかけること」の定義や度合いは測りがたく、この条文を即座に適用することは困難だった。地元の駐在所だけでなく弟子屈警察署でも十分に研究してもらい、かつ、現場へも同行してもらったが、取り締まることはできなかった。3年目の昭和40年春に筆者は北海道警察本部にまで出掛けて防犯部長にも実情を訴えたが、解決方法は見出せなかった。

前田一歩園当主、前田光子

川湯駐在管理員は国立公園区域の70％を管理していればいいかというと、国立公園は一体であり、観光客はその全体を見ているのだから、そこは管轄外ですとそ知らぬ顔はできない。今度は横断道路中の最重要展望地である双湖台休憩所の隣接地に違反売店を建てた事件が起こる。町域は阿寒町に属し、管理業務上はレンジャーの管理区域外ということになる。そのような地域は道庁の出先である釧路支庁が形式上は管理していた。筆者は阿寒国立公園には川湯駐在管理員しかいないのだから、摩周湖同様の事態が出現すればそれ相応の対策をレンジャーが採るべきだと考えた。阿寒湖畔に行き、阿寒町役場支所とも打ち合わせるが、この種のことにはかかわりたくないらしい。国有林内だからと営林署の担当区と相談するも、北海道に貸付している施設敷だから道庁（支庁）で解決してほしいという。

こんなときは阿寒湖畔では絶大な力を持つ前田一歩園の園主前田光子氏の協力を得るしかなかった。

日誌：昭和38年6月13日（木）晴れ

巡視経路：川湯―摩周湖―阿寒湖―野中温泉（泊）オンネトー、湯の滝往復業務内容：双湖台展望舎脇で違反と思われる工作物を新築するため土台を掘っていたので注意し、事情を阿寒町役場で聞く。

前田光子氏と会う。その際に阿寒湖畔についても管理員が技術的、公園行政の面で指導・取り締まってほしい旨の要請があった。

オンネトーは雌阿寒岳の裏側にあり、本公園中最も原始的かつ景観の優れたところであるが、林道の改修などが大掛かりに行われている。

日誌：昭和38年6月14日（金）曇りのち雨

巡視経路：野中温泉―雌阿寒岳―阿寒湖―川湯

業務内容：雌阿寒岳頂上付近から阿寒湖に至る歩道は林道が入り乱れているため、また指導標が皆無であるため不便を生じた。噴煙をあげているので現在登山者はほとんどいない。登山制限するかどうかは、数日後の気象台の調査を待って決められる。

前田光子氏、阿寒町長らと阿寒小中学校増築および町営住宅新築現場を見る。

帰路、双湖台の違反工作物工事は中止するよう勧告した。前田光子氏は町や支庁に対して、レンジャーが一人で頑張っているのだから応援してあげなさいと伝えてくれた。

前田一歩園は鹿児島県出身で、農商務次官を経た後下野し殖産運動を展開した前田正名が明治39（1906）年、阿寒湖周辺5000ヘクタールの国有地の払い下げを受けて「一歩一歩堅実に努力する」を目標に一歩園と名づけ、森林経営を始めた。「前田家の財産はすべて公共の財産とする」が家訓だった。

２代目正次は「阿寒は切る山ではなく見る山だ。自然は公共の財産」と言い、昭和32年に３代目園主を妻光子に託した。光子は「私が死んで税金のために一歩園の森林が林野庁に移管されるのはいやだ。営林署はすぐに木を伐採するから」といい、当時「たった一人のナショナル・トラスト」と紹介された財団法人化をすすめ、58年４月１日に設立した。光子はその17日後に世を去ったが、第１回朝日新聞社主催の森林文化賞特別賞を受賞した。

一歩園の森林経営は国有林経営と異なり、伐期齢を長くして、ていねいに単木択伐を行うなどの風致林施業に徹しているので、隣接する国有林との違いは遠目からも一目瞭然だった。湖水近くの山林を阿寒湖・釧路間の国道付け替え工事で伐採せざるを得ないときの調査に同行したが、そのときの１本１本の樹木への愛着を持つ夫人の姿は忘れられない。阿寒湖畔温泉街の大半が所有地で、泉源の貸付使用料が森林経営を助けたのかもしれない。

国有林の黒い霧……いなせランド事件

日誌：昭和40年６月16日（水）晴れ

巡視経路：川湯―美幌峠―北見―札幌

同月17日（木）晴れ

巡視経路：道公園係、道警本部

業務内容：札幌の北海道庁林務課公園係での事務打ち合わせ。北海道警察本部で防犯部長、少年係長と、同行してくれた道議会議員を交えて立ち売り追放について意見交換。

同月18日（金）晴れ

巡視経路：北大、高倉教授宅

業務内容：館脇、高倉教授と池の湯の宮部所有地のいきさつについて。

川湯レンジャーとしての展望地点での立ち売りとのせめぎ合いは、当地を去るまで3年間続いた。この局地戦は効果的な結論には至らなかった。そこに降って沸いたような地元国会議員と抗争するという事態も生じたが、阿寒国立公園のあり方を本質的に論じるべきは道路整備に関してであった。道路問題については近年に阿寒国立公園を再訪したことから書いた文章を後に転載する。

屈斜路湖畔道路は、川湯温泉から仁伏に出て、岸辺の砂を掘れば湯が湧き出る砂湯から温泉の池があることから池の湯と呼ばれる湖畔を経由する道路だった。この湖畔道路は広葉樹林で被われて針葉樹林とは違った明るさが特徴の典型的な公園道路だった。池の湯からはアイヌの人たちの住むコタンを経て、釧路川への落ち口を過ぎると国道に出る。国道からピストン往復する観光の立ち寄り地点が厚生省所管地の和琴半島で、ここにも露天風呂などの湯源がある。

池の湯付近の山側は農地や伐採跡地だが、林間を隔てているので観光客の眼に触れない。ここに弟子屈農協が昭和39年の事業として71ヘクタールの草地造成を行った。それを地元選出の代議士が「いなせ農園」という農業生産法人をつくり草地改良事業を完成させたが、一方で「いなせ観光株式会社」を立ち上げて観光農園化を図った。この代議士は何十隻もの「いなせ丸」という遠洋漁業船を有するオホーツク沿岸紋別を地盤とする水産族議員だった。この補助金や草地改良のために払い下げられた国有林が、途中から国会議員の所有する会社の事業に変更されたことで、後になって「国有林の黒い霧」問題の一例として参議院決算委員会で指摘された（昭和41年9月27日）。

その際の質問の相手は当初は農林省の畜産局長や農地局長に向けられていたが、途中から国立公園局長に対し自然公園法に基づく申請内容に疑問ありという質問に変わった。

鹿牧場、コテージ、ジャングル風呂の建設などが自然公園法違反か否かの質疑となった。

国会質問のあった41年秋は転勤後だったが、筆者は40年春から同代議士に呼ばれて構想などを聞かされていた。質問者が入手していた新聞広告には「いなせ農園は風光明媚な阿寒国立公園内の名湖である屈斜路湖にのぞみ、美幌峠と相対する四隣の美観をほしいままにする自然美の大景観を補い、新たに産業と直結する一大観光地を完成し、当地域の開発と改善に大きく貢献する」と書かれていたという。

業務報告書の一環として40年5月6日に国立公園部長宛に提出した報告の「いなせ農園」に関するレポートは以下のとおり。

池の湯の開発について

計画の全貌はやがて全体計画が提出されると思われるが、今までにキャッチしたところでは、池の湯の道道より１００メートル（この間広葉樹林帯）山側に50町歩余りの開拓地があり、これを弟子屈町長が斡旋して松田鉄蔵（北海道５区選出）代議士に買収させた。元地主の話によると、このあたりの土地は仁伏から砂湯、池の湯に至る屈斜路湖畔が御料林時代（明治か大正年代らしい）何らかの恩賞の代償として細かく分け与えられたのだそうである。したがって仁伏から砂湯、池の湯間には数百にのぼる地主（90％以上が不在地主）が存在し、その大部分は山林のまま放置し、これが風景の保護に役立っているのであるが、一部では開発の計画をたてたり、本州製紙などの大資本が買収しているように思われる。

池の湯はもともと北大教授故宮部金吾博士らの所有地であったのが、農地解放により小作人の手に、そして今回有限会社いなせ農園のものとなった。

計画は農業構造改善事業ということで農林省の補助を受け、また、温泉もしくは蒸気をもって温室を10棟１組として10組以上設けるなど表面は農園であるが、弟子屈町長の頼みによって観光事業にも手を出す気配である。

当管理員も松田氏と現地調査もしたが、今まででキャッチしたところは次のとおりである（別添図……略）。現在のところ、この構想のうち公園法の申請がなされたのは電灯線の架設と温泉ボーリングであり、提出予定のものは電話線の架設と農業改善事業に関する畜舎等である。

ここでいちばん問題となるのは道道の付け替えである。現在の道道はほぼ直線で民有地ではあるが広葉樹林のなかを通り、湖畔にも比較的近く池の湯なども望見できるが、付け替えがなされると湖側は樹林ではあるが山側は草地となる。この意図は明らかに農園を観光の対象にせんとするものであり、自然景勝地より人工的なものを前面に打ち出そうとする地元町長の意図と合い通ずるものがある。そしてそれらが政治力のもとに公然と行われると、いろいろな困難が出現するのではないだろうか。現在のところ松田氏は自然公園法の趣旨をくんだ行動をとっており、樹林の伐採その他についても理解があるように思えるが、留意する必要がある。

池の湯の開発に伴って屈斜路湖岸一帯の不在地主の土地の開発を活発にすることがいちばん危険である。電力、電話の供給が行われれば、池の湯、砂湯、仁伏の3か所の単独施設に限っていたこの一帯の人工化が進むことは十分考えられる。

この時点でもっとも憂慮していたことは、「静かな木立の屈斜路湖畔、ロマンスシートにゆられて……」とバスガイドが歌いながら通り過ぎた湖水の見える樹間道路が「左手に見えてまいりましたのが『夢の国』づくりが進められている『いなせランド』でございます。園内にはエゾ鹿の自然公園、貸し別荘、ジャングル風呂などを建設し……」（昭和43年の東北海道統一ガイドブックから抜粋）となることだった。この道路の付け替え事業は北海道（釧路土木現業所）の執行する公園道路事業で、申請時点から好ましくない旨を伝えていたが、議員の圧力からか無視された。認めるべきでないと管理員意見を付した副申書も、本省は無視して変更の承認を与えた。

自然公園法違反の告発

６月17日に立ち売り案件で道警本部に行くため、前日に屈斜路湖畔経由の定期バスで美幌に出て、札幌に向かった。その途中の池の湯付近の山林がブルドーザで下草が踏みつけられているのを確認できた。思いもしない光景だったが、明らかに山側のいなせ農園から湖畔側への整地途上と思われた。この土地がいなせ農園所有地かどうかは不明だったが、土地形状変更の許可を得ていない行為として中止命令を電話で伝えた。そこはチカップウントウ（鳥の集まる沼）と呼ばれる小さな池塘で、タヌキモなどの食虫植物も生育していた。植物学者の故宮部金吾博士の所有地で、養子の一郎氏が相続していた。

宮部博士は、御料林の払い下げに際し、自分は植物学者だからこの土地を開発するのではなくそのままにしておくことを希望して、沼を含む湖畔側一帯を得たという。このいきさつ確認のため日誌にあるとおり19日に、宮部氏とのかかわりの深い高倉北大教授を訪ねた。故宮部金吾博士の弟子で植物生態学者の館脇操名誉教授が仲介しての面会で、後日に関係図や測量図を送ることにした。

農業経済学が専門の高倉教授とは面識はなかったが、館脇教授とは退官の最終講義も受講したし、時々仁伏の営林署寮に泊まって川湯の旅館で自然講習会と称して阿寒の植物の話をしてもらっていた。また、知床国立公園の誕生に尽くされ、昭和39年のウトロでの知床国立公園指定式典で会い、翌日には登山家の槙有恒氏、三田幸夫日本山岳会会長を同行して川湯事務所を訪問され、筆者は川湯硫黄山や摩周湖などを案内した。

日誌によれば21日（月）弟子屈町役場で屈斜路湖畔の図面等を写す、22日池の湯の違反埋立地現地測量、24日宮部所有地土地管理人小田切氏来所とある。

27日（日）には道庁・支庁の技師が事務所に来て、池の湯問題と摩周湖の仮設売店に関して意見交換をした。

28日（月）川湯―網走―札幌：館脇北大教授に池の湯埋立地の植生回復について相談。

29日（火）北大にて高倉教授と法律問題につき相談、その後苫小牧経由で日高のアポイ山荘にて道内の４レンジャーが集合した。レンジャーのブロック会議の予備会談とある。

30日（水）アポイ岳登山後―広尾―帯広。

７月１日（木）帯広営林局で経営部長などと摩周湖売店の土地問題で話し合い後、阿寒湖経由で川湯に戻る（注２）。

これらの業務の旅費は支給されない。２年目には２５０ｃｃのオートバイが支給されたが、管内を越えた旅費は支給されることはなかった（北海道庁との連絡費用は道庁で旅費を支給してくれた）。

この時期はいなせ農園と摩周展望台などでの仮設売店問題で明け暮れていた。いなせ農園関係で

（注２）　地域制の公園での線引きには河川界や稜線界という地形界が妥当であるが、その地番は国有林であれば林班界やその細部の小班界で区分される。それらも稜線界に基づくのが通例だが、厳密には線である分水境界も、歩道になってしまうと幅を持ち、広場となっては面となる。土地所有界では測量で杭打ちされているのが原則。また、貸付する施設敷も測量は行われるが、状況によって適当にずれることもあった。摩周展望台付近の売店敷にもそのようなご都合主義があるのではと国有林当局に抗議し、地元の弟子屈営林署では埒があかず、上部機関の帯広営林局にまで交渉に出向いた

は業務報告とは別に違反報告を提出しているが、その文書は手元にはない。

7月4日（日）：池の湯埋め立て地の土地所有関係を再確認
5日（月）：弟子屈摩周グランドホテルにて松田代議士と埋立地、いなせ農園の件
7日（水）：支庁林務課長と池の湯現状調査
8日（木）：宮部一郎氏に松田代議士との会見顛末報告
11日（日）：宮部一郎氏来所、弁護士と池の湯の現場案内
12日（月）：池の湯関係書類の図面作成後、網走にて立ち売り対策協議会

宮部一郎氏は家の光協会の会長をしていた。そのことからも高倉教授との親交が深かった。6月19日に高倉邸を訪問したときにも東京の宮部氏に直接電話をされた。21日には館脇教授に池の湯の植生調査をお願いし、植生回復方法の指示を受けた。7月5日の松田代議士との会談のやり取りはこうだった。

瀬田「ブルドーザによる整地は土地形状変更にあたり、自然公園法に違反する。自己所有地ならば始末書で対応もできるが、故宮部金吾博士が植物学上も貴重だとして保存してきた池塘までを破壊したのは悪質であるので自然公園法違反で告発する」

松田代議士「そんなに大事な場所なら柵で囲って立て札でも立てておけ。いなせ農園から

の湖水見通しを良くするために淹木や下草を整理したものだ。害虫もいなくなって観光開発にとっていい環境になる」

瀬田「国立公園では柵や制札など要らない。自然が守られるのが原則で、多くの利用者によって自然環境が維持できない場合には柵や制札が必要となる場合もあるが、この場所は人も立ち入らないところだ。私有地の自然を無断にブルで蹂躙することは許されない」

松田「誰が許さないのだ」

瀬田「厚生大臣です。私は厚生大臣発行の身分証明書も所持している。ここでは私が厚生大臣です」

松田「馬鹿。厚生大臣は鈴木善幸だ。おれのポン友だ。お前のような青臭い役人がいるから面倒が起きる。営林局長だって、水産試験場長だって常識があるが、お前にはない」

このやり取りは本省にも宮部一郎氏にも報告した。自然公園法での告発が困難な場合には、私有地の侵害で告発しようというのが宮部氏と弁護士の見解だった。宮部氏は「代議士としての国家権力を振りかざして自然を破壊するのは許せない」と憤った。それゆえ内々に処理しようとしていた道庁上層部にも毅然とした態度をとらせるようにと、町村金五北海道知事に直接電話された。宮部一郎の養父宮部金吾、町村金五の父町村金弥は、内村鑑三、新渡戸稲造らと同期の札幌農学校２期生だった。

事件の顛末

舞台が本省に移る頃には、現地は立ち売り、仮設売店の可否という日常の仕事に戻った。

夏のある日、6月15日付で就任した厚生省国立公園部管理課長から手書きの私信をもらった。たいへん丁寧な文章で恐縮したが、内容は松田代議士が鈴木善幸厚生大臣に面会し、その席に国立公園局長も同席させられ、池の湯の一件を話されたとの内容であった。君が信念に従って職務を全うしていると信じているが、いろいろと言う人もいる。それに負けずに職務を貫いてほしいし、誤解を受けないように配慮されたい、というような内容だったと記憶する。要するに大臣に対し、あんなうるさい小役人は動かせというような勢いだったようだ。

後日、代議士は局長室を訪ね、自然公園法違反について釈明というか詫びたという手紙が再び管理課長から届いた。単なる小役人レンジャーが相手ではなく、家の光協会会長や北海道知事もが関与したことで、ことの重大さを認識したからであろう。

立ち売り暴力団相手に戦っていた筆者は、この松田代議士との対決に勝たねば負け犬になる。地元も町長も暴力団も見守っていた。ことの次第はともかく、負け犬にはならないで済んだ。暴力団幹部は「自分たち半端者だけにきついことを言っていると思っていたが、そうでないことがわかった。あんたがいる間はここ（阿寒）から手を引こう」と言ったが、層雲峡の大函やオロフレ峠に場所を変えただけだったので、本多記者が言うように「やくざの仁義」だったのかもしれない。いずれにせよ、人生には魂が震えるほどの場面、「とき」と「ところ」があると、つくづく思った。筆者の川湯地区

池の湯付近の旧道路跡地

池の湯付近の植生調査を行う館脇教授

単独駐在はそんな時代であり、場所であった。したがって阿寒という地に生きたという実感はあったが、生活したということとは違ったように思うのは、独身者の怖いもの知らず、無鉄砲だったからで、妻子があればまた違った選択になったのだろうと思う。

前述の決算委員会で、質問者は随所に事実関係の間違いを交えつつ、農林省、厚生省の事務当局を弾劾した。そのなかに突然レンジャーが登場する。

質問者「それから、最近聞くところによると、ここにいた管理員はどっかへ飛ばされたそうですね、あまりうるさいので。いつ転勤になりました」

説明員（国立公園局長大崎康君）「そこの管理員が転任になったのは事実でございますが、すでに2年有余の在勤であったと記憶をいたしております。したがいまして、今年になりまして……毎年これは定期異動をやっておるわけでございまして、その定期異動に乗せてかえたわけでございます」

質問者「まことに四角四面の答弁をしていますけれど、

あまりうるさいのであれをどっかへとばそうと言ったそうですね、この責任者は。私の聞いている限り、あれだそうじゃないですか。志賀高原というのは国立公園のなかで最も ひまなところだそうですね。そこへ何か飛ばされたと、こういう話です。これは人事異動で、何とでも説明がつくわけです。」

（「参議院決算委員会議事録」昭和41年9月27日）

3年間駐在したのは筆者のレンジャー在任中や別ポストを通じても最も長い就任期間だったから飛ばされたという意識はない。それに志賀高原のレンジャーが暇であるはずがないし、まして事実は、南アルプスのレンジャーへの転勤だったから質問自体に錯誤があった。

2　国立公園道路問題

阿寒国立公園は原生林とそれぞれに特徴のある湖沼に恵まれた典型的な道路公園である。車窓からの深い森林の味わい、展望地点での雄大なパノラマ風景など、自然風景の魅力が道路に沿って途切れることがない（正確には道路がその魅力を引き出すために開設された）。展望台での立ち売りなどは、いずれ姿を消すだろう。

しかし公園内の魅力地点をつなぐ道路は公共事業として改良整備され、その段階で公園道路の目的が軽んじられると、そこは実に魅力のない公園になってしまう。

国立公園の父といわれる田村剛も、国立公園の開発は道路が根幹を成すので、公園事業としての実施は可能ではあるが、通常は道路行政の事務の範囲だから他の行政組織に任せざるを得ないと、公園行政の限界を述べている。

阿寒国立公園内の観光道路（公園事業たるべき道路）は、国道は北海道開発局に属する各開発建設部、道道は北海道土木部の各土木現業所が設計・施工・管理を行う。レンジャーとして駐在していたときも、道路整備に関して風景管理者の立場から事業者側と折衝を重ねたが、その後何度か訪れる度に、観光道路をめぐる状況に対して違和感をぬぐうことができなかった。

数年前の秋に大学院での研究テーマを求めて数日間滞在し、検証を試みた。以下、雑誌「国立公園」で紹介した検証結果の一部を転載する。

道路公園の阿寒

筆者はバスの時代ともいえる昭和38（1963）～41年の東京オリンピック前後を阿寒国立公園管理員として現地に駐在した。単独駐在の事務所には配属の車はなく、バス会社からの優待パスで管内はもちろん、乗り継げば層雲峡までも行くことができた。巡視と称して毎日管内をバスで行き来していると、バスガイドの説明と車窓の風景を重ね合わせることができるし、車中の観光客の反応から目

双湖台駐車場のトレーラー

双湖台からのペンケトー

線を観光客に置くこともできる。

数年前、阿寒湖と弟子屈を結ぶ横断道路を通過した際のことである。阿寒国立公園中最も原始的な風景を眺望できる双湖台に特大の駐車場ができていて、3連のトレーラーが駐車していた。477曲りといわれるほどカーブがあり、険隘だった道路がいくら改良されたとはいえ、こんなトレーラーが到達しているのは奇跡だと思った。運転してくれた地元の友人は「よく見かけますよ」と言う(事実今回は3台も駐車していた)。

そこに至る道路は、道路脇までササと針葉樹林が被っていたが、今では法面のはるか上にしか樹木はなく、原生林のなかを通る感触は消え去った。

40年前、弟子屈飛行場からセスナ機に搭乗して撮影した何枚かの写真のなかに横断道路もあった。そこで40年来の比較を試みた。インターネット検索では9月23日が遊覧飛行の最終日だったので、当日の予約をした。事前に自然公園財団の藤江氏に往年の写真を送付しておき、パイロットにどこから撮影した写真かを同定してもらい、当日は同じコースを飛んでもらった。

前夜には引退した阿寒バスの運転手たちに集ってもらい、道路

表１　阿寒・摩周湖周遊バス時刻表
（日本交通公社発行から）

	1958年11月	1964年9月	1970年8月	1980年11月	1988年11月	2004年7月
網走駅						9:35
女満別空港					10:10	10:00
美幌駅	7:40	7:50	7:45	7:30	10:30	10:20
美幌峠	8:50	9:00	8:50	8:25	11:15	11:20
和琴半島	9:50	9:50	9:30	9:00	11:35	11:40
砂場		10:30	10:00	9:35	12:05	12:10
川湯温泉	11:10	10:55	10:25	9:50	13:00	12:20
硫黄山		11:10	10:45	10:10	13:15	13:00
摩周第３		12:05	11:25	10:50		
摩周第１	12:40	12:30	11:50	11:10	14:05	13:45
弟子屈温泉	13:20	13:25	12:40	11:35	14:25	14:10
双湖台			13:40	12:25	15:10	
阿寒湖畔	15:40	15:15	14:05	12:45	15:30	15:00
美幌峠～阿寒湖(全)	6:50	6:15	5:15	4:20	4:15	3:40
うち 下車時間		1:55			1:25	1:05
走行時間		4:20			2:50	2:35

表２　阿寒バスの運行表から

	1964年9月		1988年11月		2004年7月	
	着	発	着	発	着	発
網走駅						9:35
女満別空港				10:10		10:00
美幌駅		7:50	10:25	10:30		10:20
美幌峠	8:45	9:00	11:05	11:15	10:55	11:20
和琴半島	9:35	9:50		11:35		11:40
砂場	10:15	10:30	11:55	12:05	11:55	12:10
川湯温泉	10:45	10:55	12:15	13:00		12:20
硫黄山	11:00	11:10	13:05	13:15	12:25	13:00
摩周第３	11:50	12:05				13:15
摩周第１	12:15	12:30	13:50	14:05	13:20	13:45
弟子屈温泉	12:55	13:25		14:25		14:10
双湖台	14:40	14:45	15:05	15:10		
阿寒湖畔		15:15		15:30		15:00
下車時間 走行時間 全 時 間		1:55 4:20 6:15		1:25 2:50 4:15		1:05 2:35 3:40
料金		840				3,760

状況の今昔を聞いた。また、沿道のバス案内に変化が生じたかを確認するために、１９６８年、８１年、９５年のバスガイドのテキストを入手し、案内内容の比較も試みた。

表１は定期バス（阿寒バス）が阿寒国立公園内のメインルートの遊覧運行に要した時間である。国立公園の玄関ともいえる美幌峠から阿寒湖畔までの、わが国を代表する道路公園ルートは６４年当時６時間15分を要していたが、現在では３時間40分に短縮された。その原因のすべてが走行時間の短縮によるとは思えないので、入手できた昔の運行ダイヤで比較した（表２）。３本の運行表で詳細に見ると、停車しての観光時間と運行時間の差がわかった。走行時間が６４年時点では４時間20分、８８年には２時間50分、現在は２時間35分である。横断道路の通過時間だけをとれば１時間50分、１時間５分、50分と半分以下に短縮されている。公園内通過時間の短縮化は、とりもなおさ

ず展望地点と宿泊地を直線的に結ぶだけの連絡・通過道路にしてしまってはいないか。

公園面積はこの40年の間に8万7498ヘクタールから9万481ヘクタールに増加したが、トレーラーが通行できるまでに改良整備されたことで、肝心の公園風景を干からびさせ、国立公園をミイラ化させたのではないだろうか。最初の赴任地であり最も情熱を傾注した阿寒国立公園を再生させる手立ては考えられるだろうか。


（「国立公園」628号　平成16年11月）

消えた展望台

前節では阿寒横断道路の双湖台駐車場にトレーラーが駐車している実態を紹介した。横断道路には定期バスが停車して休憩する地点が3か所あった。沢が深く切れ込み、遅くまで雪渓が残っている清水の沢は、のどを潤す地点だったが、今では覆土工で谷側は壁になっている。ほかの2か所は双湖台と横断道路中の最高点で、近くに雄阿寒岳、その彼方に雌阿寒岳が望める双岳台である。右には原生林を通してパンケトー（下の湖）がかすかに湖面を覗かせる。双湖台からは、このパンケトーとその上部に位置するペンケトー（上の湖）が俯瞰でき、人工物は一切見えない。双岳台からの眺望は、高所なので視野が開けて遠望が利くが、皮肉なことに目を凝らしてみれば双湖台の赤い三角屋根の休憩舎が唯一の人工物として望見できる。

双岳台には谷側に小さな駐車場がある。斜面を切って線形改良したため、以前道路だったところが駐車帯になったのだ。だから展望台に登るには道路を横断しなければならないが、法面には「危険で

右　右下が双岳台への駐車帯。以前はこの地点から双岳台へ登った
左上　双岳台からの雄阿寒岳（右）、雌阿寒岳（左奥）
左下　登りを禁止する標識

すから登ってはいけません」という標識があり、登る手がかりもない。往年は定期バスも停まり、展望台まで観光客を誘導していたし、今でもれっきとした双岳台という名称が地形図にも記載され、公園計画図にも園地の表示がされている。

横断道路中の景勝地はこの双岳台と双湖台しかない。双湖台は駐車場が展望地点から離れているので、観光バスは道路上にほんのわずか徐行するか停車して「窓の下を見てください。あれがペンケトーです」とガイドして発車する。パックツアーの行程表によくある（車窓から）という観光スタイルがこれだ。阿寒湖からなら20分、弟子屈方面からも40分かからないからトイレ休憩はしなくてもいい。

▼横断道路の意味

そもそもこの道路にはどのような意図があったのだろうか。話は阿寒国立公園指定前にさかのぼる。内務省が大正10（1921）年に全国的な国立公園候補地の検討を始めた際に、全国から上高地など16か所の調査候補地が選定され、そのなかに阿寒湖も含まれていた。選考調査を担当していた田村剛博士に、博士が知らなかった阿寒湖を推奨したのが北大の新島善直教授だった。

「(前略) 北海道を代表する景勝地として釧路の男阿寒岳一帯を推奨し、もし阿寒湖を含んで女阿寒に至る一帯の大地積を一天然公園としたら……」と教授は当時の雑誌に書いている。

こうして阿寒湖が国立公園候補地になったことを知ると、地元の人たちは観光に期待し、同年12月には「釧路国川上郡屈斜路湖ヲ中心トシテ釧北国境ヨリ、摩周湖、跡佐ヌプリ、阿寒湖ヲ含ム一帯ノ勝地ヲ将来国立公園ト成ス目的ヲ以テ、相当保存ノ方法ヲ講ジ、之ヲ天下ニ宣伝紹介スルト共ニ、急速交通ヲ開カンコトヲ望ム」との建議案を道会で可決した。この地元の運動が効を奏して、12年に内務省による調査が行われた際には、摩周湖、屈斜路湖も調査地に加えられ、正式な国立公園候補地になる。

田村博士の現地視察も日程の相当部分を雄阿寒岳登山とペンケトー・パンケトーへの調査に費やしている。すなわち湖沼群を含む大原生林に国立公園らしさを求めたものといえよう。その結果は、いわゆる阿寒カルデラだけではなく世界最大級の屈斜路カルデラとその東端に位置する摩周カルデラも含めて国立公園に指定され、地元の願いがかなう。

昭和40年当時の横断道路

その阿寒と屈斜路を連絡する横断道路は、難工事の末に昭和5（1930）年開通する。摩周湖登山道路をはじめその後の阿寒国立公園の骨格をなす道路計画と建設は、すべて当時の釧路土木派出所長永山在兼氏によるところが大きく、「温泉だけでは喰えない村に、喰える道を開いてくれたのは永山さんです」と当時の村長は会う人ごとに語ったという。のちに双岳台と名づけられる海抜748メートルの最高地点の峠は、永山峠と言われてきた。

この双岳台、双湖台は摩周湖のような端麗さ、美幌峠から屈斜路湖を見下ろす雄大な風景などとはまた違った、阿寒国立公園に欠くことのできない幽玄の景勝地なのである。

▼初心が消える道

残念ながら現在の観光は、こうした自然資源を単なる通過地点に貶めて、記念写真用の景色とトイレとレストハウス、宿泊地だけを回遊するツアー体系になっている。改良に改良が加えられた道路は、通過時間の短縮には寄与するものの、公園風景を楽しむ機会を喪失させてきた。歴史的にも展望面からも価値ある風景が、存在しているにもかかわらず道路構造令の画一的な基準を当てはめようとする道路行政によって、その風景が抹殺されていくということは、国立公園の由々しき問題だと自覚せねばならない。

（「国立公園」630号　平成17年1月）

美幌峠からの屈斜路湖と上部に付け替えられた国道

ああ美幌峠

▼阿寒国立公園内の国道

昭和27年12月、全国の一級国道40路線が指定され、翌年5月に国道１０１号から２４４号までの１４４路線が二級国道に指定された。

横断道路と呼ばれるのが国道２４１号であり、釧路から阿寒湖、釧北峠を経て北見に抜ける２４０号はマリモ国道と呼ばれる。網走から美幌峠を通過し弟子屈、別海を経て根室に至る２４３号は、昔はクロユリ国道と言っていたが、今ではパイロット国道と呼ばれる。当時の最後のナンバー国道２４４号は網走から斜里、知床半島基部の根北峠から標津、根室に向かう道路である。今ではこの旧２級国道以外に、網走から小清水、野上峠を経て川湯、弟子屈に至り、さらに釧路湿原を南下する国道３９１号も阿寒国立公園内を通過している。ちなみに国道１０２号は十和田の奥入瀬渓谷、御鼻部山を経て黒石へ、103号は休屋から発荷峠を経て大館へと国立公園の中枢部を通過している。

美幌峠への国道は、40年前国立公園管理員だった筆者にとって、今も峠から俯瞰する度に痛恨の極みというか、慙愧に耐えない思い出となっている。

この国道の下敷きである野付牛（現北見市）から虹別に至る殖民道は明治41（1908）年に測量され、美幌・弟子屈側の双方から開削が進められた。前回ふれた永山在兼が大正9年に峠区間の2里29町を手がけて開通した。当時は観光道路というより弟子屈・釧路地方を襲った水害の救援の物資補給が目的だった。昭和2年には弟子屈・美幌間にバスが運行された。

国立公園が指定される9年までに、曲がりなりにも美幌峠、屈斜路畔、川湯、摩周湖、阿寒湖への道路は開通した（川湯から摩周第三展望台を経由する摩周登山道路の全面開通は昭和24年秋）。

戦後一世を風靡した連続ラジオドラマ「君の名は」が映画化された28年9月には当地で1週間のロケがなされ、美幌峠は本州には見られない雄大な風景地としてその名を轟かせる。美幌峠は藻琴山を最高点とする屈斜路カルデラの鞍部で、路面高は493メートル、湖水面との標高差は370メートル強である（展望台は526メートル）。

▼道路改良の結果

従来の路線は、峠から中島を俯瞰する直下は下部樹林帯内を横切っていて、視界から消えた峠近くの左方上部で高度を上げていた。当時の俯瞰写真では道路はハンノキ、エゾマツ、トドマツなどの樹林のなかからかすかに見えるだけである。

しかし、40年代には舗装と通年除雪区間のための線形改良が求められ、ルートの変更が決定した。それは下部森林帯の小さな沢を詰めるようにして標高を稼ぎ、標高370～390メートルの500メートル区間が正面直下の展望視野に入ることになる路線だった。筆者の在任3年目の秋に厚生大臣への協議書が提出された。

雪景色の改良後の写真では、道路は針葉樹やダケカンバの低木、疎林の上部に現れる。風景の番人であるレンジャーが、道路が緑のじゅうたんを切り裂くような風景へと変貌することに異議を唱えることは当然である。雪崩への配慮も大切だが、無雪期の観光ルートの死命を制するのだから。

「今の道路は開拓時代の馬道です。これからの国道は道路構造令に沿った、冬も安全に通行できる道路でないと」と譲らない北海道開発局釧路開発建設部との妥協は、道路の山側には隠蔽ないしは緩衝の植栽を施すというものだった。疎林ではあるが無立木地帯ではないのだから、群生の植樹で一直線の傷は和らぐのではないかと考えた。事業設計者と現地で調整したうえで、協議の回答書には留意事項が付された（注3）。

（注3）　厚生大臣の回答書（昭和41年3月29日）の留意事項（一～四省略）

五、測点2000メートルから2500メートルまでの区間は、美幌峠からの展望視野の中心に入るので道路が露見しないよう樹木で修景植栽を施行することとし、その詳細については北海道知事および川湯駐在国立公園管理者の指示に従うこと。

六、雪崩防止柵は取りはずしできるように施行するとともに、冬季以外の期間は除去すること。

植栽すれば（してくれれば）何とかなるとの妥協が、結果として今の風景を是認したことになるのではないかと悔やまれる。失敗を失敗と認識することは次の展開に対応できるが、時を経て失敗でも成功でもないとして、美幌峠の眺望はこんなものだと誰もが風景へのこだわりを関心の外に捨て去ることが恐ろしい。ビジターに最高の風景を、最善のお膳立てで見てもらおうという国立公園の理想から遠のく原状是認が怖い。阿寒を去って40年だが、公園指定100年に向けて、風景の修復を図ることも自然再生事業ではなかろうかと痛感する風景である。

（「国立公園」632号　平成17年4月）

緑のトンネル道路

川湯温泉からアイヌ語でアトサヌプリ（裸の山）と呼ばれる硫黄山の入口を左にカーブして国道391号に合流する3キロ足らずの間は道道屈斜路・摩周湖線の一部である。国道243号から分かれて屈斜路湖畔を巡り、川湯温泉から摩周湖の二つの展望台を経由して弟子屈近郊で再び国道に合流する道路は、まさに公園道路の典型である。摩周外輪部に位置する二つの展望台を結ぶ道路も稜線より一段下がった外側を通過するので、車窓から湖面も摩周岳も望めないが、おかげで排気ガスや粉塵を湖水におとすことも少ない。

残念なのは、屈斜路湖畔池の湯の山側で地元代議士が開発するレジャーランドへの擦り付けを強要され、3キロほどの区画で湖畔を離れざるを得なかったことだ。この区間では今はリゾート施設の廃

オホーツクの北斗防風林を横断する町道
（左が林内へと分岐する歩道帯）

川湯硫黄山の緑のトンネル道路

墟を目にすることになる。これも道路設計者の初心を政治的に変更した報いかもしれない。

さて硫黄山の3キロほどの道に話を戻そう。アカエゾマツで囲まれた温泉市街地を過ぎるとミズナラ林に、やがてシラカンバ林になる。視界が開けると高山植物のイソツツジやハイマツが、標高150メートルほどの低地にもかかわらず群生する。硫黄山の硫気がほかの樹木の進入を拒んでいるからで、シラカンバですら進入しても、高木になる前に枯れてしまう。一帯は火山現象と特異な植生景観から国立公園の特別保護区域に指定されている。道路はその間を貫通しているから「6月中旬から7月にかけて名残の雪のように白く咲き競う」とガイドするイソツツジ群落と緑のハイマツの開けた高山的風景を楽しむことができる。また、車道とは別に温泉から硫黄山までは自然探勝歩道が付けられている。

硫黄山を過ぎ左にカーブすると山蔭になり、硫気の影響がなくなり風景は一変する。ハルニレ、ハンノキ、ハリギリなどの高木の広葉樹林と、オオカメノキやノリウツギが林縁をなし、緑のトンネルとも呼ばれる800メートル余の林内道路が出現する。道路によって樹冠が断ち切られることがないからだ。

筆者の在任中に、この道路の拡幅が計画された。幅員の6メートルに、路肩と路側帯を確保することだったと記憶している。そうなれば緑のトンネルは維持できない。事業主体のトップだった釧路土木現業所長と現場を歩いて、筆者の思うところを主張した。「わかった」という所長の一言で、設計書の変更が可能となり、その風景は40年たった今も緑のトンネルの様相を保っている(216頁・写真右)。

▼歩道が必要になると

しかし歩道を併設するとなると、緑のトンネルは消えてしまうと現役のレンジャーが悩む。今の道路構造令に則って歩道部分を広げることを要請されているらしい。特別保護地区のイソツツジのお花畑でもそうして拡幅してきているからだ。これに対抗できるすべはないのだろうか。

国道391号の起点である隣町の小清水町に緑のトンネルを救ってくれそうなモデルを発見した。そこはナショナルトラスト運動の拠点「オホーツクの村」と親しまれている場所に隣接している国有林内である。止別川に沿った幅100メートルの延長3キロの北斗防風林は、開拓以前の自然の姿をそのまま受継いでいる平地の天然林で、林内にはエゾリス、モモンガのほか、野鳥も多い。小清水町でも全長で100キロを超える防風林が自然のままの姿をとどめている。

この防風林を横断する町道は、交通量は農道程度でしかないのだが、国道244号と391号を結ぶことから、規格は国道並である。ゆえに無用とも思える歩道が付設されている。止別川に車道と平行して架かる旧道の橋が歩道の役割を持ち、渡ったところで歩・車道は合体するが、10メートル先の防風林帯で再び歩・車道が分離し、車道は緑のトンネルを維持している。それは歩道が車道から20

メートルほど離れて林内に付けられ、直線の車道幅員を広くさせていないからだ（216頁・写真左）。歩道を歩く人はいないのだから、この林間歩道の利用者もいないだろうが、落葉を踏みしめての散策は格別だ（できることならアスファルト舗装はしてほしくなかったが）。何よりも樹上の小動物も地上に降りて横断しなくても済む。そして春には多くの花と野鳥の声に包まれるのだろう。問えばナショナルトラスト運動のオホーツクの村への配慮だった、と小清水町の道路担当者は言う。

硫黄山の脇を通過する道路もこのように歩・車道を分離することで緑のトンネルを維持することができるはずだ。それは歩いて探勝する人にも喜ばれるだろうし、林のなかの生きものたちにもやさしい、国立公園にふさわしい道路の姿であるはずだ。

（「国立公園」634号　平成17年6月）

3　初代南アルプスレンジャー

「四ガツ一ニチヅケデ　ミナミアルプスコクリツコウエン　ノロガワヒロガワラチュウザイカンリインヲメイジラレタノデ　フニンサレタシ」の電報を受け取った。大雪で引越し荷物を出せないことを理由に着任を遅らせていた。昭和41（1966）年4月20日ころ本省管理課中島係長から電話があり、連休前に上京して辞令を受け取らなければクビだと怒鳴られた。荷物はどこに送ればいいのかと聞くと、甲府駅どめにしておけという。勤務するところは山梨県庁の観光課に机一つを借りたので、県庁に行けば下宿先は探してくれるということだった。

南アルプスは予備知識がなく、勤務先の事情でわかったことは、広河原という集団施設地区は山梨県と長野県の小渋川にあること、野呂川には広河原小屋があるということだった。往年の南アルプス登山は前山を越えて広河原に入るが、今ではその夜叉神峠直下にトンネルが開通して林道が通じていること、林道の終点になる広河原を起点にして北沢峠を越えて長野県側に通じるスーパー林道計画があること、県営国民宿舎が建設中であることなどがわかった。

甲府勤番の生活

とりあえず山梨県庁預かりとなった筆者は、駅裏の通りのお茶販売店の２階に間借りをした。早速観光課内で席を隣にした外郭団体の女性職員と夜叉神峠を越えて野呂川沿いをハイキングした。シャクナゲやレンゲツツジ、足元のイワカガミがピンクの花をつけていた。この渓谷は、北岳などの白根三山と前山にあたる鳳凰三山に挟まれているので新たに白鳳渓谷と名づけられていた。

南アルプス国立公園は、山梨県側が御料林を払い下げられた恩賜県有林（富士山麓も同じ）、長野県側は国有林、静岡県の大半は東海パルプの私有林と、稜線で土地所有が分かれていた。

夏山にはまだ間があったので、静岡・長野両県庁へあいさつ回りをした。以前自治大臣だった篠田弘作氏に３県知事宛の紹介状をもらい「南アルプス国立公園管理員厚生技官瀬田信哉」の名刺を持っ

聖岳山頂にて

南アルプスのライチョウ

て直接会いに行った。三者三様の反応だったが、山梨県以外は南アルプスの観光的価値を期待していないのか、関心が薄かった。それより、なんで国立公園管理を厚生技官がするのかと訝しがられたのが印象的だった。

広河原への交通機関は、バスは林道の途中地点の「ワシノス山展望台」までで、そこから先は徒歩か、工事用の車に便乗した。

人影まばらな村営広河原小屋に居候して、小屋番と日中から酒を飲むか、北岳から落ち込んでいる大樺沢の巨石の上で日向ぼっこをし、気が向けば北岳などの白根三山や北沢峠へと山歩きをしていた。

梅雨時期に上高地レンジャーの澤田栄介氏と西糸屋旅館の館主奥原教永氏、それに5年前に独力で資材を担ぎ上げて塩見小屋を建てた斉藤岩男氏の4人で三伏峠から塩見岳を往復後、荒川岳、赤石岳と縦走した。国立公園の南端になる光岳まで行くつもりだったが、長雨に食料も途切れ下山した。

夏には斉藤氏と逆ルートで畑薙ダムから光岳、聖岳、赤石岳を縦走し、小渋川を遡行して、もうひとつの集団施設地区予定地である広河原に至った。

驚きの手紙

筆者には南アルプスでの仕事の記憶も、他人に認知されるような確たる足跡も業績もない。しかもその後35年間足を踏み入れたこともなかった。筆者が南アルプス管理員として存在していたことも、地元では知る人ももういないと思っていた。申請書の１件も副申しなかったと思う。思いがけない手紙が平成14（２００２）年の新春に届いた。


新年明けましておめでとうございます。突然お便りさせて頂く非礼をお許しください。

私、昭和40年前半から、南アルプス夜叉神峠小屋で管理人を務め、幾多の変遷を経て、昭和60年より広河原山荘に移り現在まで微力非才ながら、南アルプスの山岳自然環境の保護、安全登山の推進、山岳文化の継承と振興に励んでおります。（中略）「キタダケソウ保存研究会」を立ち上げたところ、国立公園協会の文書の中に理事長としての貴兄の名前を目にしたとき、驚きと懐かしさでいっぱいでした。思い起こせば、まだ北岳稜線小屋の当時、私は小屋の閑散期にはよく北岳に通いました。当時稜線小屋には深沢今朝光氏がタバコをプカーリ・プカリと吹かしながら、決して慌てることなくマイペースで管理していました。

しばらくすると今朝光氏とは対照的に、痩身で日焼けした精悍なマスクでエネルギッシュな若者がどこからともなく現れ、登山道の様子や登山者の動向などを今朝光氏と熱く話しているのをエトランゼである私は眩しく見つめていました。会話の中で今朝光氏が「セダ、セダ」といっているのが聞こえ「ああこの人は瀬田さんという人だな」と思い、別段紹介されるでもなく山の話を伺うことができました。この方は、山梨県庁にデスクを置き、厚生省職員で国立公園のレンジャーをされている方だとは、あとで判ったことです。

それから、登山者指導や大樺沢の新しい登山道整備をされている貴兄に何度かお会いしているのですが、「そういえば、そんな小僧がいたな」と覚えていらっしゃいますでしょうか？

私のほうでは、お会いした第一印象が強烈でしたので、以後、環境庁のみなさまとお会いするたびに「瀬田さんはどうしているのだろう」と、いつも気になっていた存在でした。

「来年になったら貴兄に手紙を書こう」と勝手に決心して、今日になりました。（以下略）

筆者にとってはなんとも不思議な手紙だった。たしかに稜線小屋の深沢今朝光氏は記憶にある。ほかにも広河原小屋の森本高一氏、御池小屋の青木善源氏、肩の小屋の森本録郎氏という北岳周辺の小屋の人たちや、岩魚を釣り上げては稜線近くの沢まで棲息域を広げていた農鳥小屋の深沢勝一氏の記憶はあるけれど、塩沢氏のように強烈に筆者を覚えている人が存在するなどとは想像だにしていなかった。

平成16年9月15日長野県側の戸台からシャトルバスに乗って北沢峠へ、さらに塩沢氏と会うために山梨県側のバスで広河原に至った。平屋の小屋は3階建てになって山荘と称するようになっていたが、同じところに立っていた。その夜は深夜まで語り合い飲んだ。

昭和42年７月１日付で厚生技官から富山県技師に身分が変わった。後任はいなかったので、南アルプスの駐在管理員は１代限りとなった。（注＝平成20年10月１日に40年ぶりに単独レンジャーが芦安に配置された）

この42年６月には、建設中の県営広河原国民宿舎がオープンしたが、平成16年の秋に再訪したときには重機が宿舎を壊していた。38年の寿命だった。

その年42年11月には、後年になって問題となった南アルプススーパー林道の起工式が長野・山梨側合同で、駆け込み的にというか、形式的に挙行された。

43年６月、森林開発公団は厚生省に「国立公園特別地域内の工作物の新築」の協議書を提出し、厚生省は同年12月に「北沢峠付近の第１種特別地域内については施工前に実施計画書を提出すること」などを条件に同意した。この問題は環境庁発足を契機に山岳道路と自然保護ということで世論を賑わすことになるが、それは４、５年後のことだった。

村営広河原山荘前の筆者と塩沢氏
（現在は南アルプス市営）

4　立山レンジャー

立山黒部山岳観光ルート

赴任した立山室堂平は夏とはいえ白一色で、南極の昭和基地もこんなのだろうと変な感心をした。室堂までの道路は除雪されているが、直前の大谷には数メートルの雪の壁がまだ残っていた。

立山黒部アルペンルート工事の最中だった。この一大山岳観光ルート開発事業は、バスで到達できる標高２４５０メートルの室堂から立山直下にトンネルを掘削して２３１６メートルの黒部側の二の沢（大観峰）までの３・７キロをトロリーバスで運び、そこからロープウェイで１８２８メートルの新丸山（黒部平）に、さらに地下ケーブルで１４７０メートルの黒四ダムサイトに至る。工事主体は富山県、地元電鉄、バス会社、電力会社らの出資する立山黒部貫光株式会社という県策会社の事業だった。

それには次のような経緯がある。戦後の電源立地開発で、関西電力が黒部川に黒部第４電所とそのためのダムを建設することに端を発した。資材運搬のトンネルが大町側の扇沢から開削された。小説『黒部の太陽』で有名になった一大事業だった。工事終了後大町ルートがトロリーバスで一般に開放されたことで、富山県には立山観光の玄関口が信州側に移るのではという懸念があった。

富山県は立山一帯の交通ルートの整備計画を立案し、設立した新会社が事業主体となって実行に移

混雑する夏の立山室堂付近

された。国立公園中枢部での事業であるから当然国立公園事業としての計画に組み入れられ、公園事業の執行認可を得ての事業であった。

この認可事業も工事途中での事業内容の変更や日常的に起こる問題への対処もレンジャーの仕事でもあった。トンネル工事の掘削土砂の扱いや、ロープウェイ駅舎となる断崖の地点での工事変更などに、一の越から東一の越を経て雪崩の多い斜面を往来した。

翌年３月の山スキーシーズン前にスキーのメッカ雷鳥平にある雷鳥荘が忽然と消えていた。後になって判明したのだが、途方もない（泡）雪崩で２階建ての山荘が扇状に吹き飛ばされていたのだった。黒部平でも大木が雪崩で胴体斬りのようにきれいに倒されていた。

県庁勤務と室堂駐在という二足のわらじ稼業となったが、県庁では事業完成に伴って変化する公園利用者の動態予測と自然環境への影響、その方策という頭脳を使う仕事が加わった。

立山は富士山、白山と並ぶ日本３大霊山として古くから畏敬され、崇められてきた。特に室堂近くの地獄谷から立ち上る噴気と異臭は衝撃的で「越中に立山地獄あり。衆生（生きとし生けるもの）は悉く立山地獄に堕つ」と謳われた。それを経て阿弥陀如来の功徳により極楽浄土へ生まれ変わるという浄土思想が全国に広まると、立山は「生きて地獄極楽を拝める霊山」の信仰の山として遠国からも信仰登山が盛んになる。諸国への伝道と信仰者への受け皿となったのが、宿坊を持つ山麓の宗教集落芦峅寺だった。しかし明治新政府の神仏分離令により、神仏混淆の山岳宗教は否定され衰退した。

続いて近代登山の時代となる。富山県人にとっての立山は、成人前には必ず一度は登る通過儀礼のような山であった。

室堂までは昭和29（1954）年に麓の千寿が原から美女平まで立山ケーブルが開設され、10年後の39年には日本道路公団と立山黒部有峰開発株式会社の有料道路の開通によりバス路線が開設された。登山者は富山から地方鉄道で千寿が原に至り、ケーブルカーに乗り換え、さらに美女平からはバスによって室堂に至る。そこを出発点として立山連峰には一の越へ、剱岳方面には地獄谷経由で剣御前へと向かう。

筆者の在任した42年当時、室堂にはバスで20万人が到来し、立山登山者はその7割以上の15万人程度に達していた。従来はほとんどが登山者だったのが、ルートの全通によってどのような利用体系に変化するのかを予測した。長野県・富山県側からの入山数は料金設定面からも試算されていたが、登山者、ハイカー、通過観光客といった異なる利用タイプの入山者が、どの時間帯に、どの程度が、どのような行動をとるかなどの動態予測をした。すべてが手作業だったが、このとき筆者は北陸電力に行き、初めて電子計算機なるものの恩恵を受けた。総数だけでなく、いろいろな利用態様別に分類しての予測は、現場での行動を常に観察してきたレンジャー的思考によるものだった。

芦峅の立山ガイド

立山管理所は雪に埋もれているが、4月末からの連休のスキー時期に合わせて掘り出して事務所開きをする。管理人は佐伯安次氏といい芦峅寺に住むガイドだったが、その技に目を見張った。自家発電系統の修理、飲料水を引く水道パイプと水源地の敷設、建物の補修だけでなく、あらゆる装置・機械の修理もできる本当に何でも屋だった。

夏期には雷鳥沢と剣沢にある県営のキャンプ場にも佐伯昭二、佐伯栄治の両氏が管理人として駐在する。富山県の嘱託であるが、氷雪技術を買われた彼ら芦峅5人衆が、昭和31年にスタートした第1次日本学術会議南極観測隊員となり、昭和基地建設に力を発揮した。昭二は永田武観測隊長の秘書役を、栄治や安次は基地建設の設営隊だった。そのなかの一人佐伯富男氏は、西堀栄三郎氏を隊長とする11人の越冬隊に加わる。

明治末期から大正にかけての近代登山が隆盛になりつつあった頃に、芦峅寺集落からは佐伯平蔵を頂点として志鷹光次郎などの山岳ガイドがたくさん輩出した。当時の立山登拝の拠点であった芦峅寺には38軒の宿坊があり、立山ガイドの前身とも言える「仲語」とよばれる山案内人がいた。彼らは立山への案内と縁起や由緒を語ると同時に食事の世話する何でも屋で、その伝統がガイドにも引き継がれていたのだった。『あるガイドの手記』を著した佐伯富男もその宿坊のひとつ福泉坊の次男であった。この地方では長男は「アンマ」と呼ばれ、次男以下は「○○コ」とコ付けで呼ばれることから、富男は「トンコ」と呼ばれた。大学の先輩だったので「トンコさん」と呼ばせてもらった。安次も剣沢小屋を経営する佐伯文蔵の弟だったから「ヤッコ」と先輩・同僚からは呼ばれていた。

44年3月2日、筆者は芦峅寺の雄山神社で立山神社佐伯幸長宮司の祝詞で結婚したが、当日は朝まで豪雪だった。トンコさんの号令で芦峅寺の人たちは喜んで鳥居から杜までを肩まである雪かきと野点傘を掲げて誘導してくれた。

金網式くずかごの設置

この時代は山岳地帯のゴミ、なかんずく空缶は悩みの種だった。アルミ缶以前のスチール缶がくずかごに山盛りのようになり、清掃アルバイトはその片付けに追われた。まだゴミ持ち帰り運動は提唱されていなかった。

室堂に集められた空缶は1個1個ならば踏み込み式のフットプレスでつぶせるが、それをまとめても体積が大きい。前任レンジャーは廃車のダンプカーから油圧式の圧缶機を考案した。それでレンガ積みができれば、資源として下界から買い取りに来ると考え、実行した。溶接部分が内部からの圧力で損壊し長持ちはしなかったが、レンジャーはそれぞれの場所で知恵を絞り、実験も実践もしたのだった。後に企業が電動式カンペコプレスを製品化して、全国的に販売した。

観光地を美しくする全国的キャンペーンで中央の団体からエクスバンド・スチールバスケットというくずかごが寄贈された。丈夫で、強力な錆止め塗料を焼付けしたのが特徴で、耐久性もあり、かつ、くず篭のなかで燃すこともでき重宝した。道路脇での設置なら一杯になれば燃やしたり、移し替えも可能だったが稜線部では山盛りになるだけだった。積雪期の前に片付けないと圧雪でへこんでしまう。１基５０００〜６０００円はした。そこでくずかごより安価で効果的な方法を考案した。

１巻30メートルの金網を１・５メートルほどに切断して円柱にして、針金を通して縫う。底を折り曲げ踏みつけて針金でとめれば出来上がり。１巻から20個を完成するのに時間はかからないし、金網は１巻１５００円程度だから単価は１００円ほどだった。これをジグザグの登山道なら曲がり角のハイマツや岩に括り付ける。稜線なら道標などに結わえる。一杯になれば口を結わえて、代わりの網篭を設置して、巡視や清掃の際に室堂基地に運び込む。高山でもいくつもの網篭を背に登攀できたので重宝した。

立山では例年夏山の終わりに、１０００人を超える富山県内の青年団が清掃登山にやってくる。県民が誇りとする霊山を清掃して雪を待つという神聖な行事だった。人の集まる室堂や地獄谷付近の清掃活動とは別に、元気あふれる青年を組織して、立山と剱岳山頂の空缶回収をすることにした。山の管理に携わる佐伯安次と佐伯栄治をリーダーに、アルバイト学生が補助者となって２班に分かれ、精鋭の青年団員を引率して登山し、どちらが効果的に回収できるかを競った。

立山班は１００人が参加。頂上や稜線部の周辺に投げ捨てられた空缶は数万個もあったそうだ。それを山頂直下に石を積んでダムの堤をつくり、そこに集結させて上から石を置いて封じ込めた。

剱岳班は20人ほど。頂上に到達するのも鎖場などありたいへんだが、そこに３巻の金網を担ぎ上げて即席の金網篭をつくった。岩場の隙間などから拾い集めた空缶は50袋を満杯にさせたのだから３０００〜４０００個はあっただろうか。これを山頂付近に積み上げておき、翌年の春の積雪期に剱沢の主と言われた佐伯文蔵氏らが登頂して、東大谷の急峻な谷に蹴落としてくれた。「雪の上をものすごい勢いで滑っていったちゃー」と報告してくれたが、迷うことなく早月川を日本海まで流れ下ったことだろう。

この頃は空缶に代表される山岳ゴミ戦争の最中で、こんな乱暴な処理もやむを得なかったと思う。その後は山小屋への物資移送がヘリコプターで行われるようになり、帰り便に空缶を搬出する方式となり、近年は持ち帰り運動も定着した。

最近になって立山山頂直下に埋められた空缶が気になり、その所在を確かめたところ、環境省や山関係者が数年前に全部回収して運び出したと聞いた。気がかりが一つ消えた。

剱岳山頂の空缶篭の山

剱岳冬山大量遭難

昭和43年の大晦日から富山県の山岳地帯は猛吹雪となった。暮れに北陸には珍しい好天が続いたことが、剱岳での大量遭難につながった。

富山県は41年3月登山届出条例を制定し、12月1日から翌年5月15日までの期間に条例で定められた「危険地区」への立ち入りは、事前に届け出ることが条件付けられた。

この届出義務の内容には、行程や緊急時の救助体制、山岳遭難捜索費用に当てるための保険の加入の有無などのほか、登山歴も記入することになっていた。これらの登山届けを提出しないで登山したり、虚偽の登山届けを提出しての登山には、罰金または科料に処することができるとされた。

頻発する群馬県谷川岳での山岳遭難に対して、県当局が山岳遭難防止のために登山規制の条例をつくろうとしたのは32年のことだった。登山規制は山登りの自由を認めない憲法違反ではないか、と山岳関係者から反対された。この一件は「スポーツを法律で取り締まる方法は妥当ではない」との当時の自治庁の見解でひとまず論争は沈着化した。

38年1月、富山県薬師岳で愛知大学山岳部13人が全員死亡するという冬山遭難が契機となって、今度は富山県で登山規制の条例化が再燃した。当初は「登山は個人の自由にありたい。忠告はいい、しかし禁止する権利は認めたくない」という深田久弥氏の発言に代表されるように、反対の声が強く条例化は頓挫していたが、冬山遭難が続発したことにより、条例が制定されたいきさつがある。

43年12月には剱岳早月尾根の登山基地である馬場島に届け出の内容を確認する登山指導員詰所が開設した。佐伯安次が責任者で芦峅寺の2人が駐在した。登山指導員の辞令をもらっていた筆者も御用納め当日、ジープで馬場島に入った。届け出の確認業務には装備のチェックやトランシーバの周波数調整などがあったが、平穏な暮れだった。

大晦日から山の様相は一変した。早月尾根の剱岳頂上近くで、パーティの一人が滑落し、その生存を確かめる仲間の声が突然基地の無線に入ってきた。適切なアドバイスを指導員はしたが、結果はアクシデントの死亡事故となった。

年が明けると、基地の馬場島でも猛吹雪でみるみるうちに積雪を増した。年末の好天で山岳地帯上部にまで進んでいた各パーティは身動きできない状況となり、それらのパーティ間の連絡や基地への交信にと、基地の無線はフル活動した。基地からは山岳遭難対策本部のある富山県警察本部にも随時交信した。

金沢大学山岳部は赤谷尾根から剱岳を目指すというものだったが、元旦にはサポート隊が身動きできないとSOSを発信してきた。2日も荒れるばかりだったので、このただならぬ状況に対して、筆者は下山して警察本部無線室に詰めることにした。といっても5日前には雪もなかった道路は、積雪1メートルを越え、麓の伊折集落までの7キロを1日かけラッセルしてたどり着き、夜から無線室で安次と連絡を取り合った。

天候が回復すればヘリコプターで食料の投下や救助もできたが、天候は依然回復しなかった。その間6日には、赤谷尾根に向った芦峅寺の民間救助隊員が雪庇を踏み外して谷に流されるという二重遭難も起きた。7日に佐伯栄治らが救出に向かい、無事生還した。南極を体験していた栄治は、一晩を雪のなかに居てタバコの火で暖をとったが、あんな小さな火がこんなに暖かいとは思いもしなかった、と後に語った。

9日朝になってようやく天候が回復しヘリコプターが活躍する。この荒れ狂った剱岳で、緊急救出を要するSOSを発信した7パーティ54人を含めて計17パーティ132人が孤立・立ち往生した（7日までの富山県警調べによる）。

11日までに6名の死亡が確認され、12人が行方不明のままという未曾有の大量遭難だった。このことから富山県では「必要に応じて指導勧告する」という勧告条例に、「特別危険地区」を設定して「登山者は特別危険地区に立ち入らないように努めなければならない」という、登山禁止に近い条文を付け加えた。

冬山の恐ろしさ、命の大切さを目の当たりにした10日間だったが、トランシーバという通信器具が「雪洞が壊れた」「食料が切れた」「ヘリコプターの救援を頼む」「凍傷で動けない」などと発信するのには驚いた。出前を頼むが如く簡単に交信し、救助費用は山岳保険でという便利さは、携帯電話時代では一層その安易さが強調されるかもしれない。

登山規制は、県外登山者が起こす遭難騒ぎに、地元県警の捜索・救助費用や民間の救助隊員が狩り出され二重遭難まで起こしかねないことへの防御策でもある。「本来自由であるスポーツ」も「他者に迷惑をかけない」という前提があって成り立つものであろう。

筆者は二冬を北陸で越した。東北海道や上高地での乾いた軽い雪とはまったく別物の、水気を含んだ重い雪には驚き、往生したものだ。日本海側の豪雪地帯の冬は、まさに雪仕度から始まり、雪のなかで耐え忍ぶ生活だった。

「厚生技官行政職（大臣官房国立公園部管理課）に採用する」

44年4月1日　厚生大臣の辞令によって、まずは長野県南安曇郡安曇村大野田の冬期事務所兼住宅に移り住むことになった。突然の異動は、新婚旅行の延長だった。

5　上高地レンジャー

新婚の上高地

４月末に上高地への道路は通じる。このとき、中島や澤田（１２３頁参照）が住んだ小梨平の事務所は前年シーズン終了時に撤去され、跡地には「自然教室」といわれるビジターセンターが事務所も包括して建築されることになった。事務所兼住宅は対面のキャンプ場管理事務所をキャンプ場内に移転させ、その跡地に木造２階建ての建物が建築され、夏には完成することになっていた。それまでの間はセントラルロッジの一間を間借りした新婚生活となった。

新住宅にはアルバイト用のベッドルームもあり、広い居間を事務室にして快適だった。

立山時代からアルバイトをしていた医学生が夏休みにはバイト頭となって、山岳地帯の清掃を担当してくれた。当時は年間30万円ほどの清掃賃金・助成金が配分されてきたので、食費込みで10人、１月分は確保できた。

山回りのできるバイトを組にして穂高や槍、常念方面に清掃を兼ねて見回りをさせ、上高地内にも管理のために数人は配置したので、バイト部屋のある新事務所は重宝だった。

新しい上高地管理員事務所

夏には安曇ダムの完成によって、沢渡までの道路が従来の渓谷を縫うような狭い道路から、トンネルの対向2車線の立派な道に付け替えられた。時間短縮できたものの、モータリゼーションの発達で国道と分かれる中の湯と上高地の間の県道の渋滞は一層深刻になった。上高地駐車場を簡易舗装して白線を引いて効率化したが、車で溢れかえり園路に入り込んだり、県道脇に路傍駐車して通行事情はさらに悪くなった。赴任以前から現駐車場の拡張や別の駐車場を焼岳山麓側に新設する案などが、長野県や安曇村でも検討されていた。

案を出すにしても、上高地の利用者数や動態を知ることが必要だった。利用者統計では上高地には村役場推計で60万人の入り込みとされていたが、これはバスの乗客数を基本に算出したものだった。

上高地利用動態調査

単なる総数ではなく、最大日入り込み数も知りたいし、バスや乗用車別の台数、できれば出発地も調査したい。駐車場を計画するとしても、その容量を決めるためにも平均滞在時間の基礎データは必要だ。長野県観光課長に話したところ緊急調査費として50万円を調達してくれた。

8月の最盛期に3日間調査をすることにした。歩行者も含めた交通調査のようなものだ。残念なことにこの調査報告書は手元に残されていない。具体の数字は不明だが、調査方法は記憶している。緊急に地元の信州大学に申し入れて10人の学生をアルバイトとして派遣してもらい、清掃アルバイトの10人を呼び返して20人の調査体制を整えた。

上高地に至る県道での自動車交通量を30分単位で3日間連続計測する。そのために八衛門沢と交わる場所で台数のほかにナンバーから出発地を、また、乗車人数を目視する。夜間はそのまま通過させれば確認不能になるので、路上に大石をころがして停車させて、それをドライバーが取り除いている間に目視する。通過したら、除けられた石を再び路上に戻す。これはトラブル覚悟なので常連アルバイトが交替で行った。

各宿泊施設には前日からの宿泊者数と到達手段（特に自家用乗用車では発地も）を書き込む調査票を配布し、チェックイン・チェックアウト時間も記入してもらった。

歩行者調査では駐車場から河童橋の中間地点や明神、徳沢、各登山口など7か所に2人組んで配置させて、上下の通行人数、そのスタイル（登山者・ハイカー・観光客）を見て利用者の分別も行った。問題は調査員は朝6時に出発させるので、朝食は前夜のつくり置きだが、昼弁当をつくって配布する要員も必要で、筆者とバイトのリーダーがそれを担当した。

とにかく、マイカーの到来を迎え撃つ対策のための動態調査が必要だった。一方で現実に上高地内に溢れるマイカーの河原侵入を阻止する手段として、ホテル改築の基礎工事で掘り出された大石を車止めに使った。残余は今後のためにと、河原の砂地箇所を掘り込んで埋蔵した。これが2度目の上高地勤務の際には有効な素材となる。

マイカー規制以前の混雑する県道上高地線

ビジターセンターの建物完成

国立公園や国定公園に行くと拠点になる場所、多くは集団施設地区にビジターセンターがある。国立公園などを訪れる人をビジターと呼び、この来訪者に自然の仕組みや特徴を紹介し、楽しみながら理解してもらえる箱物施設である。最近はエコミュージアムという名称もあるが、各地の公園にある自然保護センターや自然館なども同種の施設である。

ビジターセンターはアメリカの国立公園から移入したコンセプトであるが、アメリカでは公園案内や情報の提供をナチュラリストやインタープリター（公園の自然や文化、歴史などの資源と利用者とのコミュニケーション手段のことをインタープリテーションといい、そのようなことを行う人）の活動拠点でもある。だから極端なことを言えば、１枚のカウンターさえあればビジターセンターの機能を果せることもありうるのである。

これに対し日本では自然公園法で「博物展示施設」という教化目的の利用施設にしている。人材養成が伴わないままに、最近では模型やパネル方式からジオラマやビジュアル映像など情報技術の先端を行くものまでさまざまな装置が整備されるようになってきた。高額な装置が増加する背景には、以前には建物自体は環境庁の直轄や補助対象であったが、展示費用は設置者が自前で算段せざるを得なかった。それが公共事業化に伴い建築物、展示物を一体のものとして整備できるようになったからである。

本来は昭和43年度事業だったビジターセンター建築は繰越されて44年秋に完成した。事務所はこのビジターセンターの一部に入ることになっていて、その調度・備品類の用度費が、長野県から60万円示達された。展示費用はゼロ。そこで展示費用を捻出するために、国立公園協会にこの60万円を自己資金という種金にし、同額の助成金を受けて合計120万円の展示企画をすることにした。建物の建築費は1800万円、展示費用は建築費の半分は必要だと展示に協力してくれた大阪万博の展示プロデューサーは言ったが、建築費の1割にもならなかった。それでもなんとかして上高地にふさわしい展示を全うしたかった。以下、このビジターセンターが壊されて、向かいの住宅があった場所に新築される平成13年に、筆者が依頼されて書いた文章で当時を振り返ろう。

6 生まれ変わる上高地ビジターセンター

ビジターセンターの誕生

河童橋を過ぎ清水川に架かる小橋を渡ると、色とりどりのテントが見える小梨平の入口、左側にビジターセンターがある。小梨平はかつては上高地の奥座敷、キャンパーと登山者の世界だった。今では登山者だけではなく、明神池や徳沢まで散策する人たちも多い。そのことから昭和45（1970）年に開設したビジターセンター入館者数は、約半年間の季節的開館にもかかわらず24万余人と、全国のビジターセンター中で最多だ。といっても上高地を訪れる人の7人に1人ぐらいの割合だから「ビジターセンターって何？」という人のほうが圧倒的に多い。

アメリカの国立公園の入口や利用の拠点には、必ず合衆国国立公園局の直営であるビジターセンターがある。そこにはパーク・レンジャーやナチュラリストとよばれる自然の解説をしてくれる人が常駐している。もちろん一般的な情報や案内機能もあるが、この施設は公園を訪れた人がより深い感銘や知識を得ることを手助けしてくれる施設なのだ。

日本では「博物展示施設」として整備され、全国の国立公園に50ほどの施設がある。しかし、アメリカと違ってどうしても施設中心になりがちだ。

旧ビジターセンターへの鎮魂歌

上高地のビジターセンターは開設当時「上高地自然教室」とよばれていた。30年も前のことだが、高山蝶の研究家であり山岳写真家でもあった田淵行男さんの写真と高山蝶の細密画が壁面を飾っている。田淵写真館ともいわれたが、これには多くの思い出がある（注4）。

僕はレンジャーとして上高地に駐在していた。国の施設としての建物は完成したけれど、展示に要

（注4）　**田淵行男**　明治38（1905）年、鳥取県黒坂村に生れる。東京高等師範学校（後の東京教育大学、筑波大学）理科3部卒業後、富山県立射水中学にて教鞭をとり、昭和5（1930）年、東京に戻る。教諭中に北アルプスなどの集団登山を指導。20年、長野県穂高町牧に疎開し、高山蝶の研究。34年『高山蝶』を朋文堂より出版。36年、豊科町見岳に転居、高山蝶の研究と山岳写真にかかわる。51年、環境庁長官より第1回自然保護思想普及功労賞受賞。平成元（1989）年、83歳で死去

する費用はゼロ、地元で工面しろという時代だった。事務所兼用の建物にはレクチャーホールという小ホールも併設されていた。長野県は椅子やテーブルなどの備品調達費用を予算化してくれた。それらをカラマツの風倒木を輪切りにした腰掛けや、縦割りにした長いベンチの代用品で賄い、展示費用を工面した。

冬季間、安曇野に住む田淵邸に通い続け、氏の好意によって展示の写真を提供してもらい、かつ、説明文もお願いした。

予算がないのだからシンプルにしよう、上高地の自然などを詳細に解説するより、人が山と向かい合うとき、山はどんな季節や時間を持ち、どう粧うのか、田淵さんの深淵な自然への思いの哲学と芸術性にすべてを任せた。

「自然はもとから人間には無関心です。人間が自然にチャンネルを合わせてこそ知識や感動を得る。シャッターはその一瞬です」というのが田淵さんの心情だった。

写真の焼き付け費用もない。僕は富士フイルムの本社に赴き、無償での提供を頼み込んだ。焼き付けのチェックのために田淵さんが上京する数度の旅費は、安曇村が捻出してくれた。

こうして壁面を埋める写真と説明の写植は準備できた。だが、館内は照明器具すらない。展示の全体構想を手伝ってくれた学習研究社の秋山智弘氏は、僕を開幕間もない大阪万博に連れて行ってくれた。そこで政府館をはじめ多くのパビリオンの展示・ディスプレイを手がけた専門家たちを紹介された。彼らを、道路が開通する4月下旬に上高地に招聘し、現地での指導と協力をお願いした。彼らは、山での僕の愛車だったジープの運転と、手打ちそばのご馳走を条件に、大阪からの交通費など一

旧上高地ビジターセンター内の展示

切自前でやってきてくれた。

専門家は照明方法やいくつかのディスプレイをたちまちスケッチしてくれ、壁面との境目には梓川河原の石を並べ、その上に流木を配して重量感を演出してくれた。また、常念岳付近のケルン1基を山小屋の協力でヘリコプターで下ろし、元の姿に復元した。すべてが現地調達のものだった。このように無一文に近い費用で旧ビジターセンターの展示は整えられ、その年の初夏にオープンした。開館後も山の生業に関する幾多の道具などが、地元から寄贈された。

ビジターセンターの遷宮

平成13年10月、ビジターセンターは向かい側に移転する。近年整備されるビジターセンターは、展示費用も映像装置もソフトまでもが施設予算に組み込みが可能となった。手探り状態のなかで、手弁当、手づくりでつくられた上高地ビジターセンターは古臭く、時代に合わないという声も聞かれるようになった。環境省では新しいビジターセンターの基本設計、実施設計、展示計画などが着々と進められた。

基本テーマは「自然と人の共感」。それは「雄大な自然に対し、表層の観察にとどまらず、五感の捉えたものを通じて自然を把握すること。厳然と聳える山群、森林や自然のなかに生きていることへの共感」を利用者に伝え、かつ、問うものにしたい、というものだった。

そこでは自然にふれあう楽しさを知り、実践体験に誘う動機づけが狙いとなる。すなわち利用のあり方として、

一、自然とのふれあいに必要な情報の提供のためにガイドカウンターを設けて自然解説などに携わるようにする。

二、利用しやすい展示を心がけて、わが国を代表するこの地域の自然景観と、奥深い自然のたたずまいを、写真、文章、樹木などの展示によって紹介する。

三、ビジターセンターと一体となった園地広場の活用に努める。

現在のビジターセンターは取り壊し、跡地は新ビジターセンター前の広場として来館者、散策者、登山者の休憩する場所にする。そこは自然観察会への集合・出発場所にもなって、単なる施設ではない活動の場としての自然ふれあい活動ステーションがお目見えする。

館内の展示

10月オープンまでは新施設の館内の様子を見ることができない。同様に10月を過ぎれば、30年の歴

新上高地ビジターセンター内の展示

史を持つ旧施設は取り壊される。一時代を画した田淵写真館の展示も幕を閉じる。しかし、そこで表現された魂と、それを宿すいくつかの具体の形は、場所を変えて受け継がれる。一種の遷宮だ。壊されたままのケルンも積み直されるし、壁面写真との区切りに役立った流木は、2度目のお役に立つはずだ。それに田淵さんの写真に統一されていたものが、今回は当代を代表する15人の山岳写真家の作品群と交替する。

上高地や穂高を舞台に表された文芸作品中の文章と写真作家の映像が組み合わされて、相乗的にメッセージ性を高めていく。田淵さんという一人の思いから、山岳風景を撮ることに感謝し続ける一流写真家たちの共同制作に進化するのだ。この40点を越える「私の心に写った自然」が明確な方針のもとに配列されて、意味を持つメッセージが伝えられるのは「多様性の統一」という表現がぴったりだ。

展示写真は実物をご覧いただきたいが、この写真家たちもすべて無償でフィルムを提供されたのは、かつての田淵さんと同じ志といえよう。また、展示構成の一つとして故田淵行男コーナーが設けられることは、旧施設の企画に携わったものとして感慨深いものがある。

（財）自然公園美化管理財団もビジターセンターに『アルプスのパノラマ絵』を掲げることで参画する。このパノラマ絵はオーストリアのインスブルックに居を構える山岳パノラマ絵の第一人者ベラン教授に依頼したものだ。途中で教授は死去したものの、ベラン工房を継承したフィールキント氏によって2度の航空撮影や踏査による現場調査と、何度かの打ち合わせで完成した。写真展示のコーナーとカウンターの背後に掲げられるパノラマ絵は、新しいビジターセンターの双璧だ。

今後に向けて

旧ビジターセンターでは田淵行男さんの山への思いを表現したが、新ビジターセンターは「自然と人間の共感」をテーマにして、多くの人たちの共同制作（コラボレーション）方式で完成目前となった。21世紀最初の国立公園のビジターセンターが秋には出現する。しかしオープンをもってすべてが完成し、終了するのではない。こんどは利用者と制作者・管理者の共同作業によって、いいかえればこのビジターセンターをいかに上手に使いこなすかが課題となる。管理運営を環境省から任せられるわが財団の運営にその成否はかかっている。

２０００年にドイツのハノーバーで開催された万国博覧会は「人・自然・技術」をテーマにした

ものだったが、会期中に訪れた人たちの声を反映して幾度も修正が加えられたと聞いた。オープンに合わせて展示が完成したのではなく、会期の最終日にすべてが完成する、という考えだったのだそうだ。

上高地のビジターセンターは会期を定めたものではないが、多くの人たちの参加とサポートによって、年月を経るにつれて完成の熟度が高まることを夢見たい。

（「ブルーガイド情報版／上高地」　平成13年6月）

新ビジターセンターの完成

新しいビジターセンターの建設は、環境省の公共事業拡大戦略を担う「緑のダイヤモンド計画」の旗艦プロジェクトだった。総事業費は10億9000万円を超えた。建築工事費が6億7600万円に対し、展示費用は3億2300万円とほぼ半分だった。

それだけに、建築デザイン、設計、工法も十分に練られ、展示には作家の近藤信行氏を上高地ビジターセンター特別展示専門委員会座長に、展示映像プロデューサーの秋山智弘氏が展示編集監督を務めて完成した。

近藤氏は田淵行男氏の志を生かさねばと思い、秋山氏も田淵氏の「山に向かう心」を引き継ぐことを前提に、人間の感性に訴えるものにしたいと考えた。

15人の写真作家が選ばれ、当代を代表する山岳写真作家の作品200点余りのなかから30点が展示

新上高地ビジターセンター

のために選定された。平行して多数の書物から文芸作品が選び出され、「山に向かう心」のテーマに適切な一節を抜粋して、写真と文章を組み合わせた展示が構成された。文章が写真を説明しているのでなく、写真が文章の挿絵役をしているのでもない。互いに独自性と個性を保ちながら「山に向かう心」という理念の基準線を貫く存在としての展示の流れを意図した。この写真提供の著名な山岳写真家も、また、無償で協力してくれた。北アルプス・穂高・上高地という類まれな被写体に対する芸術家のお礼の気持ちといえよう。また、「旧ビジターセンター」の写真展示の足元にあった流木の丸太も、移動にあたって埃を払い、汚れを拭い、浄められた姿で新展示室に飾られた。まさに遷宮の儀式のような細心の注意をもって行った」と秋山氏は記述している。

（「自然流・次世代上高地ビジターセンターの誕生」：「グリーンレター」平成13年12月）

旧ビジターセンターの解体

流木丸太の展示は２度目の務めをしてくれた。30年経って、なお光彩を放ったといえる。

建築資材はどうなったのか。新設のビジターセンターは平成13年10月にオープンしたが、一連の工事は同年12月の解体をもって終了した。工事を担当した環境省中部地区自然保護事務所の中野圭一はリユース、リサイクルの視点からの問題意識を持っていた(注５)。実際の工事は、旧ビジターセンターを運営しながら、向かいに新ビジターセンターを建築したので構造材を再利用することができず、展示物の流木、ケルンとビジターセンター前に旧河童橋の一部を再利用したにとどまったという。リサイクルでは、解体工事の際に中間処理、最終処分先の指定をしなかったことを反省する。処理場を視察して「より良いリサイクルを実施するためには地域の廃棄物処理の実態を知る」ことだと反省した。

新ビジターセンターの設計、工事に当っては「１００年使える施設」、「未来の重要文化財」などを構想したというのは、廃棄物の排出抑制に最も効果的なのは建物を長く使うことをまず発注者が心がけないと目的は達成されないと信じたからだという。

今後の国立公園内での施設整備事業や自然再生事業は直轄事業となり環境省が自ら設計、施工管理

（注５）　**中野圭一**　昭和55（１９８０）年、環境庁に入庁。いくつかの現地、本庁勤務を経て日光国立公園管理事務所時代に、カラコルム遠征のために長期休暇を申請するも認められず60年、退官。遠征後大学で土木を専攻し、平成３（１９９１）年、再度環境庁に採用される。新宿御苑での工事担当後レンジャーに復帰し、中部山岳、東北海道事務所で施設整備を担当。現在長野自然保護事務所に勤務。岳人としての視点からの、中部山岳国立公園の登山道整備に期待がかかる

を行わなければならない。一つの事業の最初の段階から終了までを経験することで、環境に負荷をかけない工事のノウハウが蓄積されてくるはずだ。

7 マイカー規制への布石

二度目の上高地勤務

昭和44（1969）年4月に上高地に転勤して1年後の45年4月に中部圏開発整備本部への出向命令が出た。その後、47年7月に長野・富山・岐阜・新潟県にまたがる中部山岳国立公園全体を管理する管理事務所が設置され、大石武一環境庁長官の書による看板が、以前筆者が冬期事務所にしていた建物の入口に架けられた。所長は中島と同期の2期生の星沢一昭で、2年余ぶりに復帰した筆者は保護科長だった。上高地には冨永敦が残った。駐車場に関する具体的な決定案はいまだ提案されていなかった。筆者は前回、し残していた上高地集団施設地区内の宿舎の収容力を凍結するために、宿泊人員の凍結と、各宿舎の規模の限度を容積率（環境庁が土地使用許可を出している敷地面積に対して）でもって決めることにした。その範囲までの増築は認められるという宿舎もあって、かえって大きな容積となった宿舎も一部に出現し、人員での総量規制はできたものの、規模を抑制するには必ずしも有効な手立てにはならなかった。

翌年48年4月には上高地駐在も兼務することになり、現場復帰し上高地に居を移した。マイカー規制の導火線となる巨石によるバリケード作戦は7月のことだった。以下に、この作戦を取りあげた朝日新聞の記事を紹介する。

この大石には参ったろう　車ラッシュにやむなく自衛

北アルプス上高地はこれからが夏山シーズンでにぎわうが、毎夏、車の洪水による自然破壊に手を焼いた環境庁中部山岳国立公園管理事務所はこの夏から上高地への車の乗り入れ規制を決め、まず例年不法駐車の多い道路端の小さな空地や梓川の土手などに大石を並べて車が入れないようにした。訪れる車の数にくらべ駐車場は極端に少ない上高地。〝大石バリケード作戦〟で混乱は必死だが同事務所はそれも「予定の行動」としている。「来年から上高地への車乗り入れを全面規制したい。これは来年への布石」と割り切っている。

標高約一五〇〇メートルの上高地は三千メートル級の高峰を目の前に望む観光地。登山にはおよそ縁のない服装で都会から車で訪れる人たちがほとんどだ。多い日には一日二千数百台が乗り込むが公営の駐車場は乗用車二百四十台、バス二十台を収容できるだけだ。あふれた車は梓川河川や道路端のクマザサのしげみまで所かまわず不法駐車されている。しかも七月一日から岐阜県に「乗鞍スカイライン」が開通「ついでに上高地へ」という車がかなり多くなると予想され、長野県警は今夏の最盛期には一日四千台近い車が上高地に入り込むものと予

並べられた大石

樹林地に駐車するマイカー

想している。乗り入れ規制といっても途中で車をストップさせる決め手はなく「混雑するから行くな」と警察官が説得する程度で大きな効果を上げるのはむりだ。

「このままでは上高地の自然がだいなしになってしまう」と環境庁では自衛手段を始めた。昨年まで仕方なく駐車させていた梓川の土手や河原には駐車させず、駐車されそうな場所には大石を並べてシャットアウトすることにしダンプとレッカー車を使って大石を運んで石の壁を作った。石は全部で二百個置く予定だが、二人や三人ではとうてい動かせようもない。

これで上高地には最大五百台程度しか駐車できなくなり、車が大混乱することは必至だ。

(朝日新聞　昭和48年7月5日夕刊)

けっして衝動的な行動ではない。この石がいつでも使えるようにと3年前に宿舎建設工事の地下部分から取り出された巨石を河原に埋蔵しておいたのだ。ただ夏のアルバイトの人件費30万円をダンプカーやレッカー車の借り上げに使わねばならず、頭を悩ませた。営林署にも道路周辺の国有林の保護になるのだから費用を出せと持ちかけたが、当然金はない。それならばと、人と石を提供してもらうことにして、治山林道建設の際に路傍に押しやった転石を提供してもらい、置石作業には人手も出してもらった。「山中（貞則初代長官）に大石（武一２代目長官）置いて、小山（長矩３代目長官）をつくり、３本樹（三木武夫４代目長官）を植えればうまく行く」という思いだった。７月15日付で、また本省に呼び戻された。

マイカー規制の協議

国立公園部計画課に勤務することになり、特命事項として国立公園内のマイカー規制の必要性などに関して全国的に実施可能性を検討することになった。そうして昭和48年11月には自然保護局長が警察庁交通局長を訪ねて協力を依頼し、事務レベル間協議に入った。

警察庁は道路交通法第４条には、「都道府県公安委員会は道路における危険を防止し、その他交通の安全と円滑を図り、又は交通公害その他の道路の交通に起因する障害を防止するため必要があると認めるときは、政令で定めるところにより、信号機又は道路標識等を設置し、及び管理して、交通整理、歩行者又は車両等の通行の禁止その他の道路における交通の規制をすることができる。（中略）

２　前項の規定による交通の規制は、区域、道路の区間又は場所を定めて行う。この場合において、その規制は、対象を限定し、又は適用される日若しくは時間を限定して行うことができる。」とある。

「交通公害」とは「道路の交通に起因して生ずる大気の汚染、騒音及び振動のうち総理府令で定めるものによって、人の健康又は生活環境に係る被害が生ずることをいう。」と第2条で定義されている。この条文は45年暮れの公害国会で改正されたものである。

改正公害対策費本法の目的は「国民の健康を保護するとともに、生活環境を保全すること」にあり、この生活環境は「人の生活に密接な関係のある財産並びに人の生活に密接な関係のある動植物及びその生育環境を含むものとする」と定義されている。車輪による植物への踏み荒らしや排気ガスの影響、騒音・振動による野生動物へのストレスなどの自然環境への影響も、広義の公害の一つととらえて交通規制ができるという見解だった。

第4条2項の「対象を限定し……」は、いわゆるマイカーに限定しての規制もできることの規定である。

一方、公道は道路管理面からの危険がない限り、いつでも誰でもが自由に通行できるという原則を主張する道路管理者側の建設省との交渉は難航した。運輸省にはマイカーを公園入り口で締め出した場合の代替交通手段のシャトルバスの運行を指導してもらいたい旨の申し入れをした。現地サイドでは、マイカー規制で観光客が激減すると危惧する上高地内の事業者や、まず、入り口に大駐車場を整備しないと大混乱を生ずるという安曇村や地元警察などの見解が交叉して、一つの方向を決めるには紆余曲折があった。いずれにせよ交通規制という言葉を避け「自動車利用適正化」という言葉にして、上高地に限らず国立公園内の各地区での望ましい自動車利用のあり方を検討して、その実現に関係者が協力するという方法をとることにした。

こうして49年3月に「国立公園内における自動車利用適正化要綱」がまとまり、上高地のほかに道路開通以来ずっとマイカー規制を行ってきた立山有料道路など5地区をモデル地とした。上高地では翌50年に沢渡に安曇村が村営の駐車場を設置して、ここを乗り継ぎ地点として上高地間にシャトルバスを運行することになった。これによって、混雑する一定期間中には、中の湯から奥へは自家用乗用車の乗り入れを禁止すること、夜間はすべての車両の乗り入れを禁止する措置をとった。

警察庁交通局交通規制課との協議は新鮮だった。環境庁自然保護局という看板を背負ったからこそ実現が可能だった。

その後、徐々に規制期間を拡大し、平成8年からは年間を通じて自家用乗用車の乗り入れは規制され、許可されたシャトルバスとタクシー以外のバス等の乗り入れ規制も18年から実験的に行っている。

しかしマイカー規制はかえって上高地への観光客を爆発的に増大させた。渋滞がなくなると、ツアーの時間スケジュールが組みやすくなり、ツアー会社は上高地をバス旅行の目玉商品にし始めた。筆者の駐在していた規制前の到来者は60万人だったのが、１９０万人と約3倍になった。

その人たちが昼前後に河童橋周辺に溜まり、大正池から上高地、明神池までの間は人また人という事態が出現した。上高地はもう山ではなく、公園そのものになったのだった。

マナーあっての道路

マイカー規制は上高地に至る県道の通行を規制するものだが、筆者は昭和44年当時の上高地内の園路での自動車通行にも、関係者と協議をして一定のルールを決めていた。園路での通行は歩行者優先だから、時速20キロ以内で通行人に対してけっしてクラクションを鳴らさないこと、駐車場から奥の通行は許可車に限ること、各宿泊施設等への物資輸送車の乗り入れは歩行者が増える午後には自主規制すること、などであった。園路上に落ちているゴミを拾っている間際で、タクシーがクラクションを鳴らしたことに筆者は怒りを覚えた。窓から顔を出してことわりながら通行するのが上高地ルールだし、道を譲ってくれたら礼を言うのが当然のマナーなのにと、自動車不信が高まった。

車は人間の足を自由かつ容易に補う現代の生活に欠かせない道具になっている。補うどころかスピードにおいて、力において、人間の肉体を凌駕してしまい、使う側の意識をさえ変革させてしまう。しかし車自体は心を持たぬ道具にすぎず、操作する人間が環境との調和を考えねばならない。早くて、安全で、便利に、という車側の要請に合わせるだけの道路では、車に奉仕しているだけだ。環境に適応した道路をつくり、逆に、その道路にふさわしい車が開発され、技術だけでなく車の走り方、作法が工夫されなければならない。規格・標準化された自動車が大手を振って、いつでもどこへでも自由かつ安全に入り込めるという考えは変革すべき時代に至った。このような車の人間化があって、初めて自然環境や野生動物との調和、言い換えれば自然との共生が実現する。

日本では昔から武道、華道、茶道といった「道」を極めることが求められてきた。作法ともいうべきこの道は、単に技術の研鑽にとどまらず、深遠な理想の基に自らを律する精神的な修行でもあったはずだ。そしてそのことは日本の美とも無縁ではなかった。自動車における「道」、モータリゼーションにおける「美」とは何かを追求することこそ「運転の道」だとの意味をこめての大石だった。

コラム①　レンジャーの居場所

「アファンの森」訪問のときのことだった。C・W・ニコル氏は、レンジャーの人員増はどうなったか、と訊ねた。平成元（1989）年に環境庁長官が主宰する「環境と文化に関する懇談会」が発足。歴代大臣も出席し、筆者は事務方の主査を務めた。国のこうした懇談会にニコル氏は初めて参加した。その席で彼は、国立公園レンジャーを増やすべきだと語った。北川石松長官はニコル氏の小説「勇魚」に表れる主人公の生き様に感銘を覚えていたので、現場で活躍するレンジャーは増やす、と約束した。

レンジャー定員を7年で倍増する構想をたてた。定員数は3年の117人が14年には218人と目標に近づいたが、奇妙なことに国立公園管理官は環境省の職名から消えた。現地にあるはずの国立公園管理事務所は、十和田湖畔休屋から仙台に、大台ケ原を管理する新宮事務所も大阪に移転した。

C・W・ニコル氏（屋久島海岸一湊にて）

ニコル氏にそんな話をした。彼は日本の国立公園でレンジャーと出会う機会が皆無だと口癖のように言っていた。「そんなことはない。われわれが単独駐在のレンジャーだったときは、いつも現場にいた」と反論した。彼はこう茶化した。「瀬田さんの時代は一人で事務所にいても寂しいから、外を歩き回ったのだろう。だが今は人員が倍になったから、二人が事務所の中で話し合って、外なんかへ出ては行かないよ」と。

実体がないと国立公園を訪れる利用者の印象も薄い。公園に入るゲートや、ニコル氏が指摘するレンジャーとの出会いがそれだ。現状では国立公園に入るという心の切り替え、精神の高揚を喚起するものに欠ける。ビジターセンターのカウンター越しの情報提供でもいいが、環境省が直轄で建設したビジターセンターでさえも、レンジャーの姿は見あたらない。土・日曜には、多くのレンジャーは単身赴任ゆえに、利用者を置き去りにして現地から姿を消しているというのが現実なのだ。

レンジャーは現場にいてこそ、自然の移ろい、自然と出会う人の感動する姿や不平不満を直に感じとることできる。それはデータや文字、図面からでは読みとれない。だからこそ創設期のレンジャーは動き回り、そこに発生する諸々の事態に喜びもすれば、怒りもした。そのことで国立公園とは何かを現場で学び、憤りは仕事のバネにもなった。熱意は人をも巻き込み、力も得た。国立公園管理の原則は、マニュアル通りに当てはめるのではなく、現場情報を適確にキャッチすること、利用者へのサービスや地域とのかかわりの構築そのもののはずだ。

一例を紹介しよう。5年前（平成9年）、海の日が祝日となり三連休となった7月20日、上高地はその年で最高の混雑のピークとなった。マイカー規制は実施されているが、途中の道路工事が原因で渋滞が激しく、下山客のための定期バスやシャトルバスが不足した。日の高い季節だったが、暗くなってもバスを待つ人の行列は駐車場から河童橋を通り越し600メートルにも及んだという。ターミナルの食堂はもちろんのこと、河童橋周辺の旅館もロビーや食堂を開放して対応した。しかしこの混乱の事態に、現地レンジャーも県道管理の土木事務所員も不在だったのである。バスを待つ観光客の不満は相当のものだったらしい。

同じような事態に遭遇したことがある。昭和44（1969）年の秋だった。10月10日が体育の日になって三連休となった。旧盆を過ぎると秋風が立ち、上高地は閑散となるが、稜線の新雪、中腹の紅葉という最高の景観は10月中旬にピークがやって来る。当時はマイカー規制以前のことだが、連休最終日の夜はマイカーもバスも駐車場にはまったく姿がない。下山者がバスに積み残されて、ターミナル付近は人で溢れていた。

日暮れは早い。7時頃バス会社から、駐車場付近の屑籠が燃えているとの電話通報があった。現場に駆けつけると、あちらこちらの屑籠が炎をあげている。寒い、暗い、先行きの不安が火を求めた。火は道沿いまで延びて、漆黒の中にかがり火が連なり始めた。

筆者は事務所に電話して、居候の学生に旧事務所を壊した廃材を軽トラックで運ばせた。ターミナルのスピーカーで、自分が厚生省の国立公園管理員であること、駐車場に大きなキャンプファイヤーをつくるからすべての火を消して、周りに集まるように呼びかけた。彼らは輪の中の一つの大きな炎を見て歌い、寒気と不安を凌いだのだった。「厚生省もやるね！」の声が起きた。積み残しは2000人ほど、最終便は10時を過ぎた。

現場にあるということは、何事にも主体的にかかわるということだ。確かに上高地は環境省の所管地で、オールマイティに近い権限を持っている。しかし、その切り札を有効に切らないと宝の持ちぐされになる。それには現場主義に立つことだ。現場を愛し、知り尽くしていれば、地域の人は彼らを認めるだろうし、外部の人も一目おくはずだ。

（「『レンジャーのいま』の編集にあたって」：「国立公園」平成14年9月号から抜粋）

自然保護を担う事務所職員（自然保護官等）の定員の推移

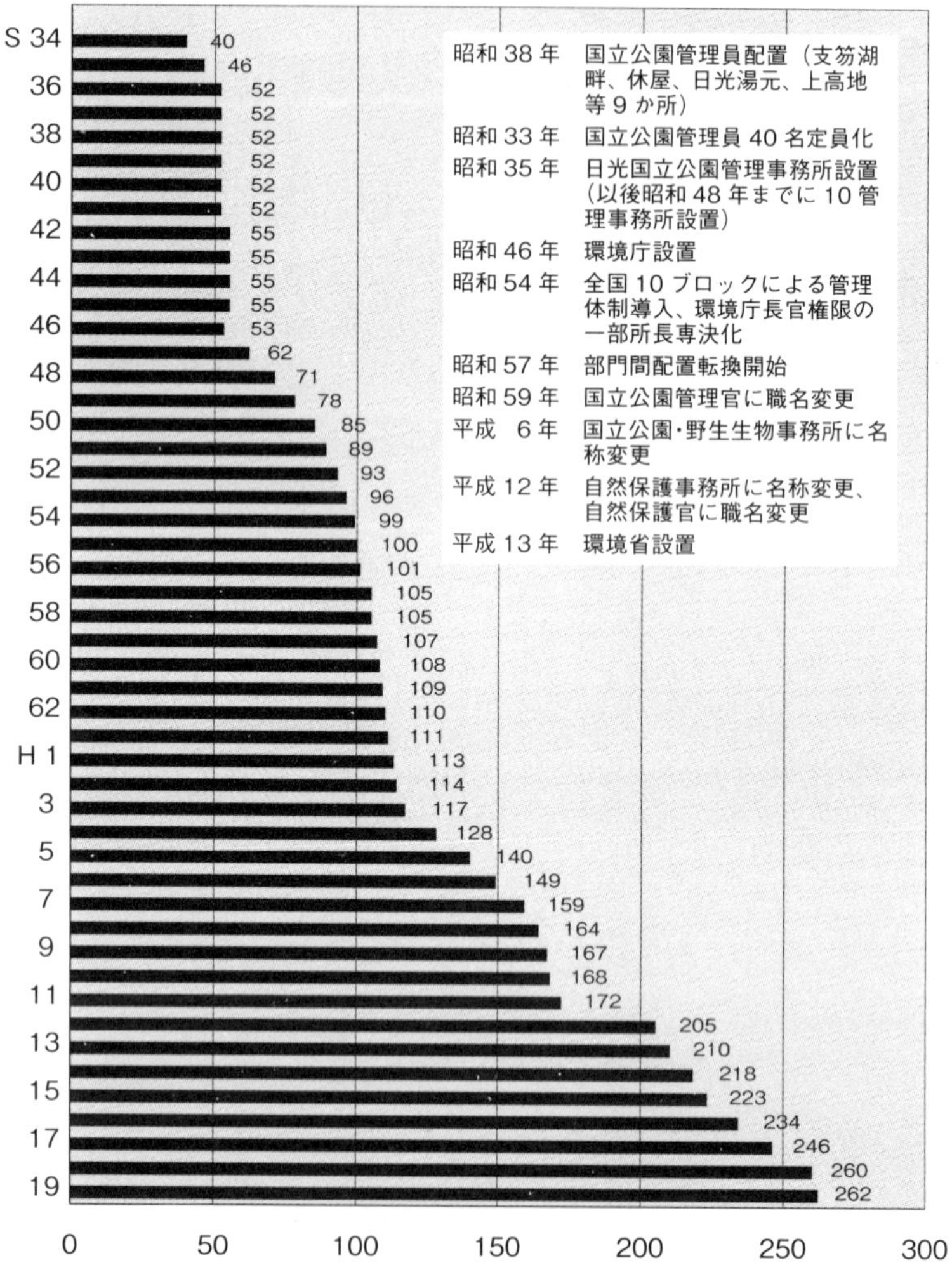

平成 17 年度以降は地方環境事務所における所長、保全統括官および自然部門の職員の定数
出典：「自然公園の手びき」2008 年版（財団法人国立公園協会）

第2章　環境庁創設　厚生省よ　サヨウナラ

1　プロローグ　環境庁創設決まる

昭和45（1970）年12月28日予算編成作業を終えた佐藤栄作首相は、翌年4月をメドに公害担当の専任大臣を置く環境保護庁（仮称）の創設を決めた。これは28日の佐藤総理・福田赳夫蔵相会談、保利茂官房・山中貞則総務両長官会談で、首相の裁断を受けて基本的に合意したものであると、翌29日の朝刊は報じた。なかば抜き打ち的に決まり、荒木萬壽夫行政管理庁長官は後で知って「省庁の新設は閣議決定で厳に抑制するはずだったのに……。首相が決めたのならやむを得まい」と語り、また、公害行政を第一義的に任じていると自認している内田常雄厚生大臣にとっても寝耳に水だった。電光石火というこの決断の背景は何だったのか、第3章で検証することにし、まずは厚生省大臣官房国立公園部の行方を追うことにする。

筆者（本章では、以下、瀬田と表記）は当時の厚生政務次官であった橋本龍太郎氏に、後に自然保護局創設のいきさつを何度か問う機会があった。環境庁時代も自然保護局長とともに環境庁設立時の話を聞いたり、予算確保のための力添いを依頼したりした。その橋本氏は、「君たちレンジャーがこれからも戦う相手は山官（林野庁の森林・林業関係の技官を彼はいつもそう表現していた）だ」と言った。また、環境庁に自然保護局ができる時期に関して、「下水道の衛生工学系の技官は早く動きすぎて建設省に取り込まれた、君たちも早く動いていたら、いい結末にはならなかったよ」とも言った（同じ46年度に建設省は下水道部の昇格を決めた）。しかし、人事などの微妙なことについては「大井さん（当時国立公園部計画課長）によく聞いておくように」と言うばかりだった。

昭和46年は明けた

御用始めとなる1月4日（月曜日）の東京は、未明まで珍しい大雪だった。霞ヶ関は一部を除けばお屠蘇気分だった。環境保護庁（仮称）創設に乗じて国立公園部を厚生省から脱出させようとする思いや行動は、誰も予期はしていなかった。

報道各紙も予定された正月記事から目覚めるのは、週の後半になってからだった。本稿をまとめるために、後日調査してわかったのだが、熊本日日新聞は7日付で『環境保護庁　具体化で難航か、近く準備委を発足』との見出しの6段記事を掲載していた。千葉日報も見出しは異なるが同じ記事なので、共同通信社か時事通信社の配信記事が全国紙に先駆けたのだった。毎日新聞は7日夕刊で、他社も8日にはこの件の報道を開始した。テレビではＮＨＫが8日正午のニュースで環境庁が創設されることが閣議で承認された旨を流した。

瀬田は厚生省（中部山岳国立公園上高地駐在管理員）から総理府中部圏開発整備本部に前年4月から出向していた。同本部は各省の出向者からなる小さな役所（昭和49年の国土庁創設時には、首都圏整備委員会事務局、近畿圏整備本部と合体して大都市圏整備局となる）だが、長官は国務大臣（建設相兼任）が任じられていた。自治省、建設省、農林省、通産省から出向の上司や同僚と論じているうちに、この環境保護庁創設問題は、国立公園行政だけではなく国土全体の自然環境の保全にかかわれるチャンスではないかと考えた。

そこで全国に配置されているレンジャー（国立公園管理員）仲間に檄文を書く決心をした頃、軌を一にして、九州阿蘇では、もっと強烈に厚生省にあるわれわれの母体たる国立公園部をそのまま新しい役所に持っていこうとする先輩リーダーが始動していた。熊本県阿蘇町坊中に事務所のある阿蘇国立公園管理事務所長（以下、「阿蘇事務所」）の中島良吾である。彼は29年に採用されたレンジャー2期生で、瀬田が入省した時の直接の上司でもあった。以後中島が60歳に至らずに早世するまで、親密、かつ、時には激しく対立することも多々あった先輩だった。

瀬田は、中島がレンジャー有志に宛てた檄文は保存していたものの、自分が発した檄文は手元になかった。阿蘇事務所には所長以下35年入省の８期生成田研一保護科長と、11月から新人研修中の45年採用の鈴木孝順が事務所員にいた。また、大分県側には41年入省14期の東島忠澄が九重山塊の拠点である長者原に駐在していた。

中島は、檄文を自ら和文タイプで打ち続けた。瀬田は原紙を印画紙と重ねて複写機の光源に当て、印画紙だけ液に潜らせて現像する青焼きと呼ばれる手間のかかる湿式複写だった。２月に入ると東北ブロックの十和田八幡平国立公園管理事務所からはガリ版印刷の提案文書が送られてきた。情報の制作手法も伝達手段も限られるなかで、レンジャー間の連絡は電話か、コピー焼きなどの郵送でしか届けられなかった。

この瀬田文書の存在を探索していたところ、成田が一連の文書や手紙を『環境庁創成記』という綴りにして保存していた。それが黎明期の国立公園レンジャーの軌跡を綴った『レンジャーのパイオニアたち』を発刊する際し、編集者である自然公園財団の櫻井正昭に送られ資料として保管されていた。これからの話は、①『環境庁創成記』綴り、②１月26日に環境庁に自然保護局設置を決定するまでの間の報道記事、③当事者を含めた関係者の追想文・国会議事録などの３種の資料を織り交ぜながら整理したものである。

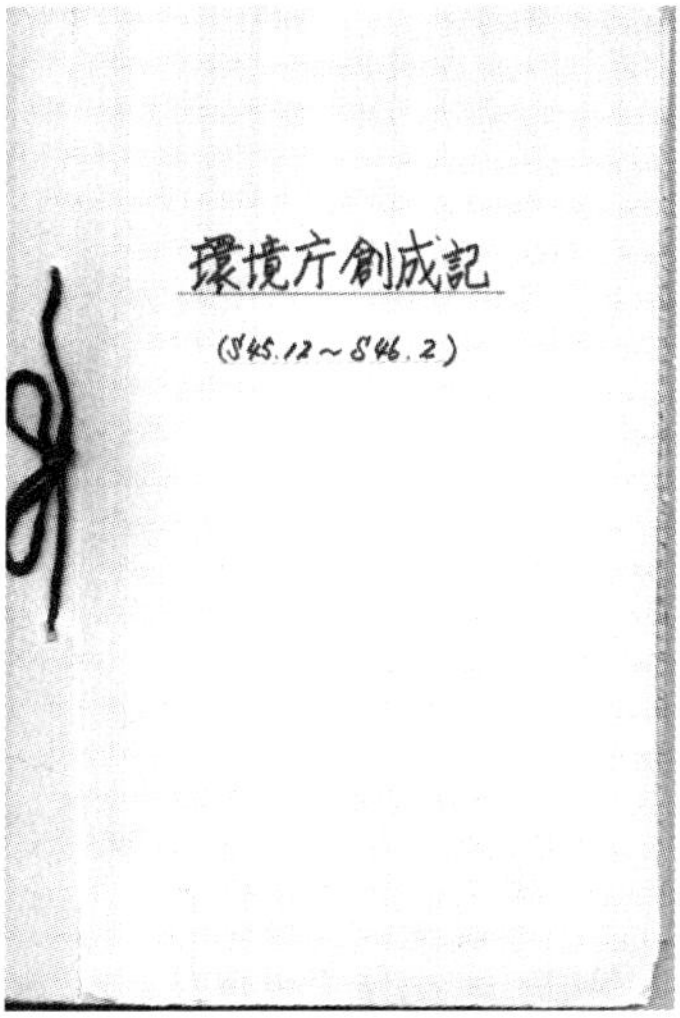

環境庁創成記

木	金	土
7	8	9
日経：明日四閣僚協議あり 千葉日報・熊本日々：前途多難な“公害対策庁” ＊阿寒・澤田栄介、中島・阿蘇事務所長宛私信	◎環境庁設置閣議了承 ・国務大臣専任 ・7月1日発足 厚生省人事 ・梅本事務次官 ・首尾木国立公園部長他	千葉日報：環境庁でスタート決まる
14	15（成人の日）	16
<第2回委員会> （各省消極的対応） NACS-J30 年史「自然保護のあゆみ」年表：国立公園部長、NACS-J の石神理事と会談	毎日：１４日会合では調整官庁とすべきとの意見が大勢を占める	千葉日報：千葉県庁も条例化検討 熊本日々：熊本で「自然と文化を愛する会」緊急理事会 朝日：梅本次官のコメント「大気・水以外は総合調整に限る」 ＊志賀高原・羽賀、中島宛私信
21	22	23
産経：特集インタビュー 山中「自然保護の一義的責任は持つ」 梅本「明治以来やってきた国立公園行政などは出さない」 （このインタビューは一週以上前の取材と推定）	山中、閣議後会見で 25 日に山中試案提示と発言 読売：権限委譲　軒並み及び腰の姿勢 千葉日報・熊本日々：山中試案固まる。検討中のものに「国立公園部」の取扱い。厚生省抵抗、大気、水質、企画調整の三局程度に落着く見込	日経：山中と関係省次官の個別折衝で 22 日に基本的方針固まる。「大気・水質・自然の三局」 大井国立公園部計画課長が部内の技官に説明 熊本日々：「熊本 自然と文化を愛する会」が要望書を提出
28	29	30

委員会　：環境庁設立準備委員会
山中　　：山中貞則環境庁設立準備委員会委員長・総理府総務長官
NACS-J：日本自然保護協会

1971 年 1 月の環境庁創設期の出来事

日	月	火	水
3	4	5	6
		初閣議	
10	11	12	13
毎日：“自然保護局作れ”と9日に山中長官 に NACS-J が 申入れ	**<第１回委員会>** 日経：厚生省の国立公園部は林野行政の一部を環境庁に同時に移管するのでなければ応じられない 読売：「自然保護局　是が非でも」NACS-J が申入れを予定	産経：自然保護局など検討 朝日：広範囲な自然保護の役割を 毎日：部局構成で難航か 阿蘇事務所 ＊厚生省よサヨウナラ（第１報） ＊瀬田檄文	山中長官、那覇で米軍毒ガス移送経路について記者会見
17	18	19	20
毎日：社説「各省庁出し惜しみ」	山中、夜沖縄より帰京	山中、閣議後首相に沖縄情勢を報告 NACS-J 他が声明文発表 ＊阿蘇「環境庁問題」（第２報）	山中と各省次官折衝始まる 読売：「今日の断面」欄で「自然保護憲章つくれ」
24	25	26	27
朝日：山中試案固まる 自然保護局設置で四局＋官房＋研究所・研修所 風致・保健保安林指定も視野に	**<第３回委員会>** 日経：四局と官房での最終案 ＊阿蘇「さらに意識を高めよう」（第３報） 岡田国立公園部管理課長通知	**◎環境庁設置法案大綱閣議に口頭報告・了承** 毎日：「自然保護策は不十分」と NACS-J は不満	公害対策本部作成の環境庁組織案が国立公園部の補佐レベルに提示される ＊阿寒・俵所長、阿蘇・中島所長に提案文送付
31	2／1	2	3
	＊阿蘇の事務所員（中島・成田・東島・鈴木）で「環境庁自然保護局が設置されるにあたっての試案」を提示（第４報）		＊「的はずれでもいいからアイディアを出そう」わかば会雑役夫発信（国立公園部）

2　環境庁正史にみる移管劇

まず自然保護局誕生のことを「自然公園50周年記念」として環境庁自然保護局が編集した『自然保護行政のあゆみ』（昭和56年　第一法規出版）から見てみよう。この正史的な記述は、淡々としたものので、レンジャー側の檄文との違いは明確だ。

環境庁誕生の背景

佐藤総理は政治的判断によって、総理大臣を本部長とし、総務長官を副本部長とする公害対策本部の設置を決め、厚生省の城戸公害部長を主席部員に任命し、関係各省から職員を集めて内閣直属の公害対策本部を発足させた。この対策本部は、所管が各省庁に分かれていたため、とかく意見をとりまとめるのに困難であったこれまでの方式に代わって、公害対策の総合的、抜本的な検討を行い、これを公害対策閣僚会議にかけて決定していく方式をとった。このようにして、公害対策の抜本的検討を行った結果、政府は11月24日から12月18日まで開かれた第64回国会に、公害対策基本法の改正のほか13法案を提出した。いわゆる公害国会である。

この国会に提出され、可決された法案のうち自然保護に関係の深いものは、公害対策基本法に新たに「自然環境の保護」の項が設けられたことと、自然公園法の一部が改正され、公園内の公共の場所の清潔の保持に関する条項と、湖沼等の水質保全や生態系保持のための汚水等の排出規制が加えられたことである。

このいわゆる公害特別国会での議論を通じて、環境保全関係の行政の一元化が強く求められた。昭和45（1970）年末の46年度予算編成に当たって、佐藤総理の決断によって環境庁の設置が決定され、1月8日の閣議で口頭了解された。そして山中総理府総務長官を委員長として、関係各省の次官を委員とする設立準備会議が設けられ、3回の検討を経て1月26日に閣議了解、2月16日には環境庁設置法案が閣議決定され国会に提出された。この法律は、5月24日成立、環境庁は7月1日に発足した。

環境庁自然保護局の誕生

公害関係ほどははなばなしい取り扱いはされなかったが、自然保護に関しても情勢は確実に変わってきていた。高度成長、国土開発の風潮のなかで、自然公園のなかにも観光開発の波が押し寄せていた。その最も典型的な例が観光のための有料道路の建設である。観光のための有料道路の建設が自動車の普及、特に自家用自動車の増加と観光バスによる団体旅行の著増を招来していた。しかし、その有料道路が、自然公園のすぐれた自然を傷つけ、それが自然保護、特に単なる美しい風景の保護ばかりでなく、自然の生態系を保全すべきであるという意見を強くひき起こす端緒となった。山梨県が施工、昭和39年に開通した富士スバルラインの建設工事が招来した富士山北斜面のオオシラビソ原生林の枯損は、一般観光客の眼にもつきやすいために、格好の批判材料となり、これを契機に自然公園関係者の間に生態系保全の観念が強く意識され始めた。

もう一つの局面は、大規模な住宅団地や工業用地の造成に伴う自然の破壊である。大都市近郊では住宅や工場の近郊への拡大によっていわゆる都市のスプロールが急速に進展し、自然が失われていった。これらのことと、水俣病に見られるような公害とが結びついて、公害防止行政は、自然公園行政を超えた自然保護行政と結びつきを持つべきであると考えられるようになった。環境庁の組織をとりまとめるに当たり、当初は、各省に分散している関係行政をすべて集めて自然保護行政を一元的に所管する局を置くことが考えられたが、結局は厚生省の国立公園部の機構に、各省調整の機能と、林野庁が所管していた野生鳥獣の保護および狩猟関係の行政が加わって、新たに企画調整課、計画課、休養施設課、鳥獣保護課という4課で構成される自然保護局が誕生した。

7月1日、山中総務長官の環境庁長官兼任で始まった環境庁は、新庁舎が間に合わぬままに仕事を始めることとなった。官房と一部の局は千駄谷にあった元東京通産局の古い木造庁舎で、また自然保護局は林野庁からその主力を受け入れた鳥獣保護課とともに、元の厚生省の一室で新しい仕事を始めた。

国立公園関係組織の変遷

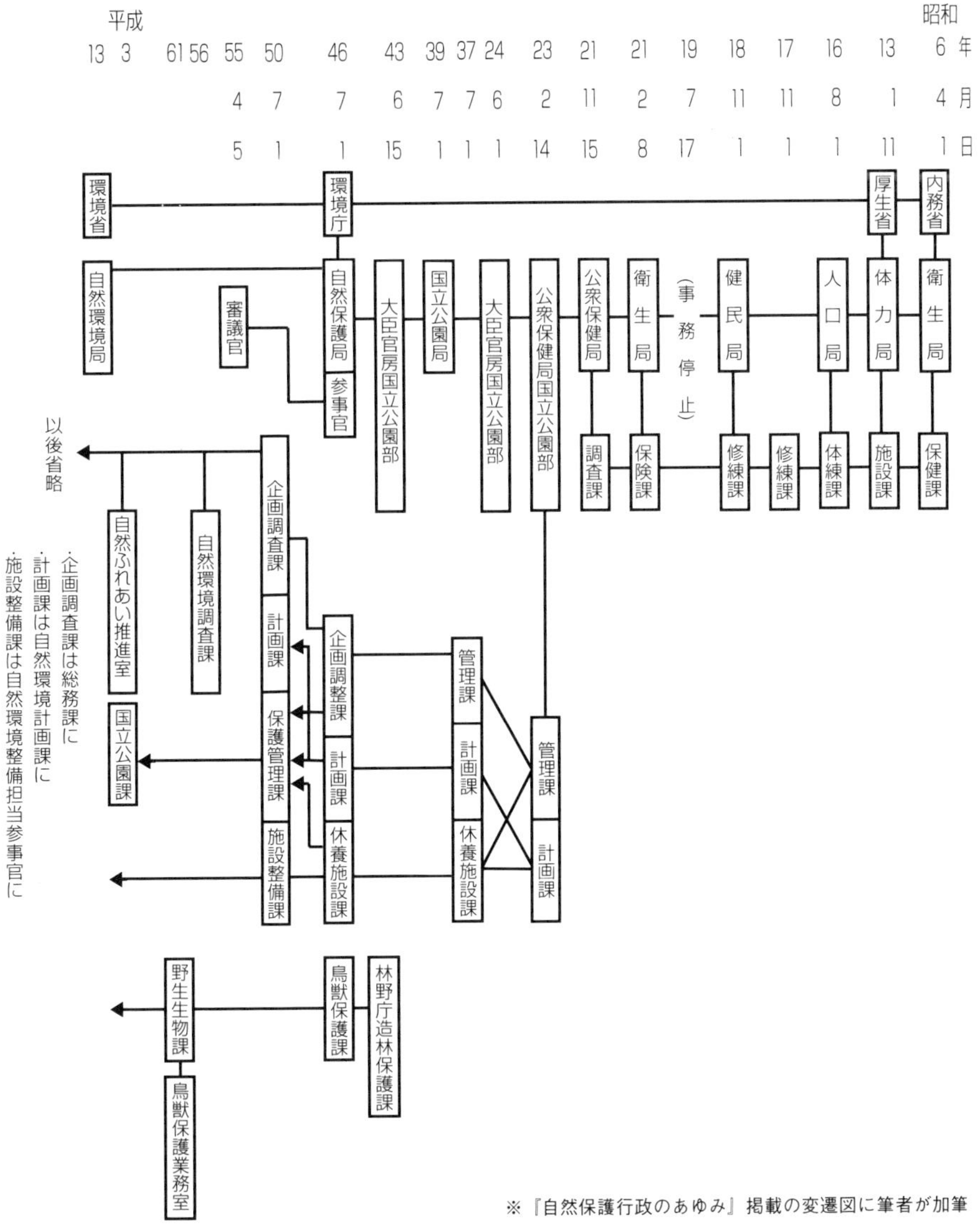
平成
昭和
13 3 61 56 55 50 46 43 39 37 24 23 21 21 19 18 17 16 13 6 年
4 7 7 6 7 7 6 2 11 2 7 11 11 8 1 4 月
5 1 1 15 1 1 1 14 15 8 17 1 1 1 11 1 日
環境省
環境庁
厚生省
内務省
自然環境局
審議官
自然保護局
参事官
大臣官房国立公園部
国立公園局
大臣官房国立公園部
公衆保健局国立公園部
公衆保健局
衛生局
(事務停止)
健民局
人口局
体力局
衛生局
調査課
保険課
修練課
修練課
体練課
施設課
保健課
以後省略
自然ふれあい推進室
自然環境調査課
企画調査課
計画課
保護管理課
施設整備課
企画調整課
計画課
休養施設課
管理課
計画課
休養施設課
管理課
計画課
国立公園課
・企画調査課は総務課に
・計画課は自然環境計画課に
・施設整備課は自然環境整備担当参事官に
野生生物課
鳥獣保護業務室
鳥獣保護課
林野庁造林保護課

※『自然保護行政のあゆみ』掲載の変遷図に筆者が加筆

3　レンジャーの自然保護局創設運動史

これに対し、レンジャー有志が時々刻々に打ち続けた文書を外史と呼ぶことにしよう。『環境庁創成記』には、阿蘇事務所が発信したものと、事務所に寄せられた文書や手紙が綴じられていた。事務所発の文書はすべて和文タイプであり、全国にはそのコピーが届けられた。事務所着のものには瀬田文書のような青焼きコピーと、肉筆の書簡がある。後者は個人に宛てた手紙類で、公表を想定していないだろうから、本稿では概要を記述するにとどめる。そこに新人研修生の鈴木の日記風メモが加わる。メモはこれらの関係を読み解く際の貴重な鍵となった。

『環境庁創成記』は事務所発の一連のタイプ打ちが先に、その後に事務所に届けられた文面が綴じられているが、ここでは日時を追って紹介する。最初の日付のものは阿寒国立公園管理事務所の澤田栄介保護科長の中島宛の手紙である。

北から南への澤田書簡

南の地まですっぽりと寒波に包まれたお蔭で、阿蘇の山々で冬山の気分にひたっておられるのではないかと想像しております。北の地川湯では、のんびりとした雰囲気とてない厳しさで零下20度、25度と記録を更新していく寒暖計を眺めては、上高地の冬篭りの毎日を偲んでおります。

さて、昨日成田君に電話しましたが、環境保護庁の問題で、貴兄の出馬を仰がねばならないと思います。

例によって、本省は乗り気なし、係長たちもお身大切の故か、活発な動きもない様子です。従って、現地の特権として「このままでは環境破壊に対処できない」ということを、声を大にして叫ぶことがまず必要かと思います。

一応、各所長連名で、本省の意向など意に介することなく進言して貰いたいと思います。これと併行して、在京の有志の情報を得て行政の展開についての見通しを立て、積極的な要望を、現地管理の実態を理解していると見られる主要な人たちにぶっつけ、話を聞くべきと思います。

これにより環境保護庁への参加がかなり見通せると思いますので、次は要所、要所への陳情書を我々一同の連名で提出することが必要かと思います。この頃が2月の研修のときであれば、我がほうは助かるのですが、とてもそれまでの時間的余裕はないものと思います。

本日のテレビで庁の構想がやや具体的に出ていましたが、公害関係の調査、研究、監視機関の一元化が基本であるようで、下水道や緑地、公園など事業機関は入っていないようです。これらの中で更に各省のセクト意識から後退することは予想されますが、あまり暗い面のみの行政庁であることから、行政の健全化のためにトップの政治的判断から、厚生省から国立公園を付け加えていくのではないかと考えられます。この辺のところが問題の鍵となるような気がしますが、貴兄の考えは。ともかく緊急な対策が必要ですので善処願います。

（昭和46年1月7日）

どうやらNHKに先がけて民放テレビで報道されたらしく、それは地方紙でも取り上げられた内容（千葉日報・熊本日日）だったから共同通信社の配信が元だったようだ。次いで瀬田文書と中島文書が、ほぼ同時に出された。瀬田文書には日付もタイトルもないB4版縦書きコピー、それに中島宛の私信が添付されていた。

瀬田文書

昨年暮れの予算折衝の最中突然、昭和46年より環境庁を新設するという内閣の意向が伝えられ、今年7月より発足することが決定されたことはご存知のとおりであります。

さて国立公園部の来年度の予算は9・2％増にとどまり、一般会計の18・4％の伸び率の半分という有様でありました。公害と自然保護が叫ばれた45年、そして新春早々NHKTVで「美しき日本の山河」と題して特別番組が組まれるほどにまで自然の保護が社会問題化している現在にあっても、これらの動きを行政のベースに載せることが出来ない厚生省国立公園部を呪うべきでありましょう。しかし我々もまたその一構成員であり、我々の半生と生き甲斐をかけた母体であってみれば、不満を具体的改革に転換する実力をもつに至らなかったことに対し率直に反省すべきであろうと考えます。

こうした時期に公害対策を十全ならしめるために新設される環境庁であったとしても、その中に自然保護局を新設させ、公園行政を自然公園にとどまらず国土全体の自然の保護にまで拡大しようとする心意気は誰もがもつに至るものと確信いたします。

すでに山中総務長官は厚生省の公害部、国立公園部、通産省の公害部、経企庁の水質公害課、水質調査課などは新官庁の〝柱〟として整理統合したいという意向を持っていたと伝えられていますが、厚生省は公害部の委譲はやむを得ないが、国立公園行政の移管には強い難色を示したとあります。また、わが国立公園部でも積極的に移行を進めるべく努力するという若手の技官もおります。

しかし一方ではレクリエーション行政としての方向性が失われるとか、事業を行えなくなり造園技術が生かされないとか、今よりも組織が縮小するのではといった杞憂のもとに自らの意思を表現しない人も存在します。しかしことの成否は別にして、いま行動しなければ、何もないまま、できないまま厚生省国立公園部は衰退の運命を辿ることになりましょう。

我々の行動の母体であった国立公園部が自然の保護を前面に打ち出し、官庁としての市民権を獲得するときは今をおいてない。我が美しき国土を護ることが我々の初心ではなかったか。レンジャーになろうと決心したのはレクリエーション行政のためではなく、自然保護を叫びたかったからではないのか。〝緑の保養所〟という言葉に代表される従来の国立公園行政が、肉体的に精神的に公害で侵された都市の人間を自然環境域に無制限に迎え入れ、何日間かのいのちの洗濯をさせた後に再び汚染のひどい都市に戻して労働に励ますという態度であったため、大量観光に優先度を与えすぎ自然破壊の傷口を大きくしたのを反省し、また、公害対策という対処療法的発想を一段と発展させ、生活環境の保全を前面に打ち出した新しい運動と機構を確立せんがために、次のことを確認しようではありませんか。

1　環境庁に自然保護局を設置する

2　自然保護憲章、自然保護基本法の制定を急ぐ

3　公害研究所と同格の自然保護研究所を設立する

以上の実現を確実なものとするため、国立公園部の環境庁移管を促進する。その方法は厚生省の反対を振り切れるだけの力と論理を山中総務長官に与えることが必要なので、各地の団体などが国会議員に働きかけることが望ましい。

また、すでに自然保護協会に働きかけて報道機関がとりあげるべく努力をしておりますが、その灯をたやさぬ様に各地で御努力願いたい。

（中部圏開発整備本部　瀬田）

参考までに私見を述べますと、

1　公害と自然保護は異質ではない。自然保護は広く水、大気等の清浄さを期待するものであると同時に、その原点となる汚染されない地域を確保する必要がある。

2　自然保護は自然公園内に限られるものではない。北海道では既に自然保護条例が制定されており、いずれ自然保護（基本）法が制定されるであろうが、この法律は今までは国立公園部が策定するものという暗黙の了解があったようですが、今後は環境庁のもとで立案されるでしょう。

3　道路建設、工業開発、都市開発をはじめ大規模レクリエーション基地等の構想に対しても我々は参加し、生態学的な発言を行う必要がありましょう。本当の自然を考え、経験してきたものは我々をおいてありません。

4　レクリエーション行政に関して言えば、各省乱立の時代であり、現実には他省が強力なバックのもとに着実に発展しています。来年度も新規に青少年旅行村整備（運輸省）、自然休養村調査費（農林省）が認められ、また林野庁の国設野営場、スキー場、あるいは自然休養林といったものが2倍から3倍の伸びを示しています。このように地主である有利性や政治力を持つ運輸・建設の各省など厚生省よりはるかに強力なレクリエーション行政を推し進めております。大規模レクリエーション緑地も実施の段階です。

5　東海自然歩道の予算項目は消え、施設整備費の内で整備することになりました。これは自然公園（今のところは国立・国定公園内に限られる）内でしか我々の仕事は実現できないことを意味しています。

なお、前述の肉筆の中島宛私信は以下の通り。

この手紙（右記文書）は計画課長にも見せました。課長は自分の感触では90％環境庁にいくであろうからじっと情勢を見ているほうがいい、と言っていました。あとの10％即ち「厚生省に残るとなれば、袋叩きにあうぞ」との言葉には、我々はそれをおそれない、と返事してきました。（中略）

当分の運動は国立公園部の移管といったことより、自然保護局をつくるという方向に自然保護協会を動かしていくほうが得策です。今日午後、管理課長が各課の補佐を集めて意見を聞くということで2時間ほど会議していましたが、多分適当に頭を押さえられていたのでしょう。

「厚生省よ　サヨウナラ！」（阿蘇発第1報）

最初の中島文書は、「自然公園若手技術者同盟　九州地区」名で『厚生省よ　サヨウナラ！』には、総理府の外局「環境庁」に行こう、という副題がつけられていた。

大兄におかれては、「環境庁」の設置については新聞紙上等において、報道されておりますので、既に興味ぶかくご検討され、我々の責務である自然保護と「環境庁」とを対応させて一応のご見解をおもちであろう思います。ここには厚生省から「環境庁」に国立公園部を移管した場合の利点を挙げてみましたので、議論の材料にしていただき、わが「自然公園行政」の飛躍の力となっていただきたく思います。

（前提）総理府の外局とは、防衛庁、経済企画庁のように、国務大臣が所掌するもので、わが国立公園部が移管されれば、当然として自然公園（保護）局がおかれることとなる。

１　自然保護体制の確立

ア．自然公園法の改正――国立公園、国定公園の指定および公園計画の決定などが総理大臣の権限に。国土の自然環境の枠は自然公園に集約されているので、この保護を基調とした改正が行われ、保護と利用との二律背反が是正される。

イ．組織および行政機能の前進――総理府の行政機能が踏襲され、法改正と相まって、各省庁との調整能力が増大する。「部」から「局」になり、局長は技官に、そして３課のうち２課の長を技官にする機会が得られる。

都道府県に「環境課」設置の動きが見通され「観光課」などというヌエ的存在から脱却できる。

自然公園（保護）局以外の局からの自然保護に関する技術の導入が容易になり、また開発も可能となる。

２．利用と施設整備の強化

利用は自然の保護と施設整備に追随するものであるので、「環境の整備」は当然として利用を促進する。

今までの国立公園の国家予算における予算費目は諸雑費であったものが、公共事業費に昇格することができる。このことは自然増だけをみても、現在の予算伸び率に数倍する。

3．その他

環境の定義は、わが自然公園の地域性によくなじみ、矛盾を感じさせない。庁内各部局との間での人事交流が容易となりポスト確保が期待できる。

自然保護について、自然公園区域内はもちろん国土的観点から自然保護の府として意欲的に仕事ができる。

以上において考えられる点を述べてきましたが、期待事項もあります。「環境庁」に移るという機会をとらえて、期待を現実にする努力もしなければならないことは、ご理解いただけるものと思います。

厚生省という体制の中で、大兄の経験期間をふりかえってみただけでも、観光行政一元化問題、一省一局削減問題、予算の伸び悩み、自然保護の世論の高まりに対する適応、どれをとってみても適確には対応できなかった無能ぶりに気がつくでしょう。これは厚生省という体制に問題があるのです。社会福祉を本命とする官庁であってみれば、国立公園行政などはいつも片隅に追いやられざるを得なかったのかもしれません。しかし我々はこれに甘んじてはおれないと思うでしょう。そのうち自然がなくなってしまうと。

ご承知のとおり政府は１月８日の閣議で、公害行政一元化と国土環境の保全という観点から新設する機構の名称を「環境庁」とし、７月１日をメドに発足させることを決めました。その設置準備委員会は１月11日第１回の委員会を、１月14日には第２回の会を持つという積極性を持っています。このことは「環境庁」の設置構想は時代の要請に応えるという意識の強さと、国土環境保全という内容の大きさにほかならないというものです。

さて自然公園の入らない「環境庁自然保護局」が誕生したり、または公害部門だけの「環境庁」であったとしたら、一体わが国の自然はさきゆきどうなることでしょう。時代に取り残された国立公園部はどうなるか、このあたりをじっくり考えていただきたいのです。

米国、英国、スエーデン、フランスなどの環境省の先例をみれば明らかのように、体勢は環境保全なくして人間性の確立はないということを指向しているのです。膨大な国土面積を持つ米国でこそ国立公園局の存在は許されるのですが、他では自然公園即国土環境と見ているのです。

わが国において、自然公園と国土環境とは別物であるといういわれが成立すると思考するのは、官庁セクト主義以外なにものでもないというのは間違いだろうか。

自然保護行政のいや自然公園行政の確立の機会は今をおいてないと良心にてらして信ずるものです。

以上の見解に賛同いただけましたら、大兄のできうること、どんなに小さなことでも即座に行動してください。

1. 政治的行動――大兄の説得は国会議員を動かす
2. ジャーナリズム的行動――大兄の情熱は世論をつくる
3. 自然保護団体的行動――大兄の思考を団体が代行する

昭和46年1月12日　自然公園若手技術者同盟　九州地区

中島文書は1月12日とあるが、日付不明の瀬田文書がいつ投函されたのかは、上信越高原国立公園の志賀高原レンジャーだった37年入省10期の羽賀克己が中島に宛てた私信から推測できる。

今日は朝から猛吹雪です。最高気温がマイナス7度。苦労して除雪した道がたちまち閉鎖されてしまいます。何かしら過ぎし日々を物語っているように思われます。

そんな今日、瀬田技官の檄に続いて、坊中からの檄が届きました。

少し前、「オレがレンジャーを志したのは、日本の自然を保護するためであり、国立公園こそ最も保護するに値する所であったからなのだ。厚生省で公園行政をやっている限り、オレの初心は踏みにじられるだけだ」と考え『環境庁に自然保護局の設置を』と題する一文を、朝日新聞に投稿したところでした。

これは、環境庁の機構についてあまり新聞紙上などでは議論されていないようなので、あえて議論のタネを投じ、世論を盛り上げ、一挙に環境庁へなだれ込むことを企図してのことでありました。失敗した場合何らかの制裁をうけるかもしれないということも考えましたし、果たして新聞がそれを取り上げ、世論が期待どおり盛り上がってくれるかも疑問ではありますが。

従来であったら、私の行動はそれだけで終わっていたでしょう。私の性格として、たとえある団体を通じてであろうとも、国会議員などにモノを頼むなど、きわめて嫌なことなのです。しかし、今回だけは例外にしようと考えました。志賀高原観光協会の幹部と接触し、率直に依頼しました。この場合、従来言われてきたような「自然保護の強化」では、彼らにとってデメリットとなるものであり、容易に受け入れてもらえなかったかもしれません。しかし、幸か不幸か、志賀高原では、排水処理の問題、湖沼の汚染が大きく取り上げられており、これの解決に関係者全員苦慮している現状ですので、環境庁に行けば、それを解決するための予算導入の可能性が、少なくとも厚生省にいるよりも開けるであろう、とアプローチしました。つまり、彼ら観光業者にとっても大きなメリットがあるだろうと説明したわけです。その結果、かなり積極的に、機関に諮って協力する旨の回答を得ました。（以下、接触する地元代議士の比較などは省略）

1月16日　羽賀克己

中島良吾様

九州からの中島文書が瀬田文書に続いてとあるので、瀬田文書はそれより前に届いていた。ここで、管理事務所長とレンジャーについてその概要を解説しておこう。

4 レンジャー制度の変遷

日本の国立公園制度は、第3章で詳しく紹介するが、アメリカなどと違って国立公園目的のために土地を所有し、利用をするという公園専用地制度ではなく、営林目的の国有林や公有地、私有地を含み、農林水産業、観光業、さらには地域生活にかかわる諸々の開発行為との調整を行う必要がある。こうしたことから、自然景観の保護と利用という公園本来の業務に先立って、現実面で生起する諸々の調整事務が付いてまわる。その最前線にあるのが国立公園管理員すなわちレンジャーだった。公園利用の拠点として国有林当局から所管換えした土地や、その上に整備された施設の所有者としての管理、公園を訪れる人たちへ自然からのメッセージを伝えること、公園内の美化清掃活動、住民や地域事業者との連携など、現場での広範囲な仕事を抱えていた。単に造園技術によって地図や図面に描いたプランで事足りるのではなく、多くの関係者と直に会って論じ、時には身の危険を感じながら告発も辞さないやり取りをすることが要求された。この全国に散らばっているレンジャーを統率するのが、国立公園部管理課であり、多くの業務は「国立公園管理員執務要領」によって定められていたが、時代に応じて、任務地によって濃淡があった。窓口になっていたのが管理課保護係であった。

国立公園管理員制度は昭和28（１９５３）年に創設された。それ以前にも国立公園の管理を行うために、古くは内務省が現地に必要な要員を採用し、全額国費支弁職員として国立公園管理のため嘱託身分で関係道県に配置した。厚生省に移管後の14年には全額国費支弁職員制度が、国費補助による地方職員（国立公園管理事務専任職員）に切り替わる。戦後は相当数の技術職員が、厚生省の国民公園（新宿御苑、皇居外苑、京都御苑）用務に嘱託として採用され、その一部要員は国立公園の仕事にもかかわってきた。その先輩たちがレンジャー制度以前の、いわば紀元前のＢＣ技術職員であった（ちなみに環境庁が誕生して、47年環境庁採用の１期生が入庁した段階で、厚生省採用のレンジャーはＢＣレンジャーと呼ばれることもあった）。

現地に駐在することを職務とし採用された創成期のレンジャーは、創設当時は厚生省の正式職員ではなく雇員という身分だった。国立公園の拠点になる地区（集団施設地区）に単独で駐在するのが通常であった。

35年に重点的な管理体制を目指して日光国立公園管理事務所が誕生し、37年には箱根に富士箱根伊豆国立公園管理事務所が開設した。このことによって所長、科長、科員という一列ではあるが組織らしい管理職のいる事務所が整備された。阿蘇は43年に、阿寒は44年に設置された。

国立公園部は戦後間もない23年２月厚生省公衆衛生局内に設置され、24年６月には大臣官房国立公園部となる。37年７月に休養施設課が新たに設置されるまでは管理課と計画課の２課であった。39年には部が国立公園局に昇格するが、43年６月に政府の１省１局削減方針で国立公園部に降格する（ほぼ同時期に設置された運輸省の観光部も局昇格、部降格と同じ経過をたどる）。（１０５頁　組織変遷図参照）

橋本龍伍衆議院議員「レンジャーに望む」の記

橋本龍太郎氏の父龍伍氏は昭和9年大蔵省に入省したが、22年に退官し、吉田内閣で内閣官房次長を務めた後国会議員になった。26年、33年には厚生大臣、34年には文部大臣を歴任した。龍伍氏は少年時代に腰椎カリエスを患い歩行に障害を持っていたが、山行を愛し、息子たちを連れて日本アルプスにも出かけた。上高地河童橋の畔にある五千尺旅館にも親子で宿泊する姿があった。34年7月に日光国立公園光徳で皇太子殿下臨席の下に初めて国立公園大会が開催された。このときレンジャーも野外活動隊として制服を着用して行進したが、制服は橋本龍伍前厚生大臣が大臣当時に調達させたものだった。その橋本龍伍氏は、翌年35年の「国立公園」（131号　昭和35年10月）の「レンジャー特集」に以下の文を寄稿した。

彼の長男である龍太郎氏も53年には厚生大臣を経歴し、親子2代にわたりレンジャーとの縁が深かった。

「レンジャーに望む」というのが本稿の題だが、本当は「レンジャーのために当局に望む」というのを書きたいところだ（原文は「レィンジャー」と表記）。

私は国立公園を歩くときにはなるべく国立公園部に連絡して、レンジャーの案内を受けたり話を聞いたりすることにしている。脚の悪い而も五十過ぎの山好きが亀のようにゆっくり歩くのは、若い諸君がいつも辛抱強く付き合って下さるのに感謝している。ついこの5月上旬にも甲武信岳から千曲川の源流を下るのに、レンジャーの村田君が1メートルもの積雪を3キロくらいラッセルしてくれた。

国立公園自体の設備がゆきとどかず、レンジャーに対する待遇や整備が不十分の割には、どのレンジャーも割合よくやっている方だと思う。だから以下に書くことは、今のレンジャーに不満で望むのでなくて、これから益々やって貰いたいと望むわけである。そして個々のレンジャーの努力ではどうにもならぬことについては、レンジャーが大いに働けるようにその地位なり権威なりの確立を当局に望むものである。

1　自然保護の使命を果たすべきことは申すまでもない。但しそのために国立公園の利用を妨げることは本末転倒である。できるだけ多くの人が国立公園を知り、これを愛し、これを利用し、これを楽しむことが大切で、その中にあって自然保護の使命が果たされねばならない。

2　担当の国立公園の植物、動物、地質、人情風俗等をできるだけ詳しく調査すべきである。現在のところでは皆相当に調査して面白いことを知っていながら書き物にしていないようだが、各地とも書き物にして後任者に引き継ぎ、次第に完全な調書を作るようにしたほうがよい。

3　登山者等の利用者に対して、自然を愛することを教え、キャンプその他での行儀作法を教え、又、石を落としたり指導標をいじくったりしないように取締ることを、もっと権威をもってピシピシやるべきで、このためには、わが国の実情として、鉄道公安官や昔の森林看守に似た或る種の警察的機能をレンジャーに付与すべきである。

4 指導や取締りの立場に在る者には法律上の機能をもたすことも大切だが、見るからに権威のあるような形を整えさすことはもっと大切である。レンジャーの事務所や服装をもっと立派な、それでいてスマートなものにするようにしたい。なお、活動を充分にするために、馬をもたすことができると大変よいがこれは仲々手がかかることと思う故、オートバイを是非もたせたい。

以上がレンジャーに望むところでもあり、レンジャーのために当局に望むところでもある。レンジャーの諸君は仲々よくやってはいるが、現在では、管理者としては実にひよわな管理者である。スキー場でも山の尾根でも、レンジャーの姿さえ見えていれば皆が一面には安心もし、又、他面にはピリッと緊張もするというくらいでありたい。それには遠くからでも一目でわかるような服装がよい。

なお上高地で前からやっているような、映画や講演をいれた夕べのつどいを主催することは大変よい。こまかいことだがこういう際に歩き方を教えたりすることは大変意味がある。

国立公園の利用は観光に関係はあるが、所謂観光――物見遊山とは訳が違う。救貧から防貧へ、治療から予防へ、恩恵的社会政策から国民生活の改善近代化へと進みつつある今の厚生省の仕事としては、いかにも厚生省らしい仕事で、国立公園の利用によって生活を健康にし、楽しくすることは、福祉国家の仕上げともいうべきものである。

仕事自体が若いんだから不満を言えば切がないが、レンジャー自身も当局者も、真に国立公園を愛し、且つ、懐にバス代くらいしかもたないで握り飯をかじりながら国立公園を歩き廻るいみじき大衆を愛して、この上ともご精進を願い度い。

振り返れば、この昭和30年代は高度経済成長の幕開けともいうべき時代で、いまだ開発も利用者の急増もなく、自然環境への重圧とはならない頃だった。

登場するレンジャーたち

阿寒の澤田は昭和32年７月に５期生の補充要員として採用され、９か月の本省の管理課保護係での研修期間を経て、富山県立山（室堂）、阿蘇国立公園九重の長者原、さらに６年間の上高地勤務を経て川湯で単独駐在している間に事務所創設となり新任所長（１期生）の下で保護科長になる。三重県の鈴鹿市出身で、御在所岳で岩登り技術を鍛え、31年の厳冬期に前穂高東壁で遭難する。井上靖氏の「氷壁」は、このときのザイル切断事件をテーマにしたものだった。澤田の入省時点では、国立公園部には管理課と計画課があり、優秀というか本省で仕事をする人は計画課、現地向きは管理課に配置されたが、当然自分は管理課での業務研修だったと振り返る。

中島は、長野県木曽の生まれで、厚生省には29年２期生として採用された。当時は本省での研修はなく、直ぐに1期生のいる支笏湖畔に赴任した。2年を経て上高地勤務となる。上高地での2度の越冬を経た後、33年6月に本省管理課保護係に転勤し、37年には同係長となった。その後に設置された施設整備課の事業係長を経て45年4月阿蘇国立公園管理事務所の2代目所長に就任する。環境庁では自然保護局の各課長、官房審議官を歴任した。

成田は大阪府生まれで、35年入省8期生。半年の本省での研修後、瀬戸内海国立公園の大久野島担当の管理員として広島県竹原土木事務所に席を置き、その間は広島県技師も兼任した。その後洞爺湖駐在、本省管理課保護係の勤務を経て阿蘇のレンジャーとなる。2年余して管理事務所が設置され、そのまま保護科長としてBC所長に仕え、次いで中島所長を支えた。

羽賀は新潟県生まれで、37年10期生。1年間の本省での研修期間を終え、38年に裏磐梯、以後大久野島、下津井、知床（羅臼）から45年春に志賀高原に転任していた。8年間で5か所目の任地だったから、文字通り渡り鳥レンジャーだった。彼は都市公園の造園技術者でもなく、また、役人的公務員でもないパークレンジャーに理想像を見つけて入省したという。役人的な妥協や政治的な行動を好まず、手紙にあるように、これ以前も以後もその姿勢を貫いた。

瀬田は大阪市生まれで、36年12月入省し、本省の管理課保護係で1年半中島の下で研修。2年目の37年夏期の1月間は上高地で単独駐在の澤田の補助をした。最初の赴任地は阿寒国立公園の川湯駐在の3年、以降は南アルプス、中部山岳の室堂、上高地と4年間に3か所忙しく異動した。45年4月に中部圏開発整備本部に厚生省から初めて出向し、保全整備計画の立案などにかかわる。中島、澤田、瀬田はいずれも上高地勤務を体験した。

桜井は東京都生まれで、40年13期生。1年の研修の後、陸中海岸宮古駐在となり、その後は本省管理課保護係に配属されていた。移管騒動のときはレンジャーの本省での窓口であり、移管後も長く同じポストにいた。その間、環境庁労働組合の執行委員長を務めたこともあり、現地への転出を難しくした。後に瀬田の後任として環境影響審査課長や自然保護局の課長を歴任して審議官となった。

5 報道に見る霞ヶ関・永田町の動静

昭和45(1970)年の暮れ、翌年度の予算作業打ち上げの後、熊崎正夫厚生事務次官は当時の梅本純正社会保険庁長官に辞意を伝え、次官就任を要請した。1月8日には梅本は厚生事務次官に就任するが、大臣官房国立公園部長も首尾木一に代わる。次官の交替に伴い医系の局長以外の事務官局長は全員交替したが、当日発表された国立公園部長以下各部局の課長の人事で12名中6名が、新聞報道(日経)を見る限りは、後に環境庁の事務次官、自然保護局長などの要職につく人物の人事異動だった。

当時厚生政務次官であった橋本龍太郎氏は、のちに地球環境経済研究会編著『日本の公害経験―環境に配慮しない経済の不経済』(平成3年 合同出版)のなかで環境庁創設期のことを次のように振り返る。

当時厚生省の政務次官であった私は、国会で立派な法律をつくることには大賛成だった。そこまでは良いが、環境庁をつくることは、事務次官の梅本純正氏とともに徹底抗戦で望む腹であった。（略）徹底抗戦を続けたが、政府内部でも次第に環境庁設立の機運が高まり、ある日、梅本氏とぎりぎりの相談をして環境庁をつくらざるを得ない、という結論に達した。（略）環境庁設立前夜、私と梅本氏は環境庁設立を進めるに当たって次のような条件を考えた。まず第一に、厚生省の関連部局を全て環境庁に移管すること、第二に、トップクラスに特に優秀な人材を確保することだ。

時系列に分析すると、環境庁の設置は梅本が事務次官になる前年暮れの28日に決まっている。第二のことは、環境庁設立に際してのことでもあるようだし、1月8日厚生省辞令を深読みすれば、この態勢を事前（年末）に準備したとも読める。この橋本文は次に国立公園部の移管に触れているが、それは後に記す。以下昭和46年正月の情況を分析する。

1月8日（金）

閣議に先立ち公害担当大臣の山中総務長官、保利官房長官、福田大蔵大臣、荒木行政管理庁長官の4者会談が開かれ、8月発足予定の環境庁を一月早めて7月に発足させること、名称を環境庁とすること、担当の国務大臣を新設することなどを決定した。これは閣議で口頭報告され、了承された。

環境保護庁が環境庁になったのは①英国などの外国でも閣僚がその任にあたっているところは環

境省という名称を使っている　②公害対策を環境保全など幅広い意味で推進するには「環境庁」が望ましい、などの理由から決められた。

また、当初の山中構想は公害関係部局を持つ関係省庁の抵抗が予想されるため、公害行政にタッチしている省庁は構成メンバーから除き、大蔵省、行政管理庁、内閣官房の事務次官クラスに限る意向であったが、結局は関係省庁を加え、山中長官を委員長とし、12省庁の事務次官クラスを委員とする環境庁設立準備委員会（以下、委員会）を構成することにして、第1回会合は1月11日と決まった。

1月11日（月）

第1回委員会では、委員会での今後の作業の段取りについて協議した結果、今月中に環境庁の骨組みを決め、予算関連法案の提出期限である2月26日までに環境庁設置法案を作成することになった。政府は14日にも第2回委員会を開き、環境庁の内部機構、人員などについて具体的な意見調整に入る方針とした。

同日は内部機構などに関する具体的な話し合いには至らなかったが、山中長官は「環境庁に関する試案はいずれ明らかにしたい。環境庁は幅広い性格のものとして、広く自然環境を守ることを念頭においている」と個人的な意向を述べた。

日経は当日の朝刊で『各省〝移管〟に強く抵抗、環境庁準備委きょう会合』という見出しで山中長官の意向と各省の反応を紹介していたが、そのなかで、意向にはないのに、反応では「厚生省の国立公園部は、林野行政の一部を環境庁に同時に移管するのでなければ応じられないとしている」と最後に付け加えている。この反応記事の出所は不明だが、単なる自己組織の防衛とは読み取れず、高度な政治的駆け引きのコメントと受け取られるので、発信源は山中長官か、橋本厚生政務次官か、あるいはこの両者の合作による陽動作戦ではないかと疑われる。

山中長官はこの会合で環境庁の基本的な性格について「環境保護のための事業まで含めることを考えている」と述べ、公害規制だけでなく、自然公園整備など公共事業の一部も権限に加える構想を示唆した。出席の事務次官からは積極的な発言もなく、いわば様子見の初会合だったようだ。しかも第2回会合では山中委員長は自分が沖縄出張で不在なので、各省庁次官の思惑はそこで披露されることになると読んでいた。

このような政府内での腹の探りあいの記事とは別に、世間での自然保護局設置運動が報道されるようになる。10日の毎日新聞は、「環境庁に自然保護局つくれ」と日本自然保護協会が9日に総務長官に設置を申入れたと報道する。同協会を事務局とする広範な自然保護団体協議会が昨年10月に自然保護憲章の草案をまとめて早期制定を政府に働きかけていた。環境庁の発足を機会に自然保護行政の一本化を要請しようとしたものだったが、この時点では要請の準備を始めたばかりでいまだ申し入れには至っていない。この記事は誤報というか、フライング記事だったが、してやったりと瀬田も中島も喜んだ。

この記事に誘発されるように、読売新聞は11日夕刊に『自然保護局是が非でも』と、また、産経新聞も12日付け朝刊で『自然保護局など検討』という見出しで、準備委員会で長官が自然保護局を設けるかどうか検討しているとほのめかした、と報じた。

これが契機となったのかどうかは不明であるが、「現在政府において設置を予定している環境庁に関しては、単なる公害対策のみにとどまらず、自然保護及び環境保全に関する有効な行政機関となることを望みます」という声明が1月19日付けで、自然保護憲章制定促進協議会（48団体）代表　藤原孝夫名で出された。

なお、自然保護協会は自然保護局設置が決定となった後の2月10日に、会長などの名で別途「環境庁に対する要望書」を提出することになる。

1月14日（木）

第2回委員会は委員長不在のままに開催された。会議では経済企画庁のような調整官庁が適当だとの意見が大勢を占めた。各省庁の出しおしみの考えは、11日に経団連正副会長会議後、堀越禎三副会長が「政府は環境庁を実施機関にする考えのようだが、計画機関にすべきだと思う」と述べたことと、同様の見解だった。

1月16日（土）

朝日新聞は1面トップで『環境庁づくり　難航する気配』との大見出しで、環境庁づくりが具体化するにつれ、自民党も含めて各省庁以外の関係団体からもさまざまな注文が出てくるので、最終的にどのような形に落着くのか見通しをたてにくい、と報じた。省庁の動向は、従来から公害対策基本法を最初につくったのは厚生省であり、公害の撲滅には使命感を持っている、と公害行政の本家であることを強調してきた梅本厚生事務次官は、環境庁は分家みたいなもので全面的に協力したいとしていたが、環境庁へは環境衛生局公害部を移管させても国立公園部の移管にはまったくふれず「環境庁の仕事は大気汚染、水質汚濁対策以外は、総合調整に限るべきだ」と主張した。

1月21日（木）

産経新聞は「行動する論説委員」という1面を使った特集で、論説委員の増田善郎が山中長官に〝蛮勇〟を望む、としたインタビュー記事を全面に掲載した。その紙面には、梅本厚生事務次官、農林省加賀山技術審議官、荘通産事務次官の「関係省庁の言い分」というインタビュー内容も掲載された。各省の言い分は以下のような内容だった。

梅本「国立公園や食品、薬品行政は厚生省が明治以来やってきた行政だ。公害にひっかかりがあるからといって、これらの部門を環境庁に移すのは反対したい。環境庁というのは小間物屋式に寄せ集めではダメだ。まず大気汚染と水質汚濁に重点を置いて、予算と人員を傾斜配分すべきだと思う。一環境庁の構成という問題でなく、国全体の行政や予算配分について、大蔵省も行管庁も根本的に再検討するときではないか」

加賀山「これまでの農林行政には、確かに生態学的な考えの立ち遅れというものがあった。林野庁にしても水産庁にしても、採算ベースに乗った産業保護行政が中心だった。だがそれだけでよいのかという反省は、関係者全部の気持ちの中にある。（略）営林署の伐採職員をレンジャー部隊にして自然保護の仕事をさせたりすることは、将来不可能ではないと思う」

本論の山中長官との対談では、以下のようなやりとりが行われた。

増田「これまでの日本の公害行政というのは健康被害の面でとらえ、したがって対処療法にすぎなかった。これからはそうではなくて、欧米先進国のように自然環境を破壊から守るという視点が要求されている時代だと思う。日本自然保護協会から環境庁に自然保護局を設けてほしいという要望がだされているが、実現させてもらいたい」

山中「私は公害が起きてからでなく、公害を発生させないためにどうしなければならないか、というのがこれからの問題であり、現代に生きるものの子孫に対する義務であると考えている。政治家はその挑戦を受けているわけだ。その意味で環境庁というのは、国土の自然保護、環境、あるいは動植物の保存にいたるまで、第一義的な責任を持つものにしたい。実務や現業的なものは各省に残してもよい」

1月22日（金）

山中長官の沖縄訪問からの帰京を待って、長官と関係省庁との折衝は具体化するように見えた。読売新聞は、自然保護に関して農林省は環境庁のありかたいかんにもよるが、公害部門に関する事務の移管のほかに、広く自然保護の観点を取り入れ構想する場合には当省も事務の移管を検討する旨を報じたが、厚生省が移管を認める事務内容には、自然保護や国立公園部の用語は一切表現されていなかった。

阿蘇事務所の地元熊本日日新聞は、『環境庁山中試案固まる』を見出しに環境庁の機能は、各省公害行政の総合調整と基準制定などの取り締まり権限に主体を置き、機構は大臣官房のほか「水質保全」「大気汚染」「企画調整」の三局と国立公害研究所とするとし、自然保護局設置の扱いは不明であることを報じていた。先の国会で公害防止の観点から自然公園法を改正したので、一部では自然保護行政を取り込むべしとの意見が強いが、厚生省の抵抗もあって固まっていない、という報道内容であった。

中央政府の環境庁設置に呼応するように地方行政にも変化の兆しが見られていた。18日付けの千葉日報によれば、千葉県では環境保護条例の制定・施行と、これを担当する行政機構の整理・拡充を検討し始めた。環境保護条例は従来の公害防止条例を一歩進め、土地の計画的利用や自然保護、生活環境の整備などを総合的に規定するものとし、地方公共団体も環境対策に自然保護を包括させる方針を盛り込むことを示唆した。

6　つかめない中央情報

中島の檄文が届いてからは、阿蘇事務所が司令塔となり、瀬田も個別発信を止め、阿蘇事務所に情報を送ることにした。とはいえ厚生省とは役所も庁舎も異なり、気安く情報を提供してくれる仲間もいない。それは国立公園部内の同志とて同じだったろう。国立公園部の移管という高度な判断情報を係長クラスが入手できるものではなかった。それゆえお互いに情報といえる精度のものなど持ち合わせていないのだから、新聞情報が動きを知る唯一のものになった（テレビがどれだけ情報を流したかはどこにも記録がない）。

その間に瀬田が阿蘇事務所に送った私信は1通だった。

本省の動向は停滞しています。まあ、大っぴらに環境庁派という言葉がでている程度で、多くのものが口をつぐんでいる感じです。

人事課長にレンジャーが動いているという情報がどこからか入り、計画課長が電話で忠告を受けたということに関して私に探りを入れてきましたが、環境庁派がばらすはずもなく、多分管理課長が動きをつかんで人事課長に相談でもしたのだろうと話しておきました。

地下に潜るといっても、陰に潜るといろいろややこしくなります。電話という証拠にならぬ便利なものは扱いづらいこともありましょう。

石川県が全員連名で声明書を出そうかと迷っています。いろいろの改革案を述べており、レンジャー直轄廃止論も入っています。

山中長官は来週腹案を述べるそうです。とりあえず読売最新版を同封まで。

国立公園部管理課保護係は技官の砦であって、研究室的で世間の風を読まない計画課とは異なる、現場のレンジャーに対応する部署だった。その係員（桜井）の中島宛の私信も同様である。

環境庁問題について

厚生省としては社会的情勢にかんがみ、公害と自然保護はいわば〝目玉商品〟となりつつあり、手放したくないというところが本心だと思います。従って部課長、課長補佐クラスは公式的には沈黙を保っています。勿論公的見解としては反対をとなえています。

もっとも設置準備委員会には直接関係のある部局の参加は認められておりませんので、詳しい動きや空気は正確に知ることはできず、新聞等で推測するだけです。

一方〝自然保護協会〟を中心として各種自然保護団体は、環境庁に自然保護担当部局を置くようにとかなり積極的に呼びかけを行い始めました。今まで叫んできたことがまさに実らんとしているという視点だと思います。厚生省からの横槍にも、石神理事自身屈しない姿勢を打ち出していると聞きます。近々銀座あたりでチラシくばり等の街頭行動をやる準備を進めています。

技官のトップクラスは事務官の親方から、〝今まで不遇だったので新しい部局へ移りたがる気持ちはわかるが、これからは技官の気持ちを汲むようにするので軽率な動きをしないよう〟戒められているようです。

だいたいそのような状況で、若手と先輩との間に若干の考え方の開きがあります。

参考までに新聞記事を送ります。（日時不明）

新聞記事は「環境庁創成記」綴りには存在しないので、いつ、どのような記事が添付されたのかは不明である。

阿蘇事務所の行動

「厚生省よ サヨウナラ」が全国のレンジャーに発送されたのは13日である。8日のニュースから中島は、日本自然保護協会の常務理事石神甲子郎（初代の国立公園部計画課長）に電話をした。全国の自然保護団体が自然保護局創設を政府に要請するよう行動を起こしてほしいという内容であった。もちろん全国の同志と思えるレンジャーや県庁出向者にも電話するとともに、地元代議士や町村長、中島が勤務した松本・安曇地方選出代議士への電話や電報作戦が始まった。技官全員が一致して目標に邁進するならば、本省の技官幹部は大本営たり得たが、そうではなかったから、若干暴走気味の関東軍が出現したようなものであった。

地元一ノ宮町にある「阿蘇の自然を守る会」は、12日に幸仁哉会長名で佐藤栄作首相、山中貞則長官宛に以下のような要望書を出す（13日に速達便で発送した旨の添え書きあり）。

天下の阿蘇の生命は雄大無比の大自然であります。この貴重な自然が観光開発の犠牲にあって無残に破壊されつつあることは独り阿蘇のみではありません。
7月発足の環境庁には「自然保護局（仮称）」を設置して観光公害の撲滅に万遺漏なきを期せられるよう、現地関係者として、強く要望します。

ついで中島所長以下所員全員が16日に熊本市内で開催の「自然と文化を愛する会」緊急理事会に出

席し、自然保護局創設への協力を依頼した。

理事会で中島が、現在自然保護関係の行政を主として行っている厚生省の国立公園部は、かつては局だったものを部に格下げしたことがあり、こんどの環境庁設置でも、国立公園部を環境庁に供出してナワバリが狭くなるのはご免だとする空気が強く、積極的な自然保護体制の確立にそっぽを向いている、と説明した。理事会では、それでは公害列島といわれる日本に徹底した自然保護、環境保全の体制をつくることは不可能になるとして、環境庁に公害行政一元化と同様に自然保護を重要な部門として取り上げるべきとの結論を出し、総理府に対し、その趣旨の要望書をだすことにした。（熊本日日：17日）

このような中島の突破作戦にもかかわらず「資料（檄文のこと）に対する反応少なし、郵便遅送のためか」という懸念が18日の鈴木メモにあり、「環境庁問題」とした第2号は速達で発送することにした。スタート直後の電話、電報、自然保護協会宛の資金カンパ、それに速達と、身銭をきっての活動資金に苦労したと、彼のメモにある。

『「環境庁」問題について……東京情報を集約してみました。』（阿蘇発第2報）

1　管理課長が技官補佐を集めて、環境庁問題についての意見を聞いたこと。その際局長会議で厚生省としては国立公園部を放出しないと決定した、と伝えたこと。

2　国立公園内の技官の集りを国立公園協会でもち、大勢として「環境庁」に自然保護局などの設置と国立公園部吸収の賛意を確認しあった、ということ。

3　2の動きに対して計画課長は、環境庁問題は先行きどうなるか判っていないので、対応策はなく行動は慎むこと、といった趣旨の要望をした、ということ。

4　日光、箱根両所長が、管理員代表として環境庁問題について計画課長に意見を求めたところ、3と同様の見解であった、ということ。

5　自然保護協会が「環境庁」に「自然保護局」を設置すべしとの意見を公表したこと。

6　5について、国立公園部幹部は石神理事に軽挙妄動であると批判した、ということ。

7　6の批判がなされた際、石神理事は現地のだれそれから（名指しで）も同意見であるという進言があったと言った、ということ。

8　7について、計画課長は、外部に物申すことはケガ人を出すおそれもあることから、止めて欲しい、直接計画課長に話してくれという趣旨の要望があった、ということ。

9　4と8について、日光箱根両所長から全国の管理員等に連絡をした、ということ。

以上ですが、要するに当初から想定されたように、体制的な判断が大勢を占め、表面的行動抑制に作用してきたということです。

結果は、

(1)「環境庁」構想が後退して、単なる公害関係の調整機能的官庁にとどまるか、あるいは「環境庁」当初構想のように国土的環境保全整備までをも含め、自然保護局設置が決まるまで待機し、後者に決定したとき行動しようとするもの。

(2)(1)の後者実現を期して(1)の決定をまたずに行動しようとするもの、の二者択一をせまられることになりました。

さて、われわれは、積極的に(2)の方法を採用したいものです。

(行動方針)

1　非合法すれすれのゲリラ的方法を採用するものであること。

2　体制派に刺激を少なくうまく行動すること。

そこで、市民運動的行動をし、まず自然愛護団体を動かすのが得策の第一歩と考えるものです。

一例として、同封の記事のようなことはいかがでしょうか、このとき注意していただきたいことは、動いた者の名が出ないようにすることです。

一度かかげたトモシビの消えることのないよう諸兄の健闘を祈ります。

このことは兄のところだけに(瀬戸内海、　　　　、石川県、三重県、京都府、　　　　、福島県、十和田、阿寒、東京)に送付しましたので、近辺の方々に、御連絡ください。

昭和46年1月19日

この送付先の空欄は、この情報が移管反対派や無関心派から本省に流れるのを憂慮したこともあって急に削除したのかどうかは不明である。

7 東京では

「自然保護協会30年史編集委員会」編集の『自然保護のあゆみ』(昭和60年5月)年表では、昭和46(1971)年1月8日環境庁設置について協議、12日環境庁設置について国立公園部と懇談、14日国立公園部長と環境庁所管問題について懇談(協会役員)とある。8日が、阿蘇の中島所長の電話への対応や瀬田の事務局員との戦術的な交渉だったが、12日は国立公園部技官有志が自然保護協会で会合を持った。14日には常務理事の石神が首尾木国立公園部長と会う。軽挙妄動との指弾はこのときのものだろう。

14日の第2回委員会は委員長の山中長官不在のまま開かれた。山中長官は前日13日午後に那覇に飛び、14日には米軍の毒ガス移送経路問題で屋良琉球政府主席と会談した。その後先島を視察し、週明け18日にランバート米国高等弁務官と会談し、その夜に帰京した。19日閣議の後、総理に移送問題の件を報告した。

21日の産経新聞特集記事の山中長官への取材は紙面作成の日程から推測して12日ないし13日午前

の収録で、その後に関係省次官などのコメントを取材して加えたものであろう。この1週間は山中委員長対関係省庁の表立った動きがない無風状態だったのだ。

しかしこの頃、阿蘇事務所では難しい問題が起こっていた。事務所には6社の報道関係者が顔を出す。各社は阿蘇山の噴火、観光取材のために支局や出張所を置いており、彼らは事務所を住処にしてマージャンなどに明け暮れていた。マージャン好きの中島も夕刻から加わる。だから報道関係者と事務所との風通しはよかった。

瀬田はこの無風状態に思えたある日、立ち入り禁止状態であった本省の大井計画課長に呼ばれた。見せられたのはゲラ刷りの朝日新聞西部本社発の記事だった。瀬田の記憶では「全国にいる55人の国立公園管理員が環境庁移管を求めて本省に要望書を出す」というような記事だった。大井は「この記事を君は知っているのか」と問うので、「初めて見た内容です」と答えたら、「君が知らないのなら、この報道は事実と異なる」と彼は判断したようだ。東京本社からは送られてきた記事の裏を取りに来たようだった。したがってこの記事は没になった。瀬田は後日この朝日新聞記事の痕跡を探そうと、同紙熊本版をチェックしたが見当たらなかった。鈴木メモには20日夜から21日未明にかけて、さらに翌日も深夜から22日未明まで、事務所において所長と朝日記者が会談とあるので、この件での叱責（訂正要請か？）だったのだろう。なお、鈴木メモには22日に計画課長から電話あり、情況は好転す、とある。

22日開会した国会で総理の施政方針演説がなされる。その前の閣議後記者会見で山中長官は25日に山中試案を提示すると発言した。

『〃一服しよう〃　ハシレ　ハシレ甲子郎!
事態はわれわれの期待に向かって確実に進んでいる。』(阿蘇発第3報)

第3報は、22日に作成、23日発送された。この談の後にそれぞれ解説が加わっているが、省略する。

抗世大臣談
環境庁は抗世省の出店みたいなもの。国立公園部をやってもいいじゃないかと思っていますがね。なにせ辞務当局が反対でして、私の一存ですれば、あとあと仕事がやりにくくなりますし、こりゃ面倒だと思ってます。

辞務次官談
環境庁設置で国立公園部の移管は、最終的には政治決断で決まるものであろう。最悪の事態として国立公園部放出をせまられる場合も当然として考慮しておかねばならないことである。したがってこの場合の対策の基本は、抗世大臣のオッシャルようにノレンを分けてやるあの精神でいく方針である。

〃不長談

内部反乱が生じている様子でありますが、これはヒヤメシをくわされていたという被害者意識をもつ一部の者と考えるのが妥当でしょう。今後は彼らの頭をナデル方向で策をたてます。

禍長談

昔、観光一元化問題があったとき、これに反対する理由の第一点に「自然公園は観光とは異質の自然保護行政をやっているんだから」という記録がのこっていますねえ、今度の環境庁吸収反対にあたって「公園行政は自然保護とは異質のものである」というのは気が引けますが、まあこれでいきましょう。

体制派Q君談

一部の「環境庁派」に踊らされて、いい気になっていると、手痛い目にあうよ。昔の公園部と今の公園部を比較してみなよ、ずいぶん良くなっているじゃないか。これは抗世省のおかげだよ。環境庁にいったってもっと悪くなる可能性だってあるじゃないか、馬鹿なことをするなよ、な。

「環境庁派」Z君談

自然保護、それはまさに時代の要請である。近年国立公園部内部の環境も悪化の一途をたどっている。国土の自然保護と公園部の環境改善には環境庁がいいにきまっている。
昭和46年1月22日　第5報（注6）

8　山中・梅本会談

20日から、大詰めの山中長官と関係省庁事務次官との個別折衝が始まった。以下の記述は、川名英之元毎日新聞記者（環境庁担当）のドキュメント『日本の公害』第2巻（環境庁篇　緑風出版　昭和63年10月）に沿って記述する。

山中長官との会談で、梅本厚生事務次官は「中央公害対策本部に厚生省から出向させている城戸謙次君以下、厚生省から対策本部に出向している全員と環境衛生局公害部をだす」旨を伝えた。山中長官がこのことは了承したが、別にもう一つ、厚生省国立公園部の1課半を出してほしいと要求した。

山中長官の構想は、公害対策基本法第17条の2項の「政府は、この節に定める他の施策と相まって公害の防止に資するよう緑地の保全その他自然環境の保全に努めなければならない」理念を具体化したかった。公害という暗い面・マイナス面だけでなく、明るい面の自然保護を基本法に付け加えさせ

（注6）　報は実際には奇数だけで送られたので、5号は実際は3号であった

たという経緯がある。環境庁ができる以上、公害の取り締まりや規制だけでなしに、自然の保護についての窓口を設けたい。農林省からは鳥獣保護課を環境庁に移管させる。自然環境保全についての1課を設けて各省庁の自然保護行政を調整させたい。ついては国立公園部の1課半を出してほしい、というものだった。

梅本次官は反対したが、山中長官の自然保護部門を環境庁に取り込もうとする意向は強かった。厚生省幹部は絶対反対だから板ばさみになった梅本次官は、大局的な見地から、将来、国立公園部を伸ばすためには厚生省にとどまるのがいいのか、新設の環境庁への移籍がいいのか、調べてみた。その結果、国立公園行政は福祉や医療・衛生が中心の厚生省の中で片隅に追いやられて予算の伸び率も低く、林業や園芸などを専門とする技官の昇進の道も限られていることがわかった。そこで梅本次官は自然保護を大きな題目に掲げる環境庁に国立公園部全体を移すほうがいいと判断した。移管問題は政治マターだが、厚生大臣は大蔵省の出身で厚生省の権限や人事、予算にあまり関心を示していない。以前からよく知っている橋本龍太郎厚生政務次官にこの経緯を説明し、国立公園部の将来のためにも、技官たちがのびていくためにも、環境庁に全部移管するほうがいいのではと思うと述べ、意見を求めた。橋本次官は、「それでいくよりほかはない」と答えた。梅本次官は、さらに厚生省幹部全員が反対していることをやる以上、次官を辞める覚悟ができていた。

あらためて梅本次官は、厚生省としては応じがたいと返事をしたのだが、依然、山中長官は環境庁に自然保護部門を取り組む意向が強く、次官は逆に「1課半を出すのは技術者を2つに分けるので国立公園部としては困る。この部をそっくり全部環境庁に出します」と答えた。山中長官は「そんなにも要らないよ」と切り返し、一括でという次官に「千鳥ヶ淵戦没者墓苑を管理する仕事まで環境庁に移せということか」と問うた。「農学部出身の技官の体系を２つに分けるのはまずいのです」と言い、長官は了解した。

山中長官は橋本政務次官に厚生省はそれでいいのかと聞いた。「国立公園部を全部出すなんて絶対反対だ」と答えたが、山中長官は「梅本君は全部出すと言っているではないか」と言うと、橋本氏は「いや、あれは辞めるつもりで折衝しているからですよ」と言った。この話を聞いた山中長官は、厚生事務次官のポストを投げ出してまで環境庁設置に協力してくれる梅本次官に感謝した。

以上は川名が、役人を辞めた後の梅本から直接聞いたとする話の概略であるが、山中氏は『環境庁10年史』に以下のよう文を寄せている。

（前略）日本の公害臨時国会は国民合意の底辺があったため、14法案を会期内に成立・発効させせた。そしていよいよそのための役所を作る事になり、厚生事務次官の梅本君が、厚生省国立公園部をそっくり新しい役所に、持って行かれる事に、部下思いの彼は耐え切れず、辞意を表明した一幕もあったが、政務次官の橋本龍太郎君が仲に入り、空前絶後の人事、即ち現職の厚生事務次官が新設のちっぽけな役所の事務次官転進を受け入れてくれた訳で、私は今でも御二人に感謝している。

部下思いというが、国立公園部を誰が誰を思って出したがらなかったのだろうか。それは官僚のナワバリ意識であって、国立公園にも自然保護にも寄与するものではなかった。厚生省の国立公園関係の人事を調べると、昭和40年からの5年間に事務官ポストの部局長も管理課長も5人が交代している。国立公園部は、単なるポスト確保とその通過点に過ぎないのでなかったか。

橋本氏も前述の『日本の公害経験』に寄せてこのようなエピソードを書いている。

厚生省からの移管で最も気がかりだったのが国立公園部だった。自然保護を管轄する部局などまったくなかった戦前から苦労してきた職員だけに、厚生省を放り出されるという感情を持たれるのではないか、そのことが問題だった。

環境庁移管に当たって、大井道夫国立公園部計画課長は、条件が一つある、と私に言った。今よりもっと仕事の範囲を拡げてくれ、国立公園や鳥獣保護の管轄がバラバラでは、自然保護の仕事など満足にできない、と言うのである。必要な部局を全て移管すべきだと考えていた私に、異論があろうはずもなかった。公害対策本部の山中長官も大いに賛成した。

連携しない国立公園部

公園関係の技官が厚生行政で孤立した位置にあったことはまぎれもないが、何も事務官僚に押さえ込まれて身動きできなかったとは思えない。

戦時体制の終焉とともに経済的合理主義が支配し、新憲法下では行政計画が乱立し、また、地域重視の視点からは地域ごとの多様性や特殊性が否定できない時代が到来する。それは地域制公園として指定・運営されている国立公園のあり方も、ほかの地域行政との調整を必要とする時代になっていたということだった。国民の福祉という人に注目したレクリエーション行政と、その舞台である自然環境と地域行政の間をどのように紡いでいくのかが課題にもなっていた。

しかし公園技術者は濠や柵で守られているのでなく、地上権も有していない国立公園に自己意識の砦をつくり、籠城しようとしていたのではないだろうか。その結果、地域開発などで侵略されると、公園区域を削除するという方法しかとれないでいた（水郷筑波国定公園、後には越前加賀海岸、鳥海国定公園での工業開発のための公園区域の解除問題）。

昭和45（１９７０）年2月に東京で行われた11期から16期までの国立公園管理員（レンジャー）研修会は、外部講師に宮脇昭横浜国立大学助教授と新全国総合開発計画の立案にかかわった下河辺淳経済企画庁調査官を招いた。２年に１度しか全国から招集されない研修生にとって、内部の幹部・担当官の講話や講義よりはるかに斬新な話で感銘深かったと記録されている。

宮脇助教授は、レンジャーはプロデューサーであるから時間と空間のなかで、役者である自然を使っていかに演出するかが問題である。レンジャーは観光客の眼ではなく、生態学的な眼で景観を見なければならないとし、自然の多様性に応じた利用と保護の調和を図るべきだと論じた。

下河辺調査官は寿命が伸び、出生率が低下し、老人の占める割合が大きくなる時代が近々にやってくる。この人たちが自然のなかで過ごすことのできる野外レクリエーションの場である自然公園の考え方を、厚生省では往々にして敵とみなし、自然保護のみを唱えてきたのではないか。しかも保護できず、山の上へと追い込まれている。山の上ばかりが自然ではない。後生大事に山上ばかり守っている時代ではないので、新全総計画では大規模緑地構想に乗らないかと厚生省に相談をもちかけても、さっぱり乗ってこない。若い君たちにしっかり頑張ってもらいたい、とあじられたようだ。

レンジャーの親睦団体「わかば会」の同人誌「わかば」昭和45年2月号に掲載されている「管理員研修会の記録」によれば、受講生である若手レンジャーからは「世の中が保護の重要性に目覚め始めているのに、何となく公園部の行政が沈んでいるように見える。」「開発のやり方によっては環境の良化という視点で環境の整備、自然の再生等の面から積極的な指導体制をつくれば、公園行政が単に開発、破壊に対し受身になって押されている現状から脱出できる。」という感想が出された。また瀬戸内海のレンジャーは「瀬戸内海の場合区域が点として存在し、現実には、何をやっているのか、何をやればいいのかわからない。このままでは早晩瀬戸内海国立公園は崩壊の運命にあるのでは。将来について積極的な対策が必要だ」との意見も出された。

他省庁との連携拒否だけではない。厚生省時代から公害行政に最も深くかかわっていた橋本道夫（後の環境庁大気保全局長）は37年頃から岡山県県南の新産業都市計画を生活環境施設、産業と環境、地域施設、人口問題、財政問題、社会変動のグループに分け、他分野の学者・専門家で組織をつくり構想を練り始めた。「国立公園部にも何度か一緒にやろうと呼びかけたが、公害行政と国立公園行政は問題が違うということで、参加してもらうことができなかった。同じ厚生省内であるにもかかわらず、公害や環境衛生と、自然保護や国立公園との協力態勢の難しさを知らされた。」と『私史環境行政』（朝日新聞社　昭和63年）で書いている。お山のてっぺんだけではなく、世間の波間に舟を漕ぎ出すという、他省庁、他部局との施策に交わろうとしない、朱に交われば赤くなることを恐れた孤高の集団でもあったのだった。

大井道夫計画課長の立場

最後に我ら技官の頭領だった大井道夫計画課長の感慨を聞こう。これは環境庁への移管目前の「国立公園」（258号　昭和46年5月）に「私のための1枚のチャート」と題して書かれたもので、「環境問題における自然保護問題の位置付けについての試論」との副題がある。以下はその前書きになる。

昨年の暮もおし迫った頃、政府から環境庁設置構想が明らかにされ、今年に入ってからそれは徐々に具体化されて来た。すなわち、環境庁の行政は公害防止と自然保護とを2つの柱として実施するものであり、しかも、自然保護の仕事の中核として国立公園行政が厚生省から移管されるものであるというような具体的な考え方が明瞭になって来たのである。
当然のことながら、この構想の進展は私たち国立公園行政に直接携る関係者には強い衝撃を与えたのであり、しばらくの間ではあるが、関係者の間では賛否両論が激しく闘わされた。賛成論の論旨はおおむね次のようなものであった。環境問題は単に公害防止のみで片付くものではなく、自然保護もこの問題において極めて重要な分野を構成するものであり、しかも、自然保護の中心的な行政は国立公園行政にほかならない。そして、この国立公園行政は現在、厚生行政の中で伸び悩んでいるというのが現状ではなかろうか。この際、環境庁が設けられるなら、この新しい役所の中に入り込んで国立公園行政を時流に乗せて発展させるべきである——というような論旨のものであった。

反対論はもっぱら国立公園行政の歴史的な経緯とその特異性とを主張するものであり、おおよそ次のようなものであった。この行政は発足以来、内務省、厚生省のなかで国民生活の福祉のため寄与してきたものである。しかも、この行政は単に自然を保護するというものではなく、自然を積極的に国民の野外レクリエーションのために利用するという特異性があるのであり、今後も厚生行政の一環としてとどまり、環境問題の改善のためにも協力すればよい——というような趣旨のものであった。

もちろん、この賛否両論にはそれぞれ政策論や感情論が加わり、ここに挙げたような単純なものではなく、相当複雑な議論となったのであるが、それも環境庁設置の準備が着々として進められつつある現在、一応の終止符が打たれたのである。しかし、この議論は決して有耶無耶にされるべきものではなく、私たち関係者は7月1日に環境庁が設置され、その中の自然保護局で行政を担当しなければならないという事実を認識し、私たちの今後の進むべき方向をこれらの議論の中から見定めていかなければならない。

私事にわたって恐縮であるが、私は昭和23年2月、厚生省公衆衛生局に国立公園部が新設された丁度その日に採用され、その日から今日に至るまでこの部の中で国立公園行政に携って来た。国立公園部の名称がこの7月1日を期して永遠に消滅してしまうことは、やはり耐えられないほどの寂しさではあるが、このような感情に溺れることなく、新しい事態に対応するための私自身の思考の整理を急がねばならないと考えている。

態度を決めかねていた技官の頭領の思考だった。

9　到達点が見え始めたが……

国立公園部が移管されるか否かの分岐点だった22日が過ぎた。日経新聞は23日朝刊で『環境庁　大気・水質・自然の三局』という見出しで、20日以来、山中長官と関係各省次官との個別折衝の結果22日に環境庁の機構、権限などについて基本方針を固めたと大きく報じた。そのなかで山中長官は環境庁の業務を公害の後始末的なものに限らず、広く自然を保護するものにするため厚生省の国立公園部を移して、自然保護行政の中核にすることにした。同時に農林省の林野行政、運輸省の港湾行政などの一部も、自然保護の一環として環境庁に移されるとし、これらの基本方針は25日、環境庁設立準備委員会で全体会合を開き、政府の最終方針として決めたい、というものであった。

翌24日の朝日新聞は、山中私案として大気汚染、水質汚濁、自然保護、調整の各部門を担当する四局を設けると報じた。自然保護については、環境庁の大きな任務として、自然保護局（仮称）を設け、自ら事業面にまでたずさわることにしているとした。また、自然保護局は、厚生省所管の国立公園の管理、農林省所管の風致保安林、保養保安林の指定、鳥獣保護などを自ら行うことになる予定だ、という内容だった。

環境庁設立準備委員会がまとめた「環境庁試案」に関する社説の自然保護面での論評では、日経新聞の「環境庁の重点が肝心かなめの公害対策そのものより、自然保護というばく然としたものに傾きすぎており、本質がぼける恐れがなきにしもあらず」との厳しいものから「公害を単なる健康被害としてとらえ対症療法に始終していたわが国の公害行政の姿勢を改めて、公害を発生させないために環境破壊から国土や自然をいかに守るかという視点を導入したものとして評価」した産経新聞までさまざまであった。

厚生省国立公園部管理課長通知

拝啓　厳寒の候御健勝にて日夜に御精励のことと存じます。

さて、新聞などの報道ですでにお聞き及びのことと思いますが、本年7月1日発足を予定されている環境庁について本日の設立準備委員会（委員長山中貞則総理府総務長官および関係省庁の事務次官で構成）において、山中長官より環境庁の組織、権限等についての「山中試案」が提出され、同委員会において環境庁の設置が了承、本決まりとなりました。その機構は、長官官房のほか企画調整、自然保護、大気保全、水質保全の4局よりなり、500人程度の定員をもって組織されると発表されたところです。

現時点では、機構等の細部については未定であり、今後十分に検討のうえ決定されることになりますが、自然保護局には現国立公園部の所掌事務（温泉、国民公園を含む。）が、そのまま移管されるほか、鳥獣保護および狩猟についても所管するものとされております。

今後とも、国立公園部の現在の組織をそのまま確保することはもとよりのこと、自然公園の内外における自然保護行政の発展に必要な態勢を確保しすべて関係方面と折衝を続けて参る考えであり、又、これを契機として今後自然保護行政を一層強力に推進する所存であります。

管理員諸君におかれましても、今回の発表に対する御意見は多々あろうかと思いますが、本問題につきましては、これによりいささかなりとも動揺することなく、国立公園管理員としての職責をはたされ日常業務の遂行については従来通り遺憾の点のないように切に要望いたします。

敬具

厚生省大臣官房国立公園部管理課長　岡田達雄

昭和46年１月25日
国立公園管理員　各位

10　残されたこと

以上が「厚生省よ サヨウナラ」の第1幕だった。

鈴木の24日（日）メモには「日経　自然保護局決定か？と、瀬田ＴＥＬ静観せよ」とあり、また、「瀬田氏の動きに疑問？技官の経済闘争にブレーキか」とある。

25日（月）は熊本日日新聞社、厚生省国立公園部の担当補佐、自然保護協会ほか各地より電話があったこと、7号（実際は4号）〝さらに意識を高めよう〟を「わかば」全員連絡網に流す準備を本省の桜井・橋本技官に電話依頼している、とある。

瀬田の記憶はこうだ。以下の文面は、最初の檄文に次いで移管が決まった際に送った文面の一部である（これも成田綴りに存在した）。

この闘いは短期の勝負であり、また世論を巻き込む正論の運動であり、我々仲間もその実現を願ってのことでしたが、これから続く長い闘いはポストの奪いあいや技官、事務官の抗争といった他からの支援の少ないぬかるみの闘いをともなっています。又これを機会に単なる待遇改善と言ったばら色の要求とは別にレンジャー制度のあり方（改廃、地方委譲も含めて）など、仲間だけでも議論百出の厄介な問題を検討することになりましょう。単なる造園設計という技術を捨てることもあるかもしれませんし、ナチュラリストやエコロジストの養成も必要となるでしょう。そうした職種の分化をも含めて我々もまた社会の要請に対して自己改革をなさねばなりません。そういったことから技官の地位を高める運動とともに長い自己との闘争が始まるといえるでしょう。

自然保護局に移管が決まったことの報告と、今後の活動方針で待遇改善やポスト闘争を、外部に訴えてみるのは得策でないと書いたことや、中島との電話でのやり取りから一時期中島の怒りを買うことになる。

『さらに意識を高めよう』（阿蘇発第４報）

環境庁自然保護局設置についてはご承知のとおりです。

これから歴史が始まろうとしております。このことは、おそらくは、われわれ国立公園部関係に籍を置く者にとって、一生の記憶に残る改革がきたことをひしひしと感ずるものでありましょう。またわが国の自然保護行政が確立され、大きく変革しようとしていることに、心ふるえるものをおぼえるでありましょう。

これからわれわれは、何をなすべきか、とうとうとしてながれる力強い動きにどう対処するかを真剣に考えてみましょう。

1　地方に情報連絡組織を確立しよう。刻々と変化し固まっていくわれわれの行く道を正確に見つめるために

2　厚生省から環境庁に位置を移すだけでは意味がありません。われわれがよりよく仕事のできる場を確立するために1により相互に検討し、批判し、そして意見をまとめましょう。

3　以上を統轄するために、本省の「わかば会」幹事に本部をつくってもらおう。

4　本部と地方ブロックに連絡員をおこう。

5　本部と地方ブロックの連絡員に経費を送ろう。

6　以上を国立公園部管理課保護係気付「わかば会」幹事に一任しよう。

昭和46年1月25日　自然公園技術者同盟　九州地区　第7報

成田文書に綴られた発信人不明の手紙は達筆で、心に響くものがあった。

日経紙はたぶんそちらでも出るだろうと思いますが、とりあえずお送りします。土曜の今日、計画課長も技官を集めてそのようになるが、今後なお自重して欲しいと語ったそうです。

移管すると決まった以上、仲良く出かけたいと思います。課長には前々から私は行くと思う。従って決まってからが大変ですよといっていました。厚生省内のごたごたは今まで何度

もあり毎度のことだったのですが、今回は他家へ嫁ぐことになるので、行ってもなおごたごたしているのはみっともないことです。

そういった面から義士の討ち入り後の引き揚げから切腹までの行動がリーダーとしての器量にかかっているのだと、くどくど話してやっています。課長はいやそんなことはあるまいと笑いとばしていましたが、今後はその苦労が大きいでしょう。出来うる限り穏便に、しかも改革の志を持っての行動を期待しています。レンジャーの統率は兄の度量にかかっていると思います。落ち武者をつくらぬようにお願いします。とり急ぎ。

中島兄

環境庁の機構、権限などの大勢が26日の閣議で了解されて以降、2月16日に環境庁設置法案が閣議決定されるまでの20日間と、それ以降でもレンジャーは「わかば会」の情報交換や、公式の管理員研修などで意見を交換し、また、本省にも伝えた。ここではその後のことを少し紹介するにとどめる。

2月1日に中島、成田、東島（九重長者原駐在）、鈴木の名前で「環境庁自然保護局設置されるにあたっての提案」という和文タイプB4版5枚ものが発送された。これは九州ブロックでの総会に諮ったうえで「わかば会」九州支部の案として全国に開示するものだった。この動きに対応するように「〝自然保護のために〟環境庁への移管に当たって」という東北ブロックわかば会支部決裁文書がガリ版刷りB4で、各地の事務所、レンジャーに届けられた。

的はずれでもいいからアイディアを出そう!!

昨年暮れに、突如として政府側から環境庁の問題が提起されてから約1ヶ月、当初公害部門だけの吸収になるかに見えたが、特に自然保護協会を中心とした各種自然保護団体のマスコミキャンペーンと、山中公害担当大臣の強姿勢もあって自然保護部門がおかれることとなった。もっとも、関係各省とも〃目玉商品〃を奪われることやナワバリ根性でかなり抵抗を示し最初の構想より後退した線に落ちついたようだが、とにもかくにもわが国立公園部はまるごと環境庁行きが決定、若干拍子抜けの感なきにしもあらずだ。

過去観光行政の一元化などの動きの際に、いわゆる〃観光〃とは別次元の行政だということで抵抗し続けてきたわが部だけに、自然保護というものを前面に押し出していけることだけでもブラインドをとり払ったような気持ちだが、以後ますます重要度を増し問題も多いこの部門に対して世論を真っ向から浴びることを覚悟せねばなるまい。もともと今度の話は降って沸いたようなものであり、我々の側にも充分な準備があったとはいえない。全てがこれから始まろうとしているのであり、これを機会に自然保護局が何を対象とすべきか、これまでの欠陥は何であったか、これからどういう仕事をしていくべきか等々互いに意見を交換しあうことは大切だと思う。

例えば、裏山の宅地造成をやめさせてくれとか、ウチの町の街路樹は何がいいのかとか、ホタルをふやせ、とか、スズメの数が減った原因は？　とか何が飛び込んでくるかわからない。

この点に関しては本省たると地方たるとを問わず同じ地平の上に立って考えねばならないことである。特に中央のほうが進んでいるというようなものではない。暗中模索だ。

自然保護局がどのような部局の寄せ集めになるかということは新聞報道の域を出ないのでその線に沿って考えられることが望ましい。細かい動きについては日々新たでしかもクルクル変わるので逐一お知らせすることは非常に困難であるという事情をお汲み取り願いたい。

2月中には大綱が決まる予定であるので、的はずれでもいいからアイディアを本省に集中されたい。自然保護局に行くからといって現在の国立公園部がガラリ変わるという程のことはなさそうだ。

何しろ今までは、オマエの出る幕ではないと楽屋に引っ込められればなしで、観客が騒ぎ出したら急にろくすっぽ練習する暇もなく舞台に引きずりだされたようなもの。観客の期待に反しオロオロすれば、ヤジ罵声が飛んでくることは必至。余程ふんどしをひきしめて大芝居をうたないと舞台から一気にひきずりおろされる危険もある。

とりとめもないことを書きました。

1971年2月3日　節分　わかば会雑役夫

以上のガリ版文書は誰の手になるものか不明であるが、前後して管理課保護係で中継の役割を果たしていた桜井は成田科長に以下の私信を送っている。

情報不足のために、現地においてイライラされておられることと思います。環境庁に行くことが決定する以前までは、ポストの問題とか、メンツの問題とか、行政上のテクニックの問題とかいろいろのことで、何となく足並みが揃わないような空気でしたが、結局各方面からの様々な動きが結果的には公園部を環境庁に移管することに踏みきらせることになりました。最後のツメの段階でずいぶんあっさりとこれが決まったということは、裏を返せば、表向きは反対の意思表示をしながら、厚生省自体としても公園は質が違うのだという昔からの認識があり、最終的には常識的に移るのが当然だと認めたからだと思います。当然なるべくしてなったという気がしないでもありません。そのためにむしろ騒ぎ立てたほうが今妙な違和感を味わっているような所もあります。

とにもかくにも、揃いも揃って公園部は環境庁に行くことに決まりました。

現在課長補佐以上クラスで連日自然保護局の業務と権限について会談が繰り返されていますが、何といっても、自然保護局の中核というよりほとんどを公園部が占めるという現状では、各省庁の持っている色々な権限を奪ってくるわけにもいかず、それらの仕事はそれぞれの省庁にまかせた上で、それの監督という立場になりそうです。機構についても、現在はあまり煮詰っていないようですが、現在の3課に、企画調整（他省の自然保護関係の仕事をチェックする）と鳥獣保護関係などがくっつきそうな気配です。でもこれは予想ですから、あまり信頼しないでください。

九州地区「わかば会」支部決議事項

昭和46年2月1日の阿蘇国立公園管理員の提案のものと、46年2月13日の東北地区「わかば会」支部提案のものに付加して次のことを提案する。

1　自然公園区域外の自然保護行政に対応するための専課（企画調査課）を設けることに全力をつくすこと。なおこれが不可能の時点では、管理課にそれを代替できる「企画調査係」を設置すること。

2　環境庁と自然保護局に対応できる専課を、都道府県に設置するように働きかけること。

3　公害研究所および公害研修所に、自然保護に関する部門も設置すること。

4　環境庁に移管される7月1日までには、来年度予算要求にからむ法的措置（自然公園法の改正等）を含めて、予算獲得のためのあらゆる措置を完了すること。なお少なくとも自然保護局の要求予算総額は100億円単位のものであること。

5　自然公園区域外の自然保護についての政策を早期に確立すること。

（方法論）

1　全国ネットワーク方式

自然地域の保全に関して、国土の自然環境地域と非自然環境地域とを区分して非自然環境地域のスプロール現象を防ぐ方法。

2　トロイカ方式

a　文化財保護法、森林法、古都保存法、首都・近畿圏整備法等により自然環境の保全がなされると目される地域に対して、調整機能を積極的に活用する。

b　（c）と（a）に属さない局所的な一般的自然環境保護については、問題提起の都度、調整と解決への途を開く。

c　（a）に属さない地域で自然環境のすぐれた地域または個体を指定して、その保護を行う。

以上には法的手当てをするとともに、積極的には自然造成事業をも執行する。

6　人事や給与に関して、不利益を受けたという事例を個別的に調査して、これの改善をすること。（例、県に出向するに際して係長のポストでと言っておきながら、行ってみたら平だった。国から県にでたら都市調整手当の2年間の保障がうち切られた、など）

7　管理員事務所と住宅を分離すること。

九州地区「わかば会」支部総会

昭和46年2月27日　熊本県阿蘇町内の牧温泉にて

11　日本自然保護協会の要望

自然保護協会は新設される環境庁について、昭和46年1月に自然保護憲章制定促進会議を開いた際に、自然保護団体40余団体とともに「環境庁設置のあり方についての声明」を総理府に提出した。だが、政府で考えている環境庁の機構が次第に明らかになると自然保護に対する取り組み方が不十分であると判断して、協会独自で「環境庁に対する要望書」を46年2月10日付で総理府など関係省庁に提出した。

環境庁に対する要望書

政府は、今回、公害対策、環境保全対策などを強化推進するため環境庁設置の件を決定し、その機構権限として

1　環境の保全（自然保護を含む、以下同じ）に関する基本的な政策の企画立案およびその推進にあたる。

2　関係行政機関の環境保全に関する事務（国際協力に関するものを含む）の総合調整を行なう等を発表した。

（中略）

今回の政府の施策が単に公害対策のみにとどまらず、自然保護・環境保全に関する行政庁

として発足することは、多年にわたる当協会の主張が漸く国の行政として取り上げられたものと、大いに喜びと賛意を表するものであります。

ただし、この新行政機構については、その名称を「自然保護庁」とされることを一そう望ましいものと考えると同時に、その機構に関しては、次に掲げる諸点について早急に御検討の上、新機関の機構、権限として盛りこまれるよう要望致す次第であります。

記

1 自然保護と開発との優先度を判定するために、権威ある環境調整委員会（仮称・行政委員会）のごときものを設けること。

2 国立公害研究所はその名称を環境保全研究所と改め、公害の研究防止のほか、それと並行してわが国土の保全と民族の健全な生存環境を保護して必要な自然保護・復元・管理を総合的に行なう部門を設けることが望まれる。（国立自然保護研究機構案は省略）

3 「自然公園法」を改正して、必要な土地の買収と公園管理機構の拡充強化等の規定を設けること。

4 「文化財保護法」の内、少なくとも名勝と天然記念物とを分離して環境庁内に移すこと。

5 林野庁の保安林行政を分離して、自然保護局内に保安林部のような独立した部を設け、国土の保全に関する行政の総合統一を図ること。

6 「鳥獣保護及び狩猟に関する法律」を改正して「鳥獣保護法」とし、自然公園及び保安林内を一切禁猟区とすること。

７　「自然保護憲章」（別添は省略）および「自然保護基本法」のごときものを制定すること。

８　環境庁の所掌権限としての「環境の保全（自然保護を含む）」という表現は、「自然の保護及び環境の保全」というようにされることが望ましい。

昭和46年２月10日

財団法人日本自然保護協会

会　長　川北禎一

理事長　藤原孝夫

自然保護憲章研究部会長理事　林　修三

保護部副部会長　常務理事　本田正次

広報部会長　常務理事　石神甲子郎

連署した自然保護協会の幹部は財界、官界、学界の錚々たる人たちであるが、とりわけ林修三元法制局長官は環境庁創設期の自然環境保全審議会初代会長を務めた。

12　環境庁設置法案の審議

保安林などの林野行政の一部を環境庁の権限に委ねるという考えは、環境庁設置とりわけ自然保護局創設の当初の段階に一度報道されたが、結論は環境庁の一義的な権限にはならなかった。これは環境庁設置法（昭和46年法律88号）の附則によって「公衆の保健」および「名所又は旧跡の風致の保存」の目的で保安林を指定する際には環境庁長官に協議しなければならない旨の森林法改正が加えられるにとどまった。この件に関しては、環境庁設置法案審議での山中長官の答弁に度々現われる。

環境庁設置法案は2月16日に閣議決定のうえ同日衆議院に提出され、3月10日内閣委員会に付託され、5月10日、13日、17日の3回にわたり審議が行われた。また12日には内閣委員会と産業公害対策特別委員会の連合審査が行われた。17日には付帯決議がなされ、委員会は満場一致で議決した。その審議の自然保護に関する部分や当初の山中構想の行方に関して、簡略に記すことにする。

最初の審議で、質問者が「山中総務長官は、厚生省所管の自然保護部門を是が非でも環境庁に吸収したかった。しかし（厚生省側は）国立公園部は約２００人を擁するレンジャー部隊だというので、大気汚染防止部門を環境庁に移管し、そのうえ自然保護部門まで失ったら、厚生省に残る権限は医療、保険、年金、食品衛生などだけに縮小してしまう。それで山中さんと話した結果、山中長官と厚生省首脳との間で、環境庁の事務次官と大気、自然保護両局長は厚生省から、という約束がとりかわされたという。権限を譲るかわりに、腹心の部下を送り込み、人のつながりで厚生省の意向を反映させようとする、名を捨てて実をとる戦法が功を奏したのだ。これでぼくらに法律を審査しろと言ったって、ちょっと聞いてみなければ審議する気にならぬじゃないか。これはほんとうですか」という質問に対し、「まあ大体当たらずといえども遠からずという感じでございます。……」と答えている。

下水道の件では、下水道5か年計画をもういっぺん見直す、あるいは下水道行政を、厚生省の水道関係も一緒に含めて環境庁のなかで、たとえば都市環境局とか下水道局として包括させたい意欲もあったが、下水道部の昇格がきまっており、下水道関係の現業部門まで移管するというのは自然保護局のレンジャー部隊の現業とはやや違った趣だったので、検討課題にとどめたとも答弁している（5月10日）。

連合審査で、国有林野行政全体を環境庁の所管にして緑を保護する行政をすべきときに、厚生省の援護局の所管であるような千鳥が淵戦没者墓苑の維持管理をして環境保全とはおかしい、という委員の指摘に対し、「国立公園部そのものを全部、技術者を持っていってもらわないと困るというので……」と答弁した。この答弁は山中・梅本会談の再現と見ていい。

また、山中長官は「国立公園部――かっての国立公園局、一省一局削減で部、というようなことで、大体過ぎ去った各年の予算の伸びを見ますと微々たるものであり、しかし環境庁の大きな柱として自然保護行政、環境保護行政というのが一本立つ。そして一方においては公害本来の水質、大気、そういうものの大きな柱が立つということであれば、これは国民から見て、環境庁が出発して、その一本の大きな柱が、いままでのような国立公園行政予算のつけ方では、とても国民は納得しないだろうし、厚生省の数多くの問題点のなかに埋没してきた感のあるところからひなたに出るわけでありますから、これは予算折衝の結果を待たねばいけませんけれども、その実質上も予算上も当然国民の納得する姿として登場してくることは間違いない、私はかように考えます。」と締めくくっている（5月12日連合審査）。

国土行政における環境庁の役割を、山中長官は「国民に被害を与えない国土の建設、そして経済の伸長をはかるとともに、環境汚染に対して守り抜く姿勢、すなわち自然保護というものを新たなる角度から環境庁行政の大きな柱に据えていくというような形をとっていく」との国土観を披露し、また、「日本の国土に企業の立地はいかに配備されるべきであるかというようなことの一元的な提唱、あるいはそれらの設計の権限というものは環境庁が持っていくべきではなかろうか」と述べた（5月13日）。

保安林や近郊緑地等に関しては、「自然保護の観点からいきますと、各種保安林、建設省の関係の近郊緑地等を含めた行政、まあ国有林野行政まで入れるかどうかの問題は検討を必要といたしますが、そうゆうような主として国としての緑、自然浄化というものを守る先取り行政というものを、単に国立公園部の現在の権限や鳥獣保護、狩猟等を入れただけでない、もっと広い展開をしていかなければならぬと思います。」と述べ、さらに「一応原案作成の過程では、私の腹案としては都市計画上の公園等もやはり入れるべきであるし、近郊緑地等はまさに環境庁が一元的に仕事をすべきであると思ったわけです。これは林野庁の法案にも関係があります。しかしながら実際上の行政等、たとえば都市公園の部分だけ環境庁が所管しますと実際上の都市計画の仕組みというものが、建設省も弱るでしょうし……ということで今回は除いてございますが、都市計画法、首都圏、近畿圏等の保全区域などのいくつかの項目については環境庁長官と協議することとなっております。さらに森林法あるいは保安林整備臨時措置法等は環境庁長官との協議事項になっておりますから、その意味で、完全ではありませんが補完の方法はとってあります」と山中試案から消えた事項の顛末を説明している。

また、環境庁の姿勢のいちばん大きな根本問題である、失われゆく自然の保護には、単に国立公園や国定公園だけを保護すれば、その隣はどんな開発をしてもいいというものではないし、古都保存法や文化財保護地域でも点や物の指定から明日香などのような保護地域が設定されることに、環境庁も協議に応じていく姿勢を表明した（5月17日）。

また予算に関しても「国立公園関係の予算というものは逐年伸び率も非常に低いように思うわけです。厚生省の複雑な、ことに人の健康とかいうものの角度から大きく取り上げられて、予算の問題点等に健保等がなるわけでありますから、ともすればそのなかでかすみがちであることは、省全体のなかではやむを得ないことであったかもしれません。しかし今回環境庁というものの大きな中核に環境保全という仕事が――もちろん国の仕事として国立公園は入ってくるわけでありますから、これはいままでの姿勢とは違った姿勢を、行政の運用並びに必要な予算というものについては、新しい予算の要求においては十分画期的な姿勢を示さなければ意味がないと私は思っております」と意欲を表明した（5月17日）。

13　橋本龍太郎氏の執念

橋本龍太郎氏は昭和48（1973）年3月2日の衆議院公害対策並びに環境保全特別委員会で質問に立ち、以下のような質問をし、三木環境庁長官に対してというより副総理としての大局的見地からの行政一元化へのメッセージとした。

「環境庁が設立されました当時の関係者の一人として、私どもが環境庁創設に際して、なお省庁間の権限調整をもう少し十分に行っておけばよかったと、今日後悔をしておる部分がいくつか残されております。たとえば水質汚濁と港湾指定の関係でありますとか、あるいは下水道と生活環境廃棄物関係の行政の一元化でありますとか、私どもとして、当時環境庁発足の時点において、環境庁にその機能を集約しておけばよかったと、今日後悔をしておる部分がいくつかあるわけです。

そうしたなかの一つに、当時厚生省の国立公園部を環境庁に移管をし、同時に農林省のほうから従来の鳥獣保護行政というものを、保安林の一部権限とともに自然保護局に集約した時点で、文化財関係の天然記念物と自然保護の関係の調整というものが当時一つの懸案でありながら、環境庁発足の時間的な制約によりまして、論議をほとんど詰めることができないままに今日に至りました。今日、自然保護に関連した法律の、たとえば鳥獣保護法でありますとか特殊鳥類規制法、自然環境保全法、自然公園法、それぞれにすでに環境庁が所管をし、自然保護行政に当たっているわけであります。文化財保護法のなかに、いわゆる動植物のなかで、天然記念物として残されておるものがまだ相当部分あるわけです。……」と前置きし、どちらかというと静的な文化財に対し、その生息・生育環境と一体で保護が図れる動的な天然記念物を分離して、環境行政のなかに取り入れるべきだと論じた。橋本氏の執念を見た感があった。三木長官は最後に日本の行政機構の改革に取り組む必要を承知してこの考えを進めることを確約した。

この天然記念物保護のあり方は、50年1月に国立・国定公園の特別保護地区、特別地域、海中公園地区内の天然記念物のかかわる保護増殖事業が文化庁から環境庁に移管されるが、これも橋本質問が引き金となったといえよう。

林野行政への執着もひとかどならぬものがあった。平成元（１９８９）年3月のある日、偶然に赤坂のホテルの車回しで出会ったときに、橋本氏のほうから、「リゾート法と森林の関係、あれでよかったか」と声をかけられた。瀬田が「20％でいきたかったのですが、結果は30％でした」と立ち話で答えると、「そうか俺もレンジャー合格だな」という。幹事長代理として「森林の保健機能の増進に関する特別措置法」の閣議決定前に事務当局から説明を受けたことを、確かめてみたかったようだった（注7）。

（注7）　森林資源の総合的な利用を促進するため、公衆の保健の用に供することが相当な森林の保健機能の増進を図るために必要な事項を定めた法律。リゾート法を推進するために、開発規制を緩和し、林地開発許可、保安林の利用許可やその指定解除手続きをすることなく一定の開発を認めることとしたため、審議会の諮問や住民からの異議意見書の提出などの手続きを省くこととなり、環境破壊を促進する危険をはらんでいるとの批判もあった。20％、30％とは、ゴルフ場やスキー場での保安林解除を要しない許可手続きで伐採できる森林開発の林地に対する限度。小さいほうが森林の自然環境は維持される

行政改革への執念は、橋本氏が首相になっていた9年には行政改革会議を設けて自らの国家機能4分類論を出発点として省庁再編成へと進展する。最終的には1府22省庁が1府12省庁にと集約されるのであるが、その通過点に行政改革会議中間報告があり、都市・道路・交通などの国土開発省、治山治水・水利・森林・食料などの国土保全省、環境・廃棄物・原生林等の森林の国土安全省という省庁再編案もあったことを付け加えておこう。その原生林保護は3年から始まる林野庁独自の森林生態系保護地域の指定に委ねられた。

14 この章を終えるに当たって

阿蘇は世界有数の大カルデラのなかにいくつもの町村があり（現在は阿蘇市）、スケールの大きな気風を生んだ。国立公園制度の創設と阿蘇国立公園の誕生にとりわけ特別の功績を持つ松村辰喜はカルデラ内の内牧に生まれ、小学校卒ながら15歳で代用教員になり、21歳で校長になった。27歳で朝鮮半島に渡り、教鞭をとり同僚の与謝野鉄幹と意気投合するかたわら、後に国立公園法制定時の内務大臣安達謙蔵が経営する新聞社にも出入りした。渡朝の翌年の明治28（1895）年秋に、ロシア側に近く日本を排除しようとしていた閔妃暗殺に関連した48人の一人として逮捕され、広島監獄に収監されたが、のちに証拠不十分で釈放された。その後地元熊本での実業や県政での活躍を経て晩年は阿蘇国立公園誕生に情熱を燃やした。

本章の主役である中島は検査入院中に60歳を前に急逝した。彼の志半ばで終った著作『男たちの祭り―自然保護レンジャーの熱き想い―』は未完だったので関係者が追悼文を重ねた。澤田も成田も瀬田も書いた。阿蘇時代に中島を支えた成田の文を掲載する。

さて、昭和四十五年と言えば、暮れにいわゆる公害国会が開催された年だった。（略）新聞紙上やテレビで「環境（保護）庁」設置決定が報道されるや、それから一ヶ月というもの、阿蘇の事務所は戦場と化したのだった。中島所長は和文タイプの机に向かったままであった。「厚生省よサヨウナラ！総理府外局『環境庁』に行こう」という昭和46年1月12日付けのアジビラは、自然公園若手技術者同盟・九州地区の名で、全国の仲間（レンジャー、県庁出向技師）に発送された。我々所員はここぞと思う仲間や知人、団体代表者そして国会議員に対し、電話をかけまくり、電報を打ちまくった。東京の仲間からは中央の情勢が送られて来た。阿寒、十和田、志賀高原等から各地での対応について便りが届いた。県に出向している仲間からも励ましのハガキを受け取った。所長の和文タイプから生み出されたアジビラは、2号、3号と続いた。察知した中央の情報を集約して、それを全国に流した。情報ばかりか檄文も多かった。

阿蘇の事務所は情報の中継基地であり、発信基地でもあった。在京組と現地組とでは、かなりニュアンスの違いがあったが、いずれも中島所長のリーダーシップに期待をかけている旨の便りが相次いでいた。一方、本省からの情報は芳しくないものが多かった。厚生省の幹部（事務系）は国立公園部を出し惜しみしているとか、現地でのレンジャーの動きをアカ呼ばわりしているなどであった。それればかりか、ついに技官のトップからも、所長に直接電話が入り、軽挙妄動は慎むようにとの強いお達しがあった。それも一度ではなかった。電話に出た所長は「はい、わかりました。」と返事したものの、心配顔の我々に「いいから続けよう。」と促すのだった。所長の胸の内には相当の覚悟ができているようだ。とにかく、国立公園部が自然保護局として移管されないようでは、折角の環境庁も意味がないし、また我がレンジャーの先行は暗澹たるものになるとの固い信念に貫かれているように見えた。（略）

短期決戦の間、色々な人の考え方が、あるいはストレートに、あるいは間接的に、阿蘇基地のアンテナに飛び込んできた。いざ戦場に臨んだ時の人の心の揺らめきは、その立場によって、また戦況の展開によって、微妙に変化するものであるとの感を深くした。しかし、中島所長の「環境庁自然保護局実現」にかける思い入れは、終始一貫微動だにしなかった。

中島所長の手による最後の和文タイプの檄文は、既に環境庁設置が決定した後、2月1日付けで出されたB4の5ページにわたる長文のものである。それは、檄文というよりも、これから検討されるべき局の組織、管理体制、法改正、予算増額、人事のルール、給与格差是正、技術の確立等への提案という形をとっている。紙数の関係で全文紹介することはできないが、ここにそのイントロ部分を引用して、当時の中島所長の熱き心に触れていただきたいと思う。

私たちは、わが国の自然保護環境が年々刻々悪化してきた現状を目のあたりにしてきた。このことに対してこれ以上の無為を続けるならば、近々にもはやわが国の自然環境は収拾できないほどに損傷されてしまうという認識に立って、「環境庁」の設置が提起された昭和46年１月８日、この機会を失してはわが国の自然保護行政の確立はないものとして思考したのである。この観点は、私たちの微力をもってしては何ほどの推進力をもたらさないであろうと知りつつも、環境庁に自然保護行政部門の設置を希求する方向に行動せざるを得なかったものとしたのである。

幸いにして、私たちの希求は実現するかに見える情勢である。そしてたしかに環境庁に自然保護局が設置されるはこびとはなった。しかし、厚生省国立公園部がそのままの体質を改革なしにもちこんだとしたら、あたら自然保護行政確立の機会をつぶすことになりかねない。

私たちは、ここに再び環境庁において確固たる自然保護行政の確立と、我々自身の自然保護に向かっての体質改善を含めて「仕事をする場」の環境浄化を叫ぶものである。

中島は木曽谷に生まれ、育った。阿蘇に来てからは松村辰喜の強情が乗り移ったのであろう。

11月22日に執り行われた中島の告別式で、計画課長という技官のトップであった大井道夫が読んだ弔辞を途中から引用する。

忘れることができない事がある。

昭和45年から6年にかけ、環境庁が生まれようとしたとき、レンジャーの間には動揺があった。厚生省に留まるべきか、環境庁に行くべきか、という悩みが渦巻いていたのである。そのとき、君はオピニオンリーダーとして、皆の意見を一つにまとめて環境庁へと導いてくれた。中島君、君は現役を退いた後も、レンジャーの中心として、どっかと腰を下ろしていた。君のいるところ、さながらレンジャーの情報の受信基地であり、発信基地だった。そして君はいつも、その情報を的確なアドバイスにかえて、私たちに与えてくれた。その君がいなくなったのである。私たちは、私たちの航海のコンパスを失ってしまったのだ。……

平成2年11月25日

この弔辞では「君との交遊の思い出の数々が去来した。机を並べて、ともに仕事をした日の事や、卓を囲んで、遊びに熱中した夜の事などが、走馬灯のように、次から次へと巡っていった」というが、大井は昭和23（1948）年に国立公園部に採用されてから環境庁長官官房参事官になるまで始終国立公園部計画課にいて、他課へも、まして他局や他省庁、地方勤務もなかったから、中島と机を並べる機会などなかったが、卓を囲むことは毎夜のことだった。

橋本氏は平成18（2006）年7月1日に68歳で死去し、大井は翌19年5月2日に84歳で死去した。

昭和63年5月に日本・中国・ネパールの合同登山隊がエベレストに両国から登頂するという企画があり、橋本氏は登山隊の名誉会長としてベースキャンプに入った。取材特派員として読売新聞の岡島成行記者（元環境庁記者クラブ）が橋本のテントを訪問し、環境庁創設期のことを訊ねた。それには

橋本龍太郎元総理と岡島夫妻
（平成11年10月 C・W・ニコルの『盟友』出版記念会にて）

橋本・大井会談の内容も含まれていた。国立公園部全体が環境庁に移行するに際して、大井は、技官人事は技官に任せてほしい、局長ポストは要求しない、ことを話したという。厚生官僚が局長ポストを確保しようとしたことは国会委員会質疑で見たところである。大井の発言が本心であったかどうかはわからない。ともに故人となり正確な事実関係も、また、それがいつまで有効な約束事だったかもわからない。

無茶な、と思えることを実行する人物はいつの時代にもいるものだ。阿蘇の松村も、中島もそのような人物だった。

The reasonable man adapts himself to the world;
The unreasonable one persists in tying to adapt the world to himself.
Therefore all progress depends on the reasonable man.

George Bernard Shaw,

後日談

環境庁が誕生した翌年昭和47年5月15日沖縄は本土に復帰した。佐藤総理の念願だったが、担当大臣山中総務長官の尽力は今でも沖縄の人たちの心に残っているそうだ。

同年7月1日、澤田栄介に西表国立公園管理事務所長の発令があった。澤田は前年8月に阿寒から総理府土地調整委員会事務局に転勤し、中部圏開発整備本部も入る総理官邸とは道路を隔てた本府《ほんぶ》と呼ばれていた庁舎に、瀬田とともに勤めていた。本省から那覇にある沖縄総合事務所への出向すら尻込みするのに、そのなお先の離島に本府職員が希望して赴任するということを伝え聞いた山中長官は「沖縄勤務はかくありたい」と喜んだ。

本府には大臣室にトイレがなかったのか、3階の職員トイレで長官と顔を合わせることが度々あった。ダンディな長官は誰にでも気さくに話しかける人だったが、仕事では強面だった。そんな山中氏の地元での態度はいかなるものか興味があった。奇遇というか彼の選挙運動中にその姿を見ることができた。

田中内閣になって間もない47年12月10日に日中解散と呼ばれた第33回総選挙が実施された。山中氏は屋久島や大隈半島などを選挙区とする鹿児島3区選出代議士で、当時定員3人のすべてが自由民主党員だった。志布志湾開発計画の反対運動の中心地となった延長12キロに及ぶ砂浜と松林の国定公園のある東串良町も選挙区だった。

中島は盟友である澤田が初代の沖縄西表国立公園管理所長に就任したのを好機に、12月に九州管内のレンジャーを誘って事務所のある石垣島に行くことにした。それに本州からも数人が客人として参加することになり、上高地が閉山した瀬田も列車で鹿児島県入りをした。10日午前鹿児島港に集合して、那覇に向かう船で行くためだった。

瀬田は選挙運動最終日の9日に志布志町に行き、東串良町柏原の松林を歩いた。山中候補が街頭演説をするという予定時刻には志布志町に戻った。「山中貞則　最後のお願いです」とのウグイス嬢の声と、続いてダンディが深々と頭を下げている様子を見て一人悦にいった。山中、中島、澤田が導いてくれた奇遇だったともいえる。

西表国立公園石西礁湖へ
右端より中島氏、筆者、筆者後方に下氏
（撮影：澤田西表国立公園管理事務所長）

コラム②

追想　自然環境保全審議会委員　東山魁夷

東山魁夷（本名新吉）氏の年譜には「昭和48年65歳、環境庁自然環境保全審議会委員に就任する」と記されている。

国立公園の指定や計画の決定という重要事項は、審議会の意見を聴くことが法律で定められている。環境庁設立後2年近く存続していた自然公園審議会が廃止され、昭和48（1973）年に新たに自然環境保全審議会が設置された。委員は自然環境、自然公園、鳥獣の3部会のいずれか、または複数の部会に属し、それぞれの案件の諮問に答えることになった。自然公園部会長は元法制局長官の林修三審議会会長が兼務した。自然公園部会には井上靖委員や東山魁夷委員も所属した。

自然公園部会が最初に審議したのは自然公園審議会時代からの持ち越し案件の新設道路の可否であった。とくに46年4月に北海道開発庁から協議を受けていた大雪山縦貫道路は、最後となった自然公園審議会(47年10月31日)でも結論(承認)が得られず、「さらに検討を要する」として継続審議となっていた。

「学者や民間委員のほとんどが反対したのは、世論のバックも大きかった」と上村計画部会長は終了後の記者会見で述べた。建設賛成派委員は「公園という以上、一部の人たちだけしか利用できないのはおかしい。全部の人が利用できるようにすべきだ。そのため道路は必要で、自然にいっさい手をつけるな、というのは極端だ」と主張。これに対し、反対派委員は「大雪山は、日本だけでなく、世界的に見ても珍しい原生地域だ。ここに道路をつくってよいのならば、日本のどこでも道路をつくってよいことになる」と反発し、この開発歯止め論が「継続審議」の要因となった。

小山環境庁長官は「来週中にも、ヘリコプターに審議会委員を分乗させ、現地を視察したうえで、結論を出してもらうように」と事務当局を督促した。

この道路計画は開発道道といい、美瑛町から新得町までの延長34・2キロが新設区間で、最も自然保護を図るべき特別保護地区内の2・9キロはトンネルにする2車線の道路だった。

新審議会は7月24日に自然公園部会で実質的な審議を始める。第1回は従来の経緯を含めて包括説明がなされ、ついで8月28日の2回会合では、建設実施官庁の北海道開発庁から直接計画の必要性などの説明を受けた。そのうえで、9月8日から11日まで林部会長など4名の委員が計画路線の概括的調査と地元の事情調査のために現地入りした。結果は9月21日の審議会で報告されることになった。筆者はこの案件の担当ではなかったが、審議会委員の日程照会や連絡、議事録作成などを手伝った。

9月21日の審議会の出欠を直接確認するため各委員に電話した。東山委員は「案件は何でしたか?」と問う。「大雪山の道路問題です。先日の委員視察の報告を聞き、ご意見を伺います」と答えると、「それでは何をおいても伺わなくてはいけませんね」との穏やかな返事。当日は井上委員も出席された。

視察した委員からは、「道路をつくるとすれば、相当の事前調査は必要であり、やめるならば地元に対する過疎対策が必要である」「計画路線の相当区間に急傾斜地があり、自然破壊のおそれがある」「道路の経済的必要性はない」「袋小路の道路を結ぶことは必ずしもプラスではない」などの報告があり、そのうえで討議となった。この地域の自然の大切さを強調し、道路建設は自然を大きく改変すること、半年以上雪で通行不能となる道路がなぜ必要なのか疑問だ、との発言に、東山委員は審議会席上ではきわめて稀なことだが、拍手をされたのが印象的だった。井上委員も始終無言だったが、このような文化人が出席し、審議に加わっていることが、行政的・政治的な妥協を生む余地を残さなかった。

次回の審議会は10月19日と決められたが、その前日に北海道開発庁は協議書を取り下げ、19日には諮問そのものも取り消された。その際に「林部会長談話」が公表されたが、その見解はその後の国立公園などの自然環境のすぐれた地域での道路建設のあり方を規定する憲法のような意味合いをもつことになった。

この時代は自然保護を声高に叫ぶ反対運動も必要だったし、自然科学的見地からの意見も大切だったが、日本を代表する文化人が一言の発言もしなくても、審議に加わるということで審議会に品格がもたらされる好例だった。部分的な意見や判断ではなく、自然を総合のものとして見ておられた姿だった。「科学者は分析し・分類する。詩人は分類されたものを総合化し・紡ぐ」という言葉があるが、すぐれた作家も、画家もそうした使命を持っていた。それゆえ開発側は名誉ある撤退を選択したのだった。審議会の席上で純真に手を叩く文化勲章受章者の画家の姿は忘れられない一コマだった。昨今の審議会ではなにか一言発言をすることにこだわる委員も増えているが、当時はそうではなかった。

東山氏の隠されたもう一つの功績は、瀬戸大橋架橋の色彩選定に関してであった。瀬戸内海国立公園内に架橋する本州四国連絡橋は、事業者から自然公園法の工作物の新築協議書が提出される。本四架橋は3ルートあり、備讃瀬戸などの島々を通過する児島・坂出ルートが本線として最初に開通した。

本州四国連絡橋公団は昭和52年11月19日に環境影響評価書（案）を公表した。公団からの建設協議を受けて、環境庁長官は自然環境保全審議会に意見を求めた。景観との調和ということから橋梁の色彩も検討された。

検討手法として2台のスライドプロジェクターを用い、背景となる風景は固定し、対象となる橋梁の色彩を連続的に変化させるカラーシュミレーション法が採用され、これによって多数の候補色を比較検討して少数の適色を選び出した。つぎに色彩の再現性の高いカラーフォトモンタージュを作成し、審議会委員をはじめ各方面で幅広い意見を聴取し、靄でかすみがちな瀬戸内海の風景になじむライトグレー（明るい灰色）が採用された。この色彩の決定には、52年に審議会委員を辞していた東山氏にも非公式に意見を伺ったが、氏は「私が決めたとは言わないでください」とその後も言い続けておられた。

51歳のときに発表した『暮潮』は、岡山県側の鷲羽山から見た香川県櫃石島であり、この島は東山氏の祖父新吉の出身地だった。瀬戸大橋架橋は鷲羽山トンネルから櫃石島を経て坂出に至るルートだった。

第3章　国立公園誕生と厚生省

国立公園一覧と分布図

番号	公園名	指定年月日	面積(ha)
1	利尻礼文サロベツ	昭和49年 9月20日	24,166
2	知床	昭和39年 6月 1日	38,633
3	阿寒	昭和 9年12月 4日	90,481
4	釧路湿原	昭和62年 7月31日	26,861
5	大雪山	昭和 9年12月 4日	226,764
6	支笏洞爺	昭和24年 5月16日	99,473
7	十和田八幡平	昭和11年 2月 1日	85,551
8	陸中海岸	昭和30年 5月 2日	12,212
9	磐梯朝日	昭和25年 9月 5日	186,404
10	日光	昭和 9年12月 4日	114,908
11	尾瀬	平成19年 8月30日	37,200
12	上信越高原	昭和24年 9月 7日	188,046
13	秩父多摩甲斐	昭和25年 7月10日	126,259
14	小笠原	昭和47年10月16日	6,099
15	富士箱根伊豆	昭和11年 2月 1日	121,695
16	中部山岳	昭和 9年12月 4日	174,323
17	白山	昭和37年11月12日	47,700
18	南アルプス	昭和39年 6月 1日	35,752
19	伊勢志摩	昭和21年11月20日	55,544
20	吉野熊野	昭和11年 2月 1日	59,793
21	山陰海岸	昭和38年 7月15日	8,783
22	瀬戸内海	昭和 9年 3月16日	66,934
23	大山隠岐	昭和11年 2月 1日	35,053
24	足摺宇和海	昭和47年11月10日	11,345
25	西海	昭和30年 3月16日	24,646
26	雲仙天草	昭和 9年 3月16日	28,279
27	阿蘇くじゅう	昭和 9年12月 4日	72,678
28	霧島屋久	昭和 9年 3月16日	60,794
29	西表石垣	昭和47年 5月15日	20,569

出典：(財) 国立公園協会ホームページ　http://www.npaj.or.jp/parks/list_np.html

1
2
3
4
5
6
7
8
9
10
11
12
13
14
15
16
17
18
19
20
21
22
23
24
25
26
27
28
29

前章で環境庁設立直前の厚生事務次官である梅本純正は「国立公園や食品、薬品行政は厚生省が明治以来やってきた行政だ」と昭和45（1970）年1月21日の産経新聞朝刊インタビューに答えていることに触れた。本章では、国立公園行政の歴史を辿ろう。

公園という考えは明治になって登場する。江戸時代の庶民は社会的な制約のもとで、経済的にも時間的にも自然風景を愛でる余裕に乏しく、社寺参詣や、花見、紅葉狩りなどの季節的な物見遊山がささやかな享楽であり、湯治は農作業などの肉体労働からの身体的癒しと解放であった。

「名所」というは「ナドコロ、景色ナドニ格段ニ名立タル地、多クハ古人ノ歌ニヨメル地ヲ云フガ如シ、歌ナキハ旧蹟ナリ、名勝、名跡、名区、勝地、勝区」と大槻文彦編集による『新編　大言海』にある。その定義に従えば、近江八景も日本三景も古くから名所の最たるところであった。しかし近江八景の選択は室町時代の公卿の見立てであるし、松島、天橋立、宮島の日本三景は、林春斎の『大日本事跡考』のなかで「三処奇観」としてとり挙げられたのは元禄年間である。その後も俳人や旅人の日本行脚によって日本の美しき風景が紹介され、いわば名勝は世に広まってはきていたが、いずれも幕藩という公権力が決めたものではなく、まして日常的な慰安の場所でもなかった。

1　太政官布告の公園

わが国は、明治6（1873）年の「社寺其ノ他ノ名区勝跡ヲ公園ト定ムル件」という太政官布告第16号によって「公園」の名称が用いられて、公園制度が確立した。布告文は「三府ヲ始人民輻輳ノ地ニシテ古来ノ勝区名人ノ旧跡等是迄群集遊観ノ場所（東京の浅草寺・上野寛永寺境内、京都の八坂社清水の境内・嵐山などの社寺境内除地や公有地など）、従前高外除地ニ属セル分ハ永ク万人偕楽ノ地トシ公園ト可被相定ニ付府県ニ於テ右地所ヲ択ヒ其景況巨細取調図相添大蔵省へ可伺出事」というものである。明治新政府の神仏分離政策（明治2年）、それに続く社寺上地令（明治4年太政官布告4号）で、社寺も除地や高外地とされて年貢諸役を免除されていた社寺領の境内地を除く林地などは召し上げられて国有地化された。また、厳密な社寺境内地との境界領域では5年に地券が発行され、翌年の地租改正条例の公布に伴い租税対象となるのを考慮して、上記のような人の集まるところは公園（公有地）にしたほうがいいとの判断が働いたと思われる。

日本政府の公文書に「公園」が初めて登場したのは「横浜山手公園ノ地券」（明治4年5月4日）（明治4年付録（外務省第12））で、これが法令全書に記載されている最初の文言だとされる。（小林正・国立国会図書館調査及び立法考査局　レファレンス2007．1）

この協定書の内容は、山手妙香寺付近の地一区都合6781坪並びに其の地に付属の樹木共、日本国と条約済の各国コンシェル等へ貸渡し、外国の居留人民の用に供す、というものだった。協定の本

文中にも「公の遊園」「公園」の文言が見られる。（小林・前掲）

妙香寺が社寺上地令によって上地した一帯だと考えられる。俵浩三『緑の文化史』（平成3年　北海道大学出版会）には、外国側の督促の結果、3年ないし4年に外国人専用の山手公園が、9年には外国人と日本人の双方が使える「彼我公園」としての横浜公園が実現した、とある。前者がこの公園を指すものだろう。

公園行政は、6年当初は大蔵省（主として租税寮地理課）の所管だったが、同年11月10日に内務省が設置され、地理寮（後に地理局）に移管される。

明治新政府の国土形成政策の基本は、土地は私有財産として地券所有者を納税者とし、一方で、水は公有財産にして公が水利権をもって土地利用をコントロールしたことにあるという。（下河辺淳『戦後国土計画の証言』平成6年　日本経済評論社）

この太政官布達により、上野・浅草・芝などの寺社境内のもの、水戸偕楽園、金沢兼六園、高松栗林公園のような大名庭園や京都丸山公園のほかにも、高知公園などの城址を選定した都市公園タイプ、自然景観を主とした松島、養老、嵐山、箕面、天橋立、吉野、舞子、鞆、厳島など自然公園タイプなどがあり、いずれも府県が管理することとなった。

この所掌は内務省地理局であったが、官有林は14年に内務省から創設の農商務省に移管され、30年の森林法制定によって社寺・名所・旧跡の風致を維持するための「風致林」や公衆衛生のための「衛生林」（現在の保健保安林）も水源涵養や土砂流出防備などの国土保全保安林とともに指定できることとなった。

2　国立公園への道

明治44（1911）年から45年にかけて国立公園という名称ではないものの、それ以前にある都市公園的な意味合いとは異なる公園の請願や建議が帝国議会に提出された。44年2月の第27帝国議会の衆議院に「国設大公園設置ニ関スル建議案」が提出されたが、富士山を中心として国設の大公園を設置するという建議案は、富士山だけを特別扱いすることには国民的合意が得られないとして、地名削除のうえ可決された。

45年の第28回帝国議会には、日光町長からの「日光ヲ帝国公園トナスノ請願」が採択された。請願書自体は国の文書には残っていないようだが、日光町役場行政文書には「明治45年大博覧会盛挙ノ時期漸ク切迫シ来レルノ時ニ当リ国家的施設ヲ要スヘキ諸般の事情多々アルヘシト雖モ就中日光山ヲ大日本帝国公園ト為シ欧米ニ於ケル国ノ公園ニ遜色ナカラシムルハ最モ時宜ニ適シタル有カナル事業タル信ス仰キ願クハ政府ニ於テ今ヨリ之を経営セラレ……」との文書などがあり、万国博覧会でもある日本大博覧会（明治45年開催予定、後に50年開催予定に変更）に海外からの観光客を招来できることを目論んでいた。また、日光山という徳川時代の聖地（史蹟・名勝・天然記念物）を地元（保晃会）において保護し維持管理してきたが、これからは帝国公園として国家で経営してほしいとの請願であった。（永嶋正信「国庫ノ補助ヲ仰ギ日光山ヲ公園ト為スノ請願」（『国立公園』344号　昭和53年7月）、田中正大「政府を動かした請願と建議」（『国立公園』345・346号　昭和53年8・9月））

政府の態度は小橋一太内務省衛生局長が請願委員会で「昨年富士大公園設置ノ建議ノ際ニ当ッテ、政府ニ於テハ此名勝地及天然記念物ヲ保護シテ、之ヲ消失セシメナイト云ウコトノ御趣旨ハ非常に賛成」できるが、国設公園として積極的に経営することについては、「地方財政ノ関係、国ノ経費ノ関係、又ハ其経営ヲ国若クハ県或ハ其他ノ地方団体ニ任ズベキヤ否ヤト云フヤウナ問題」もあり、賛成しかねると発言した。（丸山宏『近代日本公園史の研究』平成６年　思文閣出版）

50年の大博覧会は44年に中止と決まった。これらの建議や請願は可決されたとはいえ、実現は大正期を経て昭和６（１９３１）年の国立公園法制定と、その後の指定まで待たなければならなかった。一方大面積を擁せず、消極的保護でもって足りるとされた史跡名勝天然記念物保存法は大正８（１９１９）年４月10日に制定された（明治30年制定の古社寺保存法、昭和４年制定の国宝保存法と合体して昭和25年に文化財保護法となる）。

制定当時は内務省の地理課の所掌であり、その５日前には、やはり内務省所管の都市計画法が公布された。これを契機に内務省衛生局は各府県の裁量に任せていた公園の実態を、全国的に調査することになった。

10年には再度内務大臣官房地理課長、同都市計画課長、衛生局長の３者で「公園私園ニ関スル件」を府県に照会する。この前の９年８月に田村剛が内務省衛生局嘱託になる。日本の国立公園の父とされる田村は、国立公園の本質として自然の大風景地を挙げているが、公園であるためにはすべての人に利用される必要もあり、そのための利用施設を準備する必要があること、風景を資本としての利用および文明的解放を必要とする、などの論を展開した。これに対し同じ造園家の上原敬二は、国立公

帝国議会における国立公園建議請願

帝国議会	設置	設定	指定	その他	地名なし	計	計（地名なし除く）
44（大正 9年12月－10年 3月）				1		1	1
45（大正10年12月－11年 3月）	4	1		2（為ス）		7	7
46（大正11年12月－12年 3月）	12	8	1	2（為ス）	3	26	23
49（大正13年 6月－13年 7月）				1（選定）		1	1
50（大正13年12月－14年 3月）	6	3		1（設立）	4	14	10
51（大正14年12月－15年 3月）	2	9		1（編入）	1	13	12
52（昭和 1年12月－ 2年 3月）		21			2	23	21
55（昭和 3年 4月－ 3年 5月）		12				12	12
56（昭和 3年12月－ 4年 3月）	2	25	4		4	35	31
58（昭和 5年 4月－ 5年 5月）		13	2	2（編入）		17	17
59（昭和 5年12月－ 6年 3月）		26	7		1	34	33
計	26	118	14	10	15	183	168

丸山宏『近代日本公園史の研究』（平成6年　思文閣出版）を基に作成

園は一つの天然記念物保護区域であって、国民の遊覧、来遊などを目的にしないと論駁した。

国立公園指定の調査

大正２年に宗教局が内務省から文部省に移され、古社寺保存法に基づく保存行政が文部省の所管となっていたが、記念物行政も８年の法律施行時には内務省所管であったものが、昭和３年12月に文部省に移管されて宗教局保存課が所掌することとなった。

大正９年からは内務省衛生局において国立公園候補地の現地調査を行うこととなった。16か所の候補地を予定し、10年に嘱託の田村剛と、明治神宮造営局を経て内務省に移った中越延豊技手が、上高地、白馬岳、日光、雲仙、阿蘇の地域の現地調査を行い、そのことは新聞などでも大きく取り扱われた。この調査は第１次世界大戦後の世界的な不況でわが国の経済界も深刻な打撃を受け、さらに12年の関東大震災により政府の国立公園への関心も下火となって、候補地調査も14年でもって一時打ち切られた。

この間議会には国立公園制定の促進、候補地の選定についての多数の陳情・建議が提出され、11年第45回帝国議会には富士山を初め5か所、翌年には霧島他20か所に関する建議その他の請願が相次ぎ、第28議会以来国立公園法案が上程される昭和6年までに150数件に及んだ。(昭和6年2月25日　国立公園法案第1読会記録：前掲丸山宏作表)

この請願・建議の内容では、初期には国立公園の「設置」が多く、中期から終期には国立公園の「設置」は消えて「設定」へと変わる。また、最終期には「指定」という要望も増えている。どうやら国立公園を設置して国が経営するという当初の期待感が、設定、指定という現実論にとって変わり、営造物的公園の設置についての意識は遠のいてしまったと思える。

宮沢賢治が地元岩手山の国立公園編入に向けた「国立公園候補地に関する意見」という詩を書いたのは大正14年5月のことだった。

(前略)
いったいこゝをどういふわけで、/国立公園候補地にみんなが運動せんですか/
いや可能性/それは充分ありますよ/もちろん山をぜんたいです/
うしろの方の火口湖　温泉　もちろんですな/鞍掛山もむろんです/ぜんたい鞍掛山はです
(後略)

宮沢賢治『新編　宮沢賢治詩集』：「春と修羅　第二集」（平成3年　新潮社）より

昭和になって田中内閣は不況打開のための積極政策の一つとして、経済審議会を設置し、改善策を諮問し「外人ノ渡来ヲ多カラシメルタメ名勝ノ保存、ホテルノ増設、ソノ他観光視察ニ便宜トナルベキ諸般ノ施策ヲ完備スルコト」という答申を得た。

時を同じくして大阪毎日新聞と東京日日新聞の共催で、日本八景選定に関して一般国民による投票を、昭和2年4月9日の紙面で呼びかけた。これは山岳、渓谷、河川、温泉、瀑布、平原、湖沼、海岸の8カテゴリーで、選ぶべき観光地をはがき1枚に1か所を4月10日から5月20日までの間に投票するというものであった。投票総数は当時の日本国人口の1・5倍にも相当する9342万票と、この予想を超える過熱現象が国立公園運動に拍車をかけた。

湖沼で5月12日に富士五湖にトップの座を奪われるまで、1位を続けたのが群馬県の菅沼だった。4月30日付けの東京日日新聞は、群馬県では1万票を突破して一躍全国的に名声をあげた菅沼は群馬県民が結束して最高位を持続することと、これを機会に丸沼、尾瀬沼を合した尾瀬ヶ原一帯を国立公園とすべく期成同盟会を組織し大々的運動を試みるようだと、関係県の報告記事のなかで紹介している。まさに国立公園化に撒き餌したような企画となった。

民間においても国立公園思想の普及のために、内務省の肝入りで国立公園協会が2年に創設された。会報誌「国立公園」の創刊は4年だった。各地でも多数の国立公園協会が国立公園設立運動の要となるために設立され、民間の運動も広がりを持って現実味を帯びてきた。これはお国自慢と、他所に乗り遅れるなという、双方の牽引力がそうさせた。したがって「国立公園とは何か」という概念の共通認識は置き去りにされていた。

政府は、国立公園制度を設ける方針を固め、5年1月閣議決定によって、内務省に40人の委員からなる国立公園調査会を設置した。同調査会には「制度」と「箇所の選定」に関する2つの諮問が出され、それぞれに特別委員会が設けられた(特別委員は制度9名、選定11名からなる)。

制度に関する特別委員会は内務省衛生局保健課が立案した原案を10回の討議で検討し、同年10月31日の総会に報告され決定を見た。その際には国有地として国立公園を運営しているいわゆる営造物的管理のアメリカやカナダ、私有地を指定しているイタリアなどの制度も参考とした。また、国内的には明治30年の森林法や大正8年の史跡名勝天然記念物保存法及び都市計画法を参酌して、それらの制度を基本的に支えている「公用制限」の考え方を自然風景の保全を図るために適用することとした。いわゆる「地域制」の公園という、それまで世界的にも例を見ない整然たる体系を備えたわが国独自の公園制度だとの自負を『国立公園法解説』を執筆した伊藤武彦衛生局保健課長は記述している。この制度は明治憲法を背景に、ドイツ法的な公用制限の理念に支えられて成り立ったのだった。

法案の実務作成者は、昭和4年に大学卒業後内務省採用となり、4か月の愛知県庁の見習いから呼び戻された、まさに新卒(当時は「見習い」と呼ばれていた)の三浦義男だった(後に衆議院法制局長)。

当時にあっては、公園というものは世界的にも国または公共団体によって設置される営造物であって、わが国でも明治6年の「公園設置ニ関スル太政官布告」も道府県が設置する営造物公園のことだった。「地域制」という新たな公園概念は、わが国のように、狭い国土に稠密な人口を擁し、土地利用の進んだ国では、広大な自然地域を国立公園のために専用化することはきわめて難しい。したがって、すぐれた自然風景地について、土地所有に関係なく公園区域を指定し、公用制限を課すことによって風景の保護を図るという特異な制度を採用せざるを得なかったというのが実情だった。

制度というものには国民の関心は薄いのか、国会審議や法律制定の記事扱いは小さいが、どこを国立公園にするかということに関しては、関心が高まっていた。

「箇所の選定」特別委員会は、大正10年来に実施してきた調査から阿寒湖、登別温泉、大沼公園、十和田湖、磐梯山、日光、富士山、立山、白馬岳、上高地、大台ケ原、伯耆大山、小豆島及屋島、阿蘇山、雲仙岳、霧島山の16地域の候補地を前提に「選定標準」をまとめて、それを答申して任務を終えた。

地域制公園制度は、基本的には多目的な土地利用を肯定した立場をとりつつ、国土全体の諸々の土地利用計画とは計画上無関係であるという独自に考えられた制度であって、当時はまだ指定されていなかったものの、後に同じ地域制公園を選択するイギリスのように「都市及び地方計画法」の延長上に計画を調整できるシステムとは異なっていた。その意味で日本の地域制公園は地域性とは結びつかない、孤高というか孤独のシステムであったともいえるものだった。

国立公園法の審議

昭和4年7月立憲政友会の田中義一内閣が総辞職し、立憲民政党の浜口雄幸内閣が誕生したが、5年11月14日朝、浜口首相は東京駅で狙撃され下腹部に銃弾を受け重傷を負い、国立公園法案の閣議決定当時は、党員ではない外相幣原喜重郎が首相代行を務めていた。

国立公園法は第59回帝国議会で提案され、6年2月24日衆議院本会議に上程された。立憲民政党の重鎮である安達謙蔵内務大臣が提案理由を述べ、これに野党の立憲政友会側の三氏の代表質問・答弁の後、国立公園法委員会に付託された。委員会構成は通常の9人体制から倍の18人が委員に選ばれた。2月28日から3月9日まで5回の委員会審議を経て、満場一致で可決され、3月10日の本会議でも満場一致で委員長報告どおり可決されて貴族院に送られた。

貴族院審議は3月23日の最終委員会で原案通り可決、翌24日の貴族院本会議でも満場一致で、関連する土地収用法改正とともに可決成立した。

この衆議院委員会の構成は、前年12月24日の選挙で立憲民政党は２６７人、立憲政友会は１７１人と、前回選挙とは逆に立憲民政党は大勝していたので、委員長を含む与党委員数は10名、野党になった立憲政友会は7人、国民同友会から1名が委員となっていた。委員の選出道県は、奈良、秋田、長野、静岡、北海道から与野党双方が、そのほかには与党側は栃木、熊本、香川、青森、愛知、野党側は群馬、鹿児島、長崎選出に委員交代で香川、富山、宮崎選出議員が質問に立った。愛知選出議員を除けば、いずれも16候補地に関係する道県選出議員であり、その面では地域性が色濃く出ていた。

質疑は、16候補地の内、さしあたり何か所くらいを設定するのか、厳選主義なのか地方配分に配慮したものなのか、財源は確保できるのか、などが一般的な質問であった。

法案の第1条は「国立公園ハ国立公園委員会ノ意見ヲ聴キ区域ヲ定メ主務大臣之ヲ指定ス」というもので、通常の法律に見られる立法の目的や定義がされていない。国立公園委員会制度が法律の冒頭に置かれたのは、国立公園の指定、国立公園計画及び国立公園事業の決定のような国立公園に関する重要な事項については、その関係するところが広範であり、利害の影響するところ重大であることに考慮して、広くその関係官庁の官吏及び学識経験者を網羅する権威ある委員会の意見を聞いて慎重に決定することが適当としたからであった。

目的を明らかにしない国立公園法ではあったが、議会での法案提出理由は「わが国自然の大風景地を保護開発して一般世人をして容易に之を親しましむるの方途を講じ、国民の保健休養及至教化に資せしめんとする文化的使命と、延いては外客誘致に資し国際貸借改善上寄与せしめんとする経済的使命とを遂行せんが為である」としていた。

自然の大風景地は経済上意味を持たなかったが、不況のどん底にある時代では産業資源として開拓することで外貨獲得の一方策になると意図したのである。32年に新しい自然公園法が制定されるが、その第１条に「この法律は、すぐれた自然の風景地を保護するとともに、その利用の増進を図り、もって国民の保健、休養及び教化に資することを目的とする。」とあり、風景地開発をして「外貨を獲得して経済的使命を果たす」というような狙い以外は大差ない。

委員会は諮問機関であって決定機関ではない。したがって野党委員は「内務省ノ中ニ国立公園ニ関連スル機関ヲ御設ケニナリ、即チ国立公園局ト申シマスカ、或ハ国立公園課ト申シマスカ、斯様ナモノヲ設置致シテ、其下ニ実施ニ関スル計画ナリ、方針ナリヲ御決メニナッテ御進ミニナルコトガ当然デハナイカ」と内務大臣の見解を問うている。

これに対し安達大臣は、その道の造詣深き人などを網羅して委員会をつくって、指定のみならず計画や事業の決定、特別地域の指定などもこの委員会に委ねるのであるから、委員なるものは責任があり、そういうことの諮問に応ぜねばならないのだから「ソレデ別ニ局トカ課トカイフモノヲ設クル必要ハナイト考ヘテオリマス。ヤハリ衛生局ニ於テ此ノ委員会ガ出来マシテ進ンデモ、何等事務ノ進捗ニハ差支ガナイト考ヘテ居リマス」と答弁している。

重ねて「サウ云ウコトデアリマスナラバ将来トモ政府ハ国立公園ノ施設経営ニ対シテハ、特別ニ此国立公園ニ関スル機関ハ御設ケニハナラナイ御方針ト承知シテ宜シイノカ」との質問には「機関ト云フノハ、委員ガ国立公園ノ問題ヲ解決スル機関デアリマス、サウシテ事務ハ衛生局ニ於テ執ッテ居リマスカラ、何等其処ニ不都合ハナイト考ヘマス」と答弁した（3月6日）。どうやら安直な国立公園体制を意図していたものと考えられる。

それは一つの国立公園設置にどれだけの費用を見込むのかという質問、すなわち財政事情が許さないのなら16候補地も当面は数か所の設定となるや否や、との質問に対しても、政府委員赤木衛生局長は「差当タリ国立公園ヲ設置致シマシテモ、是ガ為ニ多額ノ費用ヲ要シナイノデアリマシテ、国立公園ノ管理及ビ制限、禁止等ヲイタシマシタ際ニ、之ニ対スル補償等ノ小額ノ金ガアレバ差当タリ出来ルノデアリマス……」と答弁したように安上がりの公園創設の態度が貫かれた（3月9日）。

国立公園法の成立を機として開催された祝賀の席上、安達内務大臣は「国立公園の整備のため必要なる経費を支出することは財政不如意の折柄しかく容易にあらざるべきも現職に在る間自分は及ぶ限り之に力を竭すべし」と述べた。本多静六国立公園協会副会長は「国立公園設置のための経費は時局当面の案件たる国際貸借改善上、失業救済事業上にも密接なる関係あれば之が支出は国立公園法の制定に当り示されたると同様に貴衆両院をはじめ各方面の尽力を以てせば財政難の時に処しても必ずや成就すべし」と説いた。また、それに続けて「公用制限規定の運用により国立公園の風致維持を行う程度にとどまるべく以上に要する費用は昭和6年度予算に……昭和7年度予算では国立公園管理機関に要する経費、国立公園事業執行に要する経費、補助費、補償費等に充当し、国立公園内の内容充実を力め1日も速やかに国立公園の盛観を皇土に実現し得るやう朝野大方の賛助を希ふこと切なり。」で結んでいる（「国立公園」第3巻第5号　昭和6年5月）

野党の国立公園設定の質問には、選挙の神様といわれた安達内務大臣が、半年後に行われる府県議会議員選挙を党利党略の具に用いるつもりではないのか、という懸念の発言が頻繁にみられる。他産業との調整では後に述べる林業・国有林経営には町田農林大臣が、水力発電などでは小泉商工大臣が答弁しているが、電力開発と鉱山という自然風景と相容れないものの調整は、当初から困難を想定されたものであるが厳しい事情を物語るものであった。国有林との調整に関しては本章の最後にまとめて記述する。

衆議院通過の新聞記事は「全会一致可決　国立公園法案衆議院委員会は9日午後開き採決の結果民政・政友会呉越同舟で全会一致可決した」（東京日日新聞　3月10日）という程度のものであった。

この59回帝国議会では内務省社会局が抱える労働組合法案のほかに小作法案、婦人公民権法案などの重要法案が不成立となり、政権党が圧倒的多数であったにもかかわらず提出75法案に対し成立したのは64件であった。

国立公園法制定後の9月18日に国立公園法施行令（勅令第242号）が、翌日の19日には国立公園法施行規則（内務省令第25号）が施行されたが、この多くは法案（大綱）作成時に各省と国立公園法をつくる前にお互いに誓約を取り交わして協定にした、いわゆる覚書であるが、「内々にやらないと、あとでよその制度をよそに指定するということになると、くずれてしまうから、そういうことをさせないという了解を取り付けた」（三浦義男「国立公園制度のうつり変わり」：復刻200号記念特集座談会「国立公園」200号 昭和41年7月）と話している。したがって衆議院委員会審議でも農林省、文部省、商工省と内務省の大臣も、政府委員の答弁にも双方の乱れがないし、覚書は委員要請によって委員会に提出された。国立公園調査会の席上で大蔵省財務局長が「制度には賛成するが、国費の予算は出さない」と言った（三浦談）が、法案審議での焦点の一つであった経費問題は内務大臣以下がうまく言い逃れた答弁に終始していた。

戦前の国立公園指定

国立公園委員会は40人以内のメンバーで、安達内務大臣を会長に、この年の11月24日に第1回国立公園委員会が開催され、国立公園の選定に関する方針については、先に調査会においてまとめたものをそのまま踏襲することが決定された。委員会では16の候補地のうち、上高地、白馬岳、立山の3か所を日本アルプスという名称で一括し、また小豆島および屋島はその区域を備讃瀬戸一円に広げて瀬戸内海と改めて14か所が提示された。さらに北海道の大雪山が今後調査すべき風景地として加えられた。

昭和7年夏ごろまで委員会は回を重ねて開かれ、意見も煮詰まって、阿寒、大雪山、十和田、日光、富士、日本アルプス、瀬戸内海、阿蘇、霧島の9か所については、全委員の意見の一致を見た。さらに検討が続けられ、政治的な配慮も加えられて吉野熊野、雲仙、大山の3か所が追加されて最終的には9月24日の選定小委員会において12か所が選ばれ、10月8日の委員会総会において可決したのである。

指定作業は比較的小面積で線引きがしやすかった瀬戸内海（屋島・小豆島・備讃瀬戸）、霧島、雲仙の3か所が9年3月9日に、阿寒、大雪山、日光、中部山岳（日本アルプスが名称募集の結果で変更）、阿蘇の5か所が同年12月4日に指定を終えている。中部山岳ではこの区域線確定のために3か月間山中にあったと、入省後間もなく現地調査にかかわった池ノ上容国立公園協会副会長は語る。

（「国立公園」470号　昭和64年1月）

9年の8か所の指定を第1次とするなら、第2次指定は11年2月1日の十和田、富士箱根、吉野熊野、大山の4公園で、これで16候補地から始まった国立公園選定も一段落した。

戦後に発行された田村剛の『国立公園講話』（昭和23年　明治書院）に、「国立公園の制度は、国立公園をどう解釈するによって異なるであろうし又その国の一般制度、特に国立公園の沿革によっても左右せられるのである。今日妥当と考へえられる制度も、明日はこれを改革する必要に迫られることも、しばしば我々の経験するところである。」と書いている。そこには以下のような思いが綴られている。現在まで厚生省公衆保健局が主務官庁であったから、公園は主として保健の目的で設定され、管理された。したがって我が国立公園の性格については、積極的開発利用に関連する国民の休養や保健に重点が置かれ、自然保護の面が軽く取り扱われがちであるという政策上の特徴もあった。日本では、国立公園の土地に対して、ほかの法律も同時に適用される。公園内に史跡名勝天然記念物保存法の指定地もあれば、森林法、砂防法、狩猟法、河川法、道路法なども適用されるのだから、国立公園の保護と保存法の保護とは、自らの目的方法において異なったものがある、と解釈された。けれどもこの両者の保護保存にはさほど実質的な差異が認められないので、自ら国立公園の保護については、これを保存法に委ねて、一応安心しておれるといった事情もあって、国立公園の保護については身が入らないといった弊害が生じやすかった。森林法の保安林も、内務官僚や厚生官僚は建前上は異なるといえども、実態では同様なことが想定できたであろう。国立公園の開発については道路が根幹を成すので、公園事業としての実施が可能ではあるが、これも建設院（内務省では土木局）の道路行政の範囲内の事務であるから、そちらに任せるというのが常態であろう。鉄道・船舶の経営もしかりで、勢い厚生省では、これまで国立公園事業でも、それほど活発な仕事をしてこなかった。そして事実上は国立公園の取り締まりに関する法規上の事務だけに終始していたという非難も蒙ってきたのだと述懐している。

前述の三浦は「国立公園の制定せられるに至る約3年間、私は田村林学博士の御教授や時々頭を叩いては名文をひねり出す久住謹輔老人等と一緒に伊藤保健課長のご指導の下にずいぶん勉強せられたのでありました。」（「故伊藤武彦氏と国立公園法誕生時代」：「国立公園」第12巻第1号　昭和15年）と追悼するように、国立公園法案作成に田村がまったく関与しなかったわけではないが、「いまの施行規則とか細かいこと、あれを拾い上げるには我々も技術関係で相談にのったけれども、あれを網羅して。」（前掲座談会）と述べるように、骨格には関与していなかったふしがある。

3　厚生省の誕生

国立公園法制定時の世相は昭和2（1927）年の金融恐慌が引き金となって5年には世界恐慌が波及、物価の下落、輸出減退、農業恐慌等が深刻化した。産業合理化政策で人員整理が行われ失業者が増加する一方で6年と9年の東北・北海道の「凶作飢饉」によって、社会問題は農村部にまで及んだ。6年の満州事変勃発、7年の5・15事件、11年の2・26事件と軍部の勢力が増大した。

12の国立公園指定を終えた11年当時の内務省は、大臣官房に都市計画課を加えた4課、神社局、地方局、警保局、土木局、衛生局と、外局として3部からなる社会局があった。国立公園は衛生局保健課内の分室が担当していた。

厚生省は13年1月に衛生局と社会局を母体に誕生する。直接のきっかけは、精鋭の軍隊をつくるためにも国民の体力、健康の向上が緊急の課題だとした陸軍の衛生省設置要請だった。陸軍は国民の保健衛生の向上確保に関してかねてから調査研究を重ねてきたが、政府に衛生省設置を提唱して労働、保健、防疫、医療、体育等の衛生行政を統一強化して、衛生国策を遂行することの成案を得て閣議に提出する旨を発表した。（東京朝日新聞　昭和11年6月26日）

提唱の理由は①壮丁体質の驚くべき悪化　②ドイツ、イギリスでは衛生省を設置し国民保健に成功した　③壮丁体質の低下根源は出生前の母胎内に胚胎するとして、国民の保健は一局課に関する問題でない、④衛生行政の不統一　⑤各省の縦割り打破を提唱したが、政府は消極的との見解も同紙は報じていた。
12年5月14日、陸軍省が衛生省案要綱を提案した。そのなかには体力局も含まれていた。『厚生省50年史』によれば、こうした軍部の動きとは別に、12年6月に首相に就任した近衛文麿首相は独自に福祉国家建設の構想を有しており、陸軍の主張する衛生行政に限らず、当時内務省社会局や逓信省簡易保険局等が所管していた行政分野を含めて大きな社会政策的組織（近衛腹案では「社会保健省」）をつくろうと考えていた。厚生省創設にはこうした2つの潮流があり、この両者の構想を統合した形で12年7月9日閣議で「保健社会省（仮称）設置要綱」が決定され、厚生省が誕生への道を歩むことになる。

要綱では「国民福祉ノ増進及国民体位ノ向上ニ関スル事項ヲ司掌セシムル為保健社会省ヲ設置スルコト」として労働局、社会局、体力局、衛生局、医務局および外局としての保険院を設置することなどであった。

この設置要綱に基づき、内閣書記官長は法制局長官に宛て関係勅令案起案方を依頼し、10月1日をもって創設する旨を発表した。

政府は7月9日の閣議諒解事項に基づき、7月14日に法制局長官を会長とし、関係各省の次官および局長等をもって構成する保健社会省設置準備委員会を発足させ、新省設置の具体的準備を急いだ。しかし7月7日に勃発した盧溝橋事件の拡大から日中間の全面戦争へと発展したことで、時局の前途は容易ならざるものとなり、厚生省の創設は延期されることとなった。厚生省の創設延期理由のもう一つの理由には生命保険行政の移管問題があった。

日華事変が長期戦の様相を濃くしていくにつれて、国民の体位向上を目的とする保健社会省創設の必要性はいっそう高まった。政府は、あらためて保健社会省の設立を図るべく、12年12月3日の閣議で「各省官制通則中改正ノ件外12件」を決定し、直ちに枢密院に対し関係官制等の諮詢奏請の手続きをとった。

枢密院では新省の名称と生命保険行政の所管が問題となった。当時の国内事情から「社会」という文字を不適当とする委員、他省並みに2字にまとめたほうがよいとする委員、「保健」の語句が「保険」と混同されやすいという委員等異論が続出し、協議の結果「厚生」を適当と認め、これを政府に勧告するに至った。

この語源は、「正徳利用厚生」（書経、左伝）であり、「厚生」とは「衣食を十分にして、空腹や寒さに困らないようにし、民の生活を豊かにする」ということである。この名称は、内閣書記官長や逓信大臣を歴任し、国語審議会会長を経て枢密顧問官に任じていた南弘の提唱によるものとされている。

当時のいきさつを内務省衛生局長であった狭間茂は『保健所30年史』に「南弘という顧問官が、（社会問題を重視する近衛）総理は社会保健省というし、局長は保健社会省という、一体どっちがほんとうなんだと反問されたので……。各省官制通則以来、長い名称なのは農商務省だけだ。これも3文字だ（農商務省は大正14年農林省、商工省に分離＝著者注）。4文字という省は初めてで長すぎるから、おれがいい名称を考えてくるから、それまでまってくれ、というお話でした。……」と記したことが紹介されている。（『厚生省50年史』）

この話の前段に「保健衛生の問題を主管する国務大臣ができて閣議で堂々と主張しなければならん

というのが、我々の考えだったのです。１省をつくらなければ内務省の一部局としての存在とか土木行政とか、地方行政と警察行政というものにウエイトがおかれるので、保健衛生の問題は、その陰にかくれてしまう。大蔵省との予算折衝でも同じことで二の次になりやすい。」と記しているが、まさに厚生省国立公園部の状況を彷彿させるコメントだった。

厚生省創設時の機構と役割

厚生省官制では要綱時点とは異なり、体力局、衛生局、予防局、社会局、労働局の５局と別に保険院官制が勅令で定められ、昭和13年１月11日付で官報に公示され即日施行された。内務省時代は衛生局１局であったものが、厚生省では三局が設置され、さらに体力局が筆頭局となった。この体力局は内務省衛生局保健課の所掌事務の一部と、文部省大臣官房が所掌していた体育運動のうち学校に関係するもの以外の事務を移管して設けられた。創設時の体力局の機構は企画課、体育課、施設課の３課で、国立公園行政は体力局の「体力向上ノ施設ニ関スル事項」に該当し、施設課に「国立公園その他公園に関する事項」を担当する国立公園係と体力向上施設係の２係が置かれることになり、技師の定員も３名増員された。５年２月に内務省衛生局保健課に嘱託として奉職した小坂立夫は『国立公園昔話』のなかで「13年２月現在の厚生省職員録に見られる技術陣は田村剛技師以下17名の氏名が連ねられていた。」と書いている。（「国立公園」３５５号　昭和54年６月）

東京日日新聞は１月12日付で店開きした厚生省の腕試しの初仕事は『銃後強化と復員対策』との見

出しで、時代色を盛るその陣容として各局の仕事内容を解説した。スポーツ欄では、『けふ開設される厚生省〝体力局〟表看板は保健衛生増強案』との見出しで体力局３課の解説をし、その３の「奨健施設の整備充実」では、国民に適当な休養および運動の機会、便宜を与へこれを推奨すること。これ等の対策としては公園、緑地、運動場、海水浴場、キャムプ場その他都市農村に適応する奨健施設の整備充実を図るとともに、温泉の保護およびその保健的利用に関する方策を樹立し、特に国立公園内外の交通施設、簡易宿泊施設そのたの利用施設の充実を図ること、と紹介した。

内務省当時、国立公園の指定に伴い国立公園の保護利用上必要な道県に大学や専門学校卒の公園管理職員12名が嘱託という身分で配置された。配置箇所はその道県の分課規定による主管課であったが、道県の事情により林政課、土木課、計画課、観光課、林務課、学務課等多岐にわたっていた。これらの管理職員は全額国費支弁職員であって、国費は配置道県を通して支出されていた。

厚生省への移管後は、国立公園管理員制度の確立を要望する地方の声が強く、厚生省としても14年3月には道県に国費補助による地方職員（国立公園管理事務専任職員）に切り替える決定をし、事務次官名で地方長官宛の通牒が出された。この方式は21年に純県費職員となる。（田中敏治『国立公園管理員制度のあゆみ』：「レンジャーの先駆者たち」平成15年　（財）自然公園財団）

厚生省設立後「社会事業」という語に代えて「厚生事業」という語が多く現われる。従前の社会政策や社会事業が、自由主義かつ個人主義的なものと受け取られていた。それに対して厚生事業はわが国の国民全体主義の見地からしても意義深いとの意見が台頭してきた。単なる名称の変更ではなく、自由主義・個人主義から全体主義への理念の転換を意味した。この変質は、各社会事業団体の機関誌のさみだれ式改称となって現われる。15年には中央社会事業協会の「社会事業彙報」が「厚生の友」に、同じく「社会事業」は17年に「厚生問題」に改称され、各府県もそれに倣え、であった。（藤野豊『厚生省の誕生』平成15年　かもがわ出版）

体力局に属した国立公園行政は自然のなかで自己を解放するという理想を追求することができなかった。国立公園内に「徒歩旅行地」（ハイキングコース）を設定することを提起したのも、13年4月に設立された日本厚生協会が、余暇を利用した国民の心身鍛錬を目指す厚生運動の一端を担わされたからである（日本厚生協会は昭和15年の東京オリンピックと連動して開催される第4回世界厚生会議の誘致目的で設立された。第3回開催地であるローマ会議で誘致決定を得るために、急遽厚生省体力局体育課に事務局を置いて設立され、国立公園協会もその構成団体の一員となった）。

6月には「歩け健康」をスローガンに、厚生省・陸軍省の支援のもとに日本徒歩旅行連盟が設立される。「徒歩旅行と云へば、単なるハイキングと思ふ者なきにしもあらずであるが、我々の提唱して居る徒歩旅行は、そんな狭範囲なものではない。皇国精神を胸に、偉大なる祖国の土を踏んで山野を跋渉するのが、我々の所謂徒歩旅行である。」（理事長で陸軍出身の坂部護郎「徒歩旅行雑感」：「山と渓谷」52号　昭和13年11月）（前掲、藤野豊『厚生省の誕生』）

なお、藤野は「国立公園」雑誌の各号を精読し、それに大阪朝日新聞富山版を併用しながら「健民地としての国立公園」を立山・黒部での事例をふまえて分析している。（『厚生省の誕生』および『強制された健康』平成12年　吉川弘文館）

千家哲麿は「国立公園に於ける徒行地の調査」と題して「時局対策として体力向上のための施策が

国の重要施策として進められ、特に勤労青少年の登山、ハイキング、スキー、水泳、乗馬等を推奨することが体力局の仕事とされた。国立公園内に於ける国民体力向上に関する各般の施設を整備するため聖蹟地、史蹟地、社寺、伝説地および優秀なる風景地を連絡する徒歩旅行地（ハイキング・コース）の設定を計画、関係道県に照合するとともに３月中旬から下旬にかけて、体力局より田村剛以下調査員をそれぞれ富士箱根（箱根円地）・瀬戸内海・阿蘇・雲仙・霧島に派遣して調査を実施した。いわゆる健民地としての国立公園の色合いが強くなってきたのであった。」と書いている。聖蹟地とは皇孫ゆかりの地ということで、天孫降臨の霧島や阿蘇、吉野などが挙げられる。（「国立公園」第10巻２号　昭和13年３月）

以上の動きは厚生省誕生の年のことであるが、厚生運動が健民運動化するなかで、国立公園協会は「国立公園を国民練成の一大道場たらしめよ」とか「国立公園は大自然の成せる公園であると同時に又我皇国の偉大なる国史の歴程を語るミユゼアムである」というような主張が掲載される。（冠松次郎「国立公園と国民道場」：「国立公園」第13巻１号　昭和16年１月）

16年３月５日には国立公園法の一部改正がなされ、国立公園委員会が廃止される。同年８月１日には国立公園行政は体力局施設課から人口局体錬課に、17年11月には人口局修練課に、さらに18年11月には健民局修練課と改変され、ついに19年７月17日には国立公園事務が停止する。

その間、16年に国立公園協会内に厚生省・文部省・農林省・陸軍省等から構成される「国土計画対策委員会」が設置された。そこでは国民精神の涵養、鍛錬、体力向上の観点から、国土計画的視点で自然風景地の適正な配置を検討することとし、国立公園は健民地と位置づけられた。日常味わえない大自然という当初の目的は後退し、都市勤労者の練成の場としての便利さを選定の基準にしたものだった。新規候補地には支笏・洞爺・定山渓・登別などの道南一帯、奥秩父、琵琶湖など9地域が、拡張候補地には志摩台地など4地域が国立公園候補地として厚生大臣に答申された。これらの指定は戦時中には実現しなかった。国立公園協会は、18年5月18日の第12回総会で「国民の健民政策に即応し、強兵健民の為に協力せん」ため「国土健民会」と改称したが、国立公園協会の会報誌「国立公園」は既に18年1月号より誌名を「国土と健民」に変更していた。

Recreation Movementと厚生運動

国際厚生会議は第1回が1932（昭和7）年ロサンゼルスで開催され、36年には第2回がベルリンオリンピックを前にしてハンブルグで、38年の第3回はローマで開催された。アメリカにおいて1906年設立の全米プレイグランド協会が26年にNational Recreation Associationと改称された。日本では「米国厚生協会」と翻訳されたこの協会が国際厚生会議を推進した。磯村英一著『厚生運動概説』（社会事業叢書第13巻：昭和14年　東京常盤書房）から当時の動きを追ってみる。

欧米における「厚生運動」で「リクリエーション（Recreation）」なる言葉は米国の観念で、米国では公園を利用する体位向上運動にその力点を置いている。しかるにそれが第2回のハンブルグ会議となると、ドイツは「ジョイ・アンド・ワーク（Joy and work）」と称し、余暇の利用による労働力の再生に力点を置いている。（中略）ドイツでは勤労階級の慰安がその中心となる。イタリアでは「ドポ・ラボロ（Dopo Laboro）＝労働の後」と称され、ドイツと同様に勤労の後における慰安娯楽に重点を見出している。厚生運動は国情によって異なる概念を有していた。アメリカを別にして、この国際厚生会議は独・伊・日と防共枢軸国を回り、日本も永遠の平和のため容共抗日政権の打倒を旗印にしたことに留意することも必要であろう。

磯村は、厚生なる用語を当てはめた際の厚生運動が、厚生省の運動と紛らわしいと批判もされたが、必ずしも厚生省の仕事と直接の関係を有するものでないとしても、生活刷新といい、体位向上といい、あるいは能率の増進といい、その主たる運動が厚生省の事務と軌を同じくするのはやむを得ない、とした。

昭和13年11月2日、3日に東京において開催された第1回日本厚生大会の第1分科会が特に「厚生運動の指導精神とその分野」なる課題を掲げた。そこでの有識者の意見から、厚生運動の要点を3点にまとめている。

第一は、厚生運動は「全体主義的」観念によって指導されるべきである。換言すれば独善の運動にあらずして協同の動作である。この意味においては同じ娯楽を観賞するに当たってもともに楽しみ、同じ運動をするに当ってもやはりともに加わるものでなければならない。

第二は、厚生運動は「組織主義」換言すれば計画主義であるべきで、特定社会におけるある特定の集団主義的行為である。そこに一定の規律が生じ、その規律に従って行動するべきである。

第三は、厚生運動は「目的主義」の運動である。単なる慰安、娯楽、競技と異なり、その目的とするところは勤労能力の再現にある。人的資質の向上、能率の合理的全能力発揮にある。したがってそこにその目的に合致する訓練、鍛練が生じる。

というもので、目的としては人的資源―精神的、肉体的―の総合的向上であり、利用方法としては知育―知識の向上、徳育―情操の陶冶、体育―体力の強化が求められ、利用の結果として、心身の復活と活動力の再創造がなければならない、と記述している。

厚生運動の特質は団体的集団的行動―簡単に言えば「倶に楽しむ」が基調にあって、必ず共同制約の下に実行されるべきものであった。

「独・伊・仏・英・米等各国厚生運動の沿革・現況・事蹟並に現地調査・研究」を『国民厚生運動』と題して著した保科胤は同大会で、「わが国に於ける厚生運動は、各自の職分を通じて奉公の誠を致さんが為に、国民生活の刷新を図り、特に時間の善用に意を注ぎ、体育運動を奨励し、心身を鍛錬し、不道徳・不経済・不衛生なる娯楽を排撃して健全なる慰楽を奨励し、教養を高め情操を陶冶し、明朗闊達なる気風を養ひ、以って日本国民たる活動力を培養強化せんとする運動たるべきもの」である、と規定されたと書いている。

（保科胤『国民厚生運動』昭和17年　東京栗田書店：『余暇・娯楽研究基礎文献集』第21巻　平成2年　大空社）

この大会で11月3日に「戦時体制下ニ於ケル国民厚生運動ニ就キ特ニ留意スベキ事項如何」という諮問がなされ、「戦時体制下における人的資源の拡充強化を図るため、国民厚生運動を進めるに当たり、指導精神の普及徹底、組織網の整備強化、厚生施設の改善拡充、政府の指導・助成などの留意点」

について答申した。

昭和14年にも「時局下に於て最も有効適切なる厚生運動の種目及其の実施方法如何」との諮問に対して「国民活用力の培養強化を図るため、産業従業員、中商工業、傷痍軍人、一般家庭人・児童、農村、青年などの対象ごとの対策及び日本厚生協会の組織網、指導者養成、厚生諸施設の事項などについて」答申した。（『厚生省50年史』資料編）

その時代の勤労者は、地域の職場の枠のなかで厚生運動漬けにされて、戦場に駆り出され死去した人も多くいただろうが、この緑の保養所ならぬ緑の鍛錬場精神の厚生運動で身についた習性は、戦後も拭い去ることができなかった。すなわち戦後の工業化社会での生産性を飛躍的に向上させ、高度経済成長社会の実現に寄与した一方で、レクリエーションも職場、居住地単位となり、厚生運動的な会社保養所や団体旅行が増大してきた。個性の形成を育む自然と人のかかわりを追求するには、もう一世代超えなければならなかった。

国民厚生運動の経緯

環境庁自然保護局が設置された際の環境庁設置法には、環境庁が所掌する事務に「自然に親しむ各種の運動の普及発達を図ること」（第4条第8項）が加わり、厚生省国立公園部当時の「国民厚生運動の普及発達に関すること」は厚生省設置法（第5条第6項）にそのまま存続して公衆衛生局が所掌することになった。

環境省設置法では「自然環境の健全な利用のための活動の増進に関すること」(第4条第18項)へと引き継がれる。これはそれ以前に制定されていた環境基本法での環境の保全に関する基本的な施策に「人と自然との豊かな触れ合いが保たれること」が指針となるべく記述されていることから「自然に親しむこと」をも包括したといえる。

一方、厚生労働省設置法でも国民厚生運動の文言は消えている。おそらく「国民の健康増進及び資質の増進の向上に関し、企画し、及び実施すること(厚生省設置法第5条第5項)」と合体して「国民の健康の増進及び栄養の改善並びに生活習慣病に関すること」(17項)に変身した。それは平成19年から提唱されている「健やかな生活習慣国民運動」に取って代わられたのだろうか。ついに厚生運動という概念は制度面から消え去る。

では、国民厚生運動とは何だったのか。厚生省設置法(昭和24年法律151号)には、第5条の厚生省の権限中の14~19号までは大臣官房国立公園部の権限である。大臣官房の事務(第8条)として国立公園の事務のほかに「景勝地及び休養地に関し国民厚生のために調査を行い、これらの普及発達及び利用の増進を図ること」(18項)、および「国民の厚生のため公園(都市計画上の公園を除く)に関し、調査を行い、その整備改善を行うこと」(19項)がある。ここに「国民厚生」という文言が見られる。そして公衆衛生局の事務に「国民厚生運動の普及発達を図ること」(第9条3項)があつた。

『自然保護行政のあゆみ』の年表には、昭和25年7月21日~8月20日「自然に親しむ運動」始まる、とあるが、国立公園協会60周年記念特集の年表では「自然に親しむ厚生運動」主唱始まる、とある。(「国立公園」481号:平成2年3月)以後、厚生運動は昭和31年が最後で、32年からは「自然に親しむ運動」となる。

「自然に親しむ厚生運動を語る」、松方三郎、吉阪俊蔵、坂西志保、田村剛など各氏の座談会で、司会の田村は「自然に親しむ厚生運動は、いわばアウトドア・レクリエーションの問題だ」と口火をきる。吉阪は、「ヘルマン・ヘッセはレクリエーションはきれいな空気を吸うことだけだ、というが、日本ではパチンコ屋で大勢の人の汚い空気を吸うことが娯楽だと思い込んでいる」というような会話が交わされている。また、日本人はもっと一人で生活し、運動しなければいけないとか、家族単位でのレクリエーションを推奨すべき、と戦前の厚生運動とは正反対の見解が披露された。（「国立公園」55号　昭和29年６月）

この「国民厚生運動の普及啓発を図ること」の所管事務は、39年７月１日国立公園局昇格後の翌年に、公衆衛生局から国立公園局に移る（昭和40年６月２日　法律第１０６号「厚生省設置法の一部改正」。この国民厚生運動とは何を意味していたのか、40年の法改正の際の第48回国会の衆議院内閣委員会会議録（昭和40年４月27日）から要略してみよう。

質問委員「国民厚生運動とは具体的に何か？　現在公衆衛生局にあるということは国民厚生運動を健康対策の一環として捉えていたからで、それを国立公園局に移すことによって行政の性格が変るということか？　国立公園局に移管されて後はどのような施策を講じるのか？」

公衆衛生局長「国民厚生運動の名称の成り立ちは外国語でいうレクリエーションを翻訳したもの。それは、国民が日常生活の精神的な緊張を緩和し、あるいは肉体的な疲労をいやす、そして気分をあらたにする。そのなかにはハイキング、登山、水泳のようなスポーツ、特に自然に親しむこと、施設を利用して運動することなどが考えられていた。

公衆衛生局は適当な栄養・運動・休養を主眼にしてきており、方法論として衛生教育、啓蒙宣伝をしてきたが、健康増進というのは大変幅が広い。レクリエーションや、体育のように他の所管（文部省のことか）で、できるものはそちらに任せる。レクリエーションも国立公園や自然の施設、自然環境を利用したものが発展してきたので、その管理、施設の設置・運営というものは別に専管したほうがよいだろうと考え、公衆衛生局は広く国民の健康づくりを所管し、厚生運動を最も関係の深い国立公園局にお願いした」

国立公園局長「国民の受け入れ態勢ということでは、国民宿舎、山小屋などの施設整備が重要で、受け入れ側が所管したほうが効率的。条件整備の施設整備面からは財政投融資の関係もあって国立公園局のほうが適切だし、国民宿舎、国民休暇村のような低廉なレクリエーション施設もふやして、国民の戸外のレクリエーション、旅行を進展させたい」

質問者「公衆衛生的見地に立った国民厚生運動から離れていくのでは。厚生運動にはいちばん大切な科学的な公衆衛生的なものを取り入れる必要はないのか」

公衆衛生局長「いろんなアプローチがあるが、総合的な啓蒙・指導を通しての国民健康づくりは公衆衛生局でやり、レクリエーションの施設整備などは国立公園局でやっていただく」

同様の質問は5月19日の参議院内閣委員会でもなされている。

4　戦後の国立公園行政

国立公園行政の復興

昭和19（1944）年戦局は一段と悪化して、1月18日には行政簡素化の勅令により国立公園法第8条による要許可行為は届け出で足りることになり、同法はまったく骨抜きになった。さらに「決戦非常措置要綱」が出て国立公園法施行に関する事務が停止され、11月には国立公園の地方費も削除された。本省および管理職員に召集があり、また、転職、退職により壊滅状態になった。本省に最後まで残った国立公園係の田村剛技師、岡本清一嘱託も20年6月に辞めて、同課内で運動施設係の石神甲子郎技師一人を残すのみとなった。

終戦日の20年8月15日、その石神も内閣総合計画局戦災復興部に出向となり、担当者は皆無となった。

しかし厚生省は、平和国家再建の一助とするために国立公園行政復活を定め、3か月後の11月20日に、出向していた石神を同省健民局保健課に戻し、国立公園行政の復興に努めた。

当時わが国に進駐した連合軍総司令部国立公園担当官ポパム大尉から日本政府に対して「日本の国立公園行政は、連合軍総司令部（ＧＨＱ）の指導なしに行ってはならない」との指示が出されたが、国立公園行政に対し好意的な指導助言があった。

この頃の庁舎は目黒の公衆衛生院内にあったが、国立公園本省職員はこの年から翌年にかけて順次復員して、戦前戦中の空白を埋めるべく法制の復原、書類の整理、地方自治体との連絡等に忙殺された。

21年2月8日に国立公園行政担当部局は、健民局の廃止に伴い衛生局保健課の所属となり、4月には退職していた田村剛博士が嘱託として復帰した。

21年11月20日GHQの同意を得て、戦後初めて伊勢志摩国立公園が指定された。志摩地域は、17年当時の健民地国立公園の候補地の一つであり、調査を行っていたことおよび伊勢神宮宮域林の保護のためにも緊急な公園区域編入の要請もあって、実現した。6年制定の国立公園法第1条にある「国立公園ハ国立公園委員会ノ意見ヲ聴キ区域ヲ定メ主務大臣之ヲ指定ス」の規定の意見を聴く手続きを経ない、前例のない国立公園が誕生した。

22年3月には行政官簡素化の勅令の改正により、国立公園法第8条の許可権限が厚生大臣に復原することとなった。

このようにして国立公園行政の復興が勢いをつけ、本省の機構としては23年2月14日公衆衛生局調査課の一係から、一躍2課定員44名の同局国立公園部に昇格し、石神は初代の計画課長になった。

また、国立公園現地管理機構として、既設13国立公園ごとに直轄の管理所を設け、管理職員117名の定員を含む予算476万円が認められたが、職員定数増員のための法律手続き中に、出先機関廃止方針の対象となり、レンジャー制度の確立は日の目を見なかった。

（前掲「レンジャーの先駆者たち」より）

国土計画と国立公園

国立公園法の制定と戦前の国立公園指定はすべて内務省時代のことであった。昭和13年に厚生省に移行した国立公園行政は、戦時体制のもとでの健民思想の実践を余儀なくされて所管部局を転々と変更されてきたことは前に見たとおりである。

国立公園法を制定する目的は、第59回帝国議会に法案提案理由で安達内務大臣は冒頭に「国立公園を設置スル目的ハ、優秀ナル自然ノ大風景地ヲ保護開発シテ、一般世人ヲシテ容易ニ之ヲ親シマシムルノ方途ヲ講ジマシテ、国民の保健休養及教化に資セントスル為デアリマス……」と述べ、経緯を説明した後に「経済事業ノ発達ニ伴ヒ、動スレバ国立公園ノ生命タル、他ニ掛ケ替ヘノナイ、大勝景ノ核心ヲ破壊スルガ如キ事例モ、往々惹起スルニ至リマシタノデ、今日ニ於テ国土計画ノ理想ニ基キ、永遠ニ天然ノ公園トシテ保護開発スベキ区域ヲ画シテ置クノ必要ガアリマス」とし、国立公園を通じて広く外国人に享用せしめることが国情を海外に紹介し、国際貸借改善にも資すると続ける。伊藤武彦衛生局保健課長も「国立公園法は将来における所謂国土計画の理想としての国土装景に対する何らかの意味を暗示するものと言うべきではなかろうか」と国立公園法解説に記述する。

先に田村剛が戦後刊行された『国立公園講話』で、厚生省での国立公園行政は取り締まりに関する法規上の事務に始終したと書いたことを紹介した。森林法や河川法、道路法、交通関連行政をも含めた国立公園経営、ひいては国土管理の視点にたった国立公園という大局的な施策には至らなかったというのである。田村は戦前に「本来国土計画たるや国家百年の大計たるべきであるから当座焦眉の急に対応することのみに専念して、永遠の画策を誤るやうなことがあってはならぬのである。国土の合理的計画を樹立するに当たりては、国家の要求する諸派の文化厚生的施設の如きも之を閑却するを許さぬ筈である。かかる意味に於いて国土の利用上相当面積の比率を確保すべき国立公園並びに道府県立公園の如き施設は予め国土計画上に於いてその立地に則したる適地を物色し産業その他の利用より保留し置くことは刻下の急務であると信ぜられる。」と述べている。(「国土計画と国立公園」:「国立公園」第12巻6号　昭和15年11月)

しかし、戦時という重大事局に遭遇して、「虚弱者の修練と健康者の鍛錬とに対して、最も希望せられる施設は、心身両方向の練成に対して最も有効なる野外の自然的環境における健民地でなくてはならぬ。」(「国土健民会と練成施設」:「国土と健民」第15巻2号　昭和18年3月)と言うが、この時代では国土デザインという視界は開けなかったのだろう。

新憲法の制定に関しての帝国議会衆議院帝国憲法改正委員会(昭和21年7月17日)での審議に際して「公共の福祉」と「社会の福祉」の違いの質疑応答がなされたことがある。憲法専任の金森徳次郎国務大臣は、「公共の福祉」とは「謂わば国家の福祉というような風に、政治面におきましての観察から来る福祉でありまして、例えば治安の維持などということが眼目」であるとし、「社会の福祉」とは「人間の社会生活の部分に――少々狭い意味での社会生活の部面に現わる福祉」と答えている。行政関係で言えば公共の福祉はいわば内務省関係の所管であるのに対し、社会の福祉は厚生省の所管と、これらの行政範囲を解説している。国立公園行政も所管が内務省から厚生省に移行したとき、総合的な国土デザインから見た国立公園の理想は遠のいたというべきだろうか。

リッチー報告書

伊勢志摩国立公園の誕生にはGHQも同意をしたが、「以後の国立公園指定は米国本国の国立公園専門家による調査報告を得た後に処理せよ」との指示が出された。

国立公園専門家として連合軍総司令部当局によって来日したのが、米国内務省国立公園局から派遣されたチャールズ・リッチーで、昭和23年4月から8月まで滞在し、わが国の国立公園行政担当職員とともに、北海道から九州まで、時間の都合で大山国立公園には行くことができなかったが、そのほかの既設国立公園全部と指定希望地の多くを視察した。

報告書のⅢ「論議及び所見」(E)計画の「1. 行政及び機構」では、「日本政府は現在厚生省の中に立派な中央の国立公園出発点国立公園部を有する。同部は管理課と、計画課の2課に分かれている。同部は国立公園を管理し、保護し、運営し、維持するための国立公園現地機構と称すべきものを全然持っていない。」また「国立公園は所長を長とする管理所もなければ維持管理のための管理職員(公共の利益のために公園を保護し、運営し説明する管理員(レンジャー)等を含む)も持っていない。」と指摘し、「日本の国立公園は現在日本政府の孤児である。」とさえコメントしている。そうした考察をふまえてⅣで17項目の勧告を提示した。それが「国立公園に対するC・A・リッチー覚書」で、昭和23年11月18日付けでワシントンの国立公園局から総司令部民間情報局長宛に提出された。日本政府には翌年2月9日付けで日本国政府厚生省宛の連合軍総司令部公衆衛生福祉局長名「覚書」とされたものである。そのなかには「本報告書は日本における国立公園に対する維持管理、整備につき厚生省主管係員の使用に供し、今後の行政指針たらしめる目的を有する。」とある。

このような連合軍司令部当局の行政指導は、27年4月8日、サンフランシスコ平和条約発効の日まで続いたことになるが、わが国独自の国立公園体系をつくり上げた当時の公園関係指導者にとっては、連合軍総司令部当局の行政指導に依らなければならなかったこの事実を、敗戦の悲哀と感じたもののの、見方によっては、あの敗戦の混乱期に連合軍司令部の助言と協力があったればこそ国立公園行政の順調な復活を図ることができたのではないかという感慨の存在もまた故なしとしないであろう、と『自然保護行政のあゆみ』の執筆担当者は書く。

自前の国立公園行政

伊勢志摩をはじめ支笏洞爺、上信越高原、秩父多摩、磐梯朝日の5国立公園の指定および那須・塩原・鬼怒川の日光国立公園への編入と鳴門・淡路島・宮島等の瀬戸内海国立公園への編入は、昭和17年当時の選考に基づいて占領下ではあったが順次行われた。

この頃には残された美しい自然風景を観光資源にという地域の要請が高まり、従来の国立公園選定方法では対応できない情勢となった。そのことで「国立公園に準ずる地域」として24年に佐渡弥彦、琵琶湖、耶馬日田英彦山が指定された。

国立公園委員会のあとを継いだ国立公園審議会は27年9月に「自然公園選定要領」を策定し、景観評価の枠組みに景観区という概念を導入した。これは従来の①1景観区1公園が原則である考えと、②2つ以上の景観区が近接し、利用上緊密な関係がある場合には併合できるという大公園主義の考えの両論が議論されたが、①を原則とした。この②の論議は国立公園法案の委員会審議でも「飛び地は調査の範囲から除外されているようだが、道路の連絡さえつけば飛び地でも区域に編入可能ではないか。日光を例にとるなら那須、塩原もあるし、又群馬県にあっては、赤城山、榛名山、妙義山、利根川の上流も千古斧をいれざる処女林、武尊山を中心とした山群から水上、伊香保、四万温泉まで離れていても自動車道が開設されれば大公園たるにふさわしいのでは」という趣旨の質問に対し、政府委員は「洵に同感」と答弁している。そこまでに至らなくても、日光国立公園では日光区と尾瀬区では景観区を異にしていた。

国立公園法を廃止し、新たに自然公園法上で国定公園を明確に位置づけたのちにあっても、36年12月の自然公園審議会の答申「新たな国立公園候補地の選定」では、新規に知床半島、南アルプスが国立公園に選定されたほかに、白山、山陰海岸の2国定公園が国立公園に昇格した。それと同時期に、例えば錦江湾国定公園と屋久島が追加されて霧島屋久国立公園に、隠岐、島根半島、三瓶山、蒜山が大山と合体して大山隠岐国立公園にと景観区も利用の連続性もない国立公園が連記式名称で誕生した。たとえは悪いが、アメヤ横丁のお菓子の重ね売りに似ていた。こうして国立公園の名は貶められた。自然の風景が悪いのではなく、地方からの要望時代に右往左往した時代だったのだ。

景観要素評価の変遷

昭和6年の国立公園法制定を受けて国立公園委員会が内務大臣に答申した「国立公園ノ選定ニ関スル方針」では、国立公園は一定の標準に照らして厳選して濫設を戒めて、おおむね以下の要件を満たすべく答申されていた。すなわち必要要件として

1　同一形式の風景を代表して傑出していること

2　自然的風景地にしてその区域が広大であること

3　地形地貌が雄大であるか又は風景が変化に富んで美しいこと

副次条件として自然的素質が保健的で多人数の利用に適することや神社仏閣、史跡、天然記念物、自然現象等教化上の資料が豊富なことなど、が挙げられていたが、何をおいても地形地貌という風景形式が選定の第1要件であった。人に例えれば目鼻立ちのはっきりした容姿のすぐれた自然風景が好まれた。風景の変化に富むというのは四季感を持つもう一つの日本風景らしさに特色があることということだった。戦前指定の国立公園が瀬戸内海を除けばすべてが山岳公園であり、中部山岳（焼岳や乗鞍岳・立山などの火山も含まれているが）と吉野熊野以外はいずれも火山地形だった。この火山風景こそが、日本を代表する風景であった。

29年8月の国立公園審議会での「19候補地の指定方針の決定」答申では、海の公園指定について「海

国日本を代表し、世界に誇れる海岸風景は国立公園とすべし」との方向付けがなされた。戦時体制では、軍港や軍事秘密にあった海域、海岸が国民に開放されたゆえであった。国立公園では伊豆半島、西海が、国定公園では若狭湾、山陰海岸、北長門海岸、足摺、玄海、天草、日南海岸、錦江湾などがそれであった。そこには従来から愛でられてきた日本三景に代表されるような穏やかな海景から、外洋の荒々しい海岸にまで及んだ。海域が指定された公園では後になってサンゴや海草・海藻などの海中景観を保護し、観察するための海中公園地区も、自然公園法が改正されて誕生する（昭和45年）。

36年の答申では、景観評価に地被、生物などの生物要素が尊重されるようになる。さらに環境問題が深刻になった頃を契機にして、見える、見えないではなく、エコロジーという新しい保全概念が重要視され、森林の生態系が注目された。これは40年代のスカイラインや登山道路、ロープウェイといった途中を短絡していち早く高所に至る交通機関が建設されたことへの反省であった。目鼻立ちだけではなく足元から顔立ちまでの全容、麓を含めた全体の自然性が重要視され、移動を伴う動物にも目が向けられた。

屋久島を南限としていた日本国土も、徐々に返還され、環境庁創設間もない47年には西表、小笠原の遠隔地で特異な自然環境が公園指定に結びついた。その15年後に28番目の公園として釧路湿原国立公園が指定された。釧路湿原はラムサール条約の日本では最初の登録地だったが、この生産活動からは不毛な地帯が、自然性の高さゆえに評価された。風景的には従来の指定基準には合わない場所が、野生生物の楽園、言い換えれば「生物の多様性」を保護する必要からの指定であった。もう外観で評価するというよりは、自然のあるがままの内在的価値に重きが置かれていた。やがてこうした価値付けは国立公園全体に及んでいく。

5　自然公園法の制定

国立公園法は国立公園の指定と計画、事業などを定めたものであるが、国立公園の定義、目的を欠いた法律であることは既に述べた。戦後間もない昭和22（1947）年の第1回国会には45件もの国立公園関係の請願・陳情が提出された。それらのなかにはわが国の自然風景を代表するような国立公園の資質を有さないものも多く含まれていた。こうしたことから厚生省は22年5月に「国立公園施策確立に関する件」（厚生省発41号）通達を都道府県知事宛に発し、国立公園の将来像を示した。この通達には、国立公園に次ぐ景勝地、休養地の保護と利用も取り上げられた。それがもとで24年5月19日の国立公園法改正により国立公園に準ずる公園を指定するとなり、佐渡弥彦、琵琶湖、耶馬日田英彦山の3公園が準ずる公園として指定されたことは先に述べた。国定公園の先駆けであった。

32年制定の自然公園法は、国立公園に準ずるとして指定されていた14の公園を、国立公園と差別化して制度的に明確にし、国定公園と位置づけた。また、従来は法律を持たないままに私有財産を規制することに地方自治法上難点があった県立の自然公園についても、条例制定により規制が可能となる都道府県立自然公園の指定も含められた。すなわち、国が指定して管理する国立公園、関係都道府県知事の申し出によって主務大臣が指定するが、管理は当該都道府県が行う国定公園、条例に基づいて指定され、管理される都道府県立自然公園という３種の階層性を明確にした。

国立公園法は国家権力の強かった旧憲法下でも「土地は私有財産、水は公有財産」という明治政府の基本的なスタンスからいっても、私有地での土地利用を禁止するという「極端にいえば、何でも制限・規制ができる」一種の強権制度には疑念があった（伝家の宝刀といわれたが、抜くことはなかった）。まして「財産権はこれを侵してはならない」とする新憲法（29条１項）下では早急に改正すべき課題でもあった。すなわち旧法の第８条および９条は、国立公園の風致維持のために国立公園計画に基づいて特別地域を設定し、そのなかでは該当する行為は許可を得なければならないこと（８条）、主務大臣は国立公園の保護または利用のため必要ありと認めたときは、その区域内において一定の行為を禁止もしくは制限しまたは必要なる措置を命ずることができる（９条）、としていた。新法の自然公園法では禁止規定はなくなり、要許可行為の規制についても、法律は「所有権、鉱業権その他の財産権を尊重するとともに、国土の開発その他の公益との調整に留意しなければならない」（第３条）と明文化した。

国立公園の経営と国民休暇村誕生

国立公園法制定当時から、遡れば日光町長西山真平が出願した一連の「日光（山）ヲ大日本帝国公園トナスノ請願」のなかで、「日光山ヲ大日本帝国公園ト為シ欧米ニ於ケル国ノ公園ニ遜色ナカラシムルハ最モ時宜ニ適シタル有カナル事業タルヲ信ス仰キ願ハクハ政府ニ於イテ今ヨリ之ヲ経営セラレ……」と請願したように、立法担当官僚はさておき、素直にみれば国立公園の経営とは、風景保護のための規制地域の設定（地域制）ではなく、できうるならば、土地を所有ないし借り受けて、国費で施設を整備し、管理のための人員を擁して、主体的に国立公園の運営を行うことを希求した、と考えるのは当然のことであった。国有林との関係では、集団施設地区および国立公園事業上必要なる自動車道路の敷地は公園当局に移すべし、という合意があったのだから（国立公園法施行令第14条）、公園区域全域は無理だとしても、そのような拠点の計画的整備は、自然の風景地をデザインし、施設整備と管理を行う造園家としての技術集団の理想とするところだった。

昭和30年代に入ると旅行の大衆化が始まり、観光客の増大で国立公園の既存の利用拠点（集団施設地区）は過剰利用の傾向を示し始めた。また、自然公園の施設は本来素朴であるべきといえども、従来の観光地の宿泊施設の多くは私企業の営利事業であったから、たえず競って造作を行い、必要以上に建築、設備を新しく高級化してきた。増大する近代的な大衆旅行に応ずるための問題点を挙げると以下の通りであった。

1　道路、園地、広場、駐車場等の公共施設が量的にも質的にも不十分である

2　有料施設、特に宿泊施設はかなり整備が進んでいるが、一般に高級化して料金が高い

3　利用の集中が極端にはなはだしい

4　公共施設と有料施設が量的にアンバランスであり、総合的な計画性が保持され難い

このような認識のもとに、公共の施設整備費は道路、園地、駐車場の整備に、低廉な宿泊施設としては保険積立金還元融資等でもって公営の国民宿舎の拡充が図られ、昭和31年から38年にかけては127の公営国民宿舎が建設された。しかし一方で、既存の観光地化した集団施設地区ではなく、特定の条件を備えた集団施設地区を積極的に開発して、大衆本意の理想的な施設を計画的、総合的に整備し、その管理運営も自らが行えるようなシステムを構築することが、本来の国立公園経営に合っているという考えが台頭してきた。

この特定の条件を具えた集団施設地区は、面積が20〜500ヘクタールのエリアに、園地や駐車場のような公共施設に加え、公的宿舎、ケビン・ダイニングロッジを備えた野営場、スキーリフトを有するスキー場整備などが想定された。その土地は厚生省の所管地か所管換えが予定されているか、長期的に利用権が確保されるなど、営造物的管理に近い公園施設用地を前提にした。公共施設には少ない施設整備費を集中的に投入し、有料施設は実施機関が低利融資としての財政投融資からの借入金で整備し、これらを一体の施設群をまとめて管理運営する特別法人国民休暇村事業団を設置する計画であった。結局は特殊法人ではなく公益法人としての国民休暇村協会が厚生年金還元融資により有料施設を建設・運営してきた。現在国立公園・国定公園内に36か所の休暇村（国民休暇村を改称）が存在するが、これらは経営感覚をもって公園経営の一端を担っている。年金福祉事業団が膨大な年金を原資に大規模年金基地を建設し、投資資金を返済する必要もない上に管理費等に欠損を生じた場合には、それすらも年金から補填した官業施設とはまったく異なるものとして評価されている。

もちろん民間でできることは民間でという行政改革の考えでは、極端にいえば国立公園管理そのものを民間委託ということもありうるが、それらの判断は国民の総意に委ねるべき問題である。ここでは厚生省と国立公園の直接の関係でいえば、厚生年金還元融資を原資にしたこと、南伊豆（静岡県）や紀州加太（和歌山県）のように病院や療養所用地を休暇村の敷地に充てたのが国立公園部以外の厚生省行政とのほんの少しのかかわりだったにすぎない。

休暇村は公共的施設を整備する国・都道府県、用地や誘致などで地域との調整を行う地方自治体、営業施設の整備と地区の一体的運営を行う公益法人協会という三者の、今様に言えば協働によって形成された、地区は小さいながら利用者のための公園経営のモデルにもなった。

東海自然歩道構想

自然公園には国立公園のように建前上は自然要素の資質のみを第一義的に指定要件とするものと、大都市近郊などでの利用性を加味して指定することも可能な国定公園、さらに地域性の強い都道府県立自然公園の配置という三層構造のゾーニングがなされ、土地利用基本計画上も位置づけられる。当然指定するという選定行為には人間の意志は存するが、対象は自然風景地（近年では自然環境といってもいいが）だから、人工の公園とは異なり、人がつくり出すことにも限度がある。

昭和44年に厚生省から発表され、調査と整備がなされてきた東海自然歩道構想は従来の公園指定とは異なり、人の意志（デザイン）が強く表現されたものといえる。この構想を着想した大井道夫国立公園部計画課長は、43年4月に自然公園審議会から答申された「自然公園制度の基本的方策」に、将来の自然公園の配置について、東京・大阪間の東海道メガロポリス大都市圏の外縁部に無統制な開発を防ぐために相当数の自然公園を確保すべしとの提案が、構想組み立ての前提であったと言う。

国土の利用は、幕藩時代には河川を交通路とし、流域単位で「くに」＝藩が形成されていた。明治近代国家はその川をまたぐ鉄道によって国土軸を形成し、以後戦後には東名・名阪高速道路、東海道新幹線と、自然地形によらないことで国土計画の機軸を形成した。この開発軸のスプロール化に対して防御帯をつくるという意図が、自然公園確保の中心線としての東海自然歩道であった。この構想も循環型社会に機軸をおく流域圏構想ではなく、近代的開発軸のディフェンス構想というものだった。

諸外国には、それぞれのタイプの長距離歩道がある。大井はイギリスでロング・ディスタンス・フットパスと呼ばれる長距離自然歩道に注目した。この道は1951年から国立公園と国立公園を結ぶ、あるいは海岸線に至るものであった。佐藤昌の『欧米緑地発達史』にある「英国民はハイキング、又はレクリエーションのために徒歩で山野田園地帯を利用しうるもので、これは自動車によるレクリエーションに対する英国の進歩的な政策の一つということが出来る」という思想に影響を受けたという。

アメリカでは「文化の西漸運動」などで開拓者たちが歩みを進めた小道の一部は国立公園などの区域のなかで保存されているし、徒歩旅行の愛好家たちがつくったアパラチャン・トレールなどが既に存在していたが、これらの従来からある長大な歩道を、国立探勝歩道として制度化したことにも注目した。

ヨーロッパ本土にも「大規模徒歩旅行のための小径」GRが認定されている。たとえばGR5は「オ

フランス　ヴァノアーズ国立公園内　ＧＲ５の標識

ランダ～地中海線」といい、ベルギーなどの国境を越えヴォージュ、ジュラ、アルプスを経由するのでヨーロッパ歩道3号線と呼ばれている。（「国立公園」３６１号　昭和54年12月）

東海自然歩道構想は新聞でも大きく報道されて国民の関心をよび、発足した「東海自然歩道友の会」の応援活動もあって、復活折衝で予算化された。要求では昭和45年度より3か年計画で実現させることとして、総工費45・4億円（都府県補助2分の1）、当初予算7億円を要求したのであった。

（「ゼロ査定から浮かび上がった東海自然歩道」：「国立公園」２４３・２４４号　昭和45年2・3月）

これは国土幹線自動車道網というような巨大な整備費を必要とする大プロジェクトに比較すれば、その費用は１万分の１にも満たないが、国土開発と自然環境と国民（歩く人）の３つの要素を関連付けることのできる新機軸の国土計画だった。現代版の「緑の回廊」というところだが、残念なことに全国のモデルにはならなかった。

その原因は、自然公園でつなぐという回廊説が、自然歩道を山奥に追いやったことによって、整備後の歩道の維持管理を難しくしたこと、自然歩道という近代文明に抗する新機軸プロジェクトを、既存の自然公園制度に埋没させてしまったからだと筆者は考える。

国立公園部長は45年２月に本省で開催された国立公園管理員（レンジャー）研修会で、以下のように講話した。

「東海自然歩道の性格が従来のものと異質であることはもちろんであるが、予算面でも、これまでとまったく異なることが問題となった。それは従来の補助金（施設整備費）は公園区域内に限られており、東海自然歩道を認めると今後も区域外にも認めざるを得なくなる、として大蔵省が渋った。そこで厚生省はその全部を公園に指定することとしたわけであるが、それにしても、こんな形でどんどん増やされても困ると、これにも難色を示した。結果的には世論の力で2・5億円がついたわけであるが、世論は自然の重要性を認識しだしてきたし、いろいろ苦しい面も多々あるががんばっていきたい」

構想から1年、このすぐれた構想を立法化できず、現実の予算折衝では、特別枠という新しい公共事業としての自然歩道整備費は認められずに、従来の国立・国定公園事業費のなかでということになった。

東海自然歩道は45〜49年に整備され、以後、九州自然歩道、中国自然歩道、四国自然歩道（四国のみち）、首都圏自然歩道（関東ふれあいのみち）、東北自然歩道（新奥の細道）、中部北陸自然歩道、近畿自然歩道、北海道自然歩道と続くが、九州自然歩道からは国立・国定公園区域外でも3分の1の予算補助が可能となった。

筆者はこの歩道計画で2度かかわりを持ったが、特に「四国のみち」の基本計画調査には国土総合開発調査調整費を国土庁から移し替えして、建設省と協力して2年計画で路線選定をまとめた。これは四国遍路の巡礼路を基本に、自然公園も経由するという東海自然歩道とは逆の発想をしたものだ。日帰り可能なアクセスを考えて、中山間・田園地帯では可能な限り遍路道や里道などの生活道を利用し、多くの集落を結ぶことによって、手づくりの公共事業というキャッチフレーズを定着させて、管理しやすい地域生活での自然歩道を認知してもらうこととした。国道・県道を利用する場合には、車道から離れた歩道の新設も道路管理者側で整備が可能となるような協同事業を期待してのことであった。そのために従来の調査であれば厚生省なり環境庁の独自調査になるところを、委員長に建設省にも影響力を持つ八十島義之助東京大学工学部教授を、また、建設省本省にも最初から参加してもらい共同作成に近いものにした。

6　環境庁移行前の1年

この昭和45（1970）年2月のレンジャー研修会には橋本政務次官も挨拶し「レンジャーには

前からもお世話になっているし、これからもお世話になるのでどうぞよろしく。ついては、富山県千寿ヶ原の登山研修所の講師が不足していて、文部省からも頼まれているので、みなさんにも折を見てやってもらえませんか。講義を受けたり、逆に講師をされたりするのもいいではないでしょうか」との話があった。

国立公園部管理課長は予算について「公園部は昨年の21・4%増で伸び、10億を超えた。保護管理費は552万円、国民公園も伸びている。公園部の予算は、経常費として前年増幾らとポンともらえ、新規のものについてのみ交渉するのであればいいのであるが、そうではなく、毎年ひとつひとつ取り上げなければならないので、非常に予算が取りにくい」とも話した。

また、国立公園部の姿勢について「昭和新山（自然公園法違反の売店の行政代執行問題）、福井新港問題では、厚生省の主張を全面的に通したし、圧されてばかりはいない」とも話した。

（「わかば」昭和45年2月　管理員研修会記録）

工業開発への身売り：福井新港問題

高度経済成長の過程で大都市圏からの人口・産業の地方圏への再配置を戦略に、各地において総合開発計画が立案された。すぐれた海岸景観ゆえに指定されていた自然公園には、受難の時代となった。瀬戸内海の白砂青松の優雅な海浜風景や島嶼は、直線的な埋め立てによって景観が一変したところも出現し、外洋に面する海岸では掘り込み港湾で内陸部に工業地帯を形成させる方式がとられた。

国定公園では鹿島臨海工業地帯の造成によって水郷筑波国定公園の一部、397ヘクタールが昭和40年3月25日に公園区域から削除された。

昭和46年の環境庁設立直前（6月30日付）に国定公園区域の削除を厚生省が駆け込みで行ったことで非難された。酒田北港（鳥海国定公園140ヘクタール）と福井新港（越前加賀海岸国定公園793ヘクタール）に関連する2件の公園区域の削除がそれだった。従来にも一部区域を削除する事例がなかったわけではないし、現在もある。それは公園区域内で、許可を受けて改変されてきた土地利用（例えば住宅地化）が、公園指定の要件を失ったとして、見直しに際して削除するというものであった。しかしこの件では、公園風景の維持か大規模工業開発かが事前に正面からぶつかり合うものだった。

越前加賀海岸国定公園は能登半島国定公園と同日の43年5月1日に指定された。その総面積9785ヘクタールの越前加賀海岸国定公園には東尋坊のような断崖地形が多いが、福井県側のほぼ12キロメートルにわたる砂丘と黒松林の三里浜の793ヘクタールが臨海工業地帯開発のために公園区域から除外することを、厚生省が自然公園審議会に諮って決めたのだった。この諮問・決定は新設の環境庁に引き継がないために、6月17日に審議会総会を開催してやむなしとの答申を得た。

国定公園の指定は関係県である福井・石川両県の申し出を審議会の意見を聞いて厚生大臣が区域を定めて指定した。それが、知事の交代によって3年も経たない間に急展開して「産業優先国定公園削る！　工場地に〝身売り〟」（朝日新聞全国版　昭和43年6月18日）を認める答申をして批判された。

一方、国定公園は長年の陳情の末やっと指定を受けたが、1年半後には突如出てきた工業地帯建設構想で解除を申し入れ、福井県の関係者は答申の行方を気遣っていた。それが臨海工業地帯建設の大きな障害が解決されてほっとした表情だったと同紙地元版は報じた。（朝日新聞福井版　昭和43年6月18日）

これは新知事が九竜川河口から続く新三国港を福井新港と命名して、日本港湾コンサルタントおよび日本工業立地センターに新港建設と工業地帯造成についての調査を委託し、その結果を受けたものだった。これには県議会や県経済界にも疑問の声があり、また、全国的に見れば、重化学工業中心の開発の時代は終わったとの認識が中央官庁（経済企画庁）のなかにもあった。（『福井県史』）

この地域は全国総合開発計画の地方版としての中部圏開発整備計画では「工業等の産業都市その他地域の発展の中心的な都市として整備する」都市開発地域に指定されているが、福井県内の国定公園区域は重層的に「観光資源を保全し、若しくは開発し、緑地を保全し、又は文化財を保存する必要があると認める区域として指定することができる」保全区域となっていて、保全区域としての対応が優先された。国定公園区域が削除されれば自動的に都市開発区域に変更され、税財政的優遇措置等も期待できるのだった。その第1歩として6月29日には運輸大臣の諮問機関である中央港湾審議会が、福井新港を重要港湾に指定することに同意する答申をした。

17日の自然公園審議会では、開発事業により、周辺の自然公園の保護および利用に支障を与えることにないように措置するとともに、国定公園の維持管理の強化について遺漏のないよう万全の体制を整備すること、など3点の留意事項を付したものだったが、管理課長のいう厚生省の言い分とは何だったのかはわからない。

なお、この福井新港に関連する工業開発事業は後に県財政の重荷になっていく。現在ではその一部がテクノポート・三里浜ゾーンとして海水浴場などの公園ゾーンとなっている。

公害対策と公害国会

公害対策基本法は昭和42年に制定された。これは四日市大気汚染公害、水俣病、イタイイタイ病といった特定の事業者に起因する生命への危機や大気汚染、水質汚濁などの環境汚染を公害と捉え、これらの障害者への救済、汚染物質の規制など広い分野での緊急を要する対策が要請されたからである。患者も汚染も即地的に起こるのが当時の公害であったから、このことに敏感に対処したのは地方公共団体であった。また農薬汚染から生態系が破壊されていくことも不安を増大させた。

39年12月には、日本弁護士連合会などが公害に関する基本法の制定を政府に要望し、40年の第48回国会において衆参両院に産業公害対策特別委員会が設置された。社会党および民社党は同国会に個別に公害対策基本法案を提出した。

38年には通産省企業局に公害対策課が、39年には厚生省環境衛生局に公害課が設置された。39年3月には閣議決定により総理府内に公害対策推進連絡会議が設けられ、関係省庁の事務次官並びに警察庁長官で構成される委員会が発足した。

42年に入って同会議が基本法の試案要綱を作成し、具体的な法案作成作業は厚生省が行い、同年5月に「公害対策基本法案」が閣議決定され、第55回国会に提出された。同案は42年7月に可決成立、同年8月3日に公布、即日施行された。この基本法には自然環境の視点は含まれていない。

公害対策推進連絡会議は公害対策基本法案の作成作業では、多数の省庁の調整の場とはなったものの、現実の公害対策上のさまざまな課題に緊急に対処するには不十分であった。こうしたことから45年7月31日閣議決定により内閣に佐藤首相を本部長とする公害対策本部が設けられた。副本部長には公害担当国務大臣である山中総理府総務長官が、部員は本部長が指名する関係行政機関の職員若干名（各省部課長クラスの出向者で常勤11名、非常勤4名の計15名。ほかにこれを補佐する職員19名）だった。

公害対策本部の設置に引き続き、関係閣僚からなる「公害対策閣僚会議」を発足させ、45年8月から10月まで7回にわたる会合において、公害対策の基本的な問題について検討を加え決定した。11月末に開かれた第64回国会（臨時国会）は、その召集の主目的を従来の法制では対処し得ないような公害の状況のなかで、公害関係法制の抜本的整備を図ることとし、公害問題に関する集中審議が行われたことから「公害国会」と呼ばれた。政府は公害対策基本法改正案など14法案を提出し、成立させた。

公害対策基本法改正の主旨は第1条の目的にある「経済との調和条項」を削除することであった。42年の公害対策基本法では、

第1条　この法律は、事業者、国及び地方公共団体の公害の防止に関する責務を明らかにし、並びに公害の防止に関する施策の基本となる事項を定めることにより、公害対策の総合的推進を図り、もって国民の健康を保護するとともに、生活環境を保全することを目的と

する。

2　前項に規定する生活環境の保全については、経済の健全な発展との調和が図られるようにするものとする。

とあったものが、昭和45年改正法案では

第1条　この法律は、国民の健康で文化的な生活を確保するうえにおいて公害の防止がきわめて重要であることにかんがみ、事業者、国及び地方公共団体の公害の防止に関する責務を明らかにし、並びに公害の防止に関する施策の基本となる事項を定めることにより、公害対策の総合的推進を図り、もって国民の健康を保護するとともに、生活環境を保全することを目的とする。

と、第2項が削除されたことおよび、「健康で文化的な生活」を確保するために、公害の防止が後追いであってはいけないということを明確にしたこと、「健康で文化的な生活」には生活環境のみならず自然環境も含めた人間環境全体を保全することが重要としたことである。そのため第17条の2として「政府は、この節に定める他の施策と相まって公害の防止に資するよう緑地の保全その他の自然環境の保護に努めなければならない。」という条文が追加された。

この趣旨を生かすために自然公園法の一部改正がなされた。

対案としての環境保全基本法案

公害国会と称された第64回国会で、政府提出の「公害対策基本法の一部改正案」に対抗して日本社会党、公明党、民社党の野党3党は「環境保全基本法案」を共同提案した。12月3日に双方の法案が衆議院公害対策特別委員会に付託され、提案理由の説明がなされた。

野党案は冒頭の附則で、「人類は人間も自然の生態系の循環の一部であるという法則を無視し、限界をこえた自然の略奪が行われ、物質的充足がもたらされたというものの、その反面において、全地球的規模における環境の汚染と破壊が進み、今や、人類を含むすべての生物の生存すら脅かされるに至った。」とし、「あらゆるものに優先して、人と自然との調和を基本とする新たな社会の建設を誓い、ここに、この法律を制定する。」とした。

法案は自然環境基準（第8条）、施設環境基準（第9条）、公害防止環境基準（第10条）の環境基準の設定を定めることなどで構成されているが、植生図の作成など自然環境を重視する内容も盛り込まれており、さらに、環境保全省の設置を第35条に置いたものであった。

これらの法案に対する参考人の意見聴取は12月9日に産業公害対策特別委員会で行われ、最初に政府自民党推薦の中央公害対策審議会会長である和達清夫埼玉大学学長が発言した。

和達参考人は「今回の新しい基本法の改正に当って水の状態、水底の性質や土壌汚染などを公害に取り入れ、廃棄物の公共的な施設などの整備も推進されて、特に緑地の保全など自然環境の保護を条項に加えたことに賛意を表する」と述べた。一方で「ここで、なお申すならば、さらに人間尊重の精神と、誤った方向に進まんとする近代科学技術文明へ立ち向かう積極的姿勢が、随所にくみとれるような力強い、そして実際的に決め手を持つ法律として、成立されんことを希望してやみません。率直に申して、対案として提出された環境保全法は、私にとって、非常に魅力を感じさせるものであることを申し上げます。これが狭い公害問題だけでなく、現代の文明あるいは繁栄に対しての強い反省をするとともに、基本的に将来にわたる国民の福祉を考え、人と自然との調和を基盤とする新しい社会の建設を誓うことを、強く表現した点においてであります。」と述べた。

野党提出の環境保全基本法案は自然と人とのかかわりが強調され、そのことが与党推薦参考人にも魅力的であると、あえて陳述させたことは、公害対策にとどまらない広い環境問題を実行あらしめるための環境保全省創設提案と合流して、環境庁創設の契機になったといえるのではなかろうか。

厚生省最後の自然公園法改正

昭和46年5月31日の改正は「環境庁設置法」の制定に伴い厚生大臣を環境庁長官に、厚生省を環境庁に読み替える形式的な改正だったので、厚生省における実質改正は公害国会での公害対策基本法の改正と平行して行われた自然公園法改正が最後であった。その要点は3点だった。

1. 国、地方公共団体、事業者及び自然公園利用者は、すぐれた自然の保護とその適正な利用が図られるよう、それぞれの立場において努力すべき責務を定めたこと（法第２条第２項）。

2．国又は地方公共団体は、自然公園の区域内の公共の場所については、その管理者とともに、清潔の保持につとめるものとしたこと。

3．特別地域内の湖沼及び湿原並びに海中公園地区内に汚水または廃水を排出する行為について、国立公園にあっては厚生大臣の、国定公園にあっては都道府県知事の許可を要するものとしたこと。

以上の３点の改正は、自然公園における環境保全を強化することに主眼があり、風景の保護に一つの新しい視角を与えた。当時の法律担当者三井速雄国立公園部管理課課長補佐は以下のように解説する。環境庁移行への足がかりとも思える論点でもあるので、詳しく見てみよう。

国民所得の向上、余暇の増大、生活意識への変化等により、自然との接触のための野外レクリエーションの機会が増加し、今日においては無秩序に利用の増大を図ることはもはや必要でなく、利用者が真に自然との接触によって意義深いものをくみとり、かつ、誤った利用によって自然を損壊することのないよう利用の適正化の方策をはかることが重要となってきた。しかも利用者が自然の許容量を越えることによる過剰利用と、行きすぎた観光開発による自然の汚損と破壊が多くの場所で見られるようになり、これらの自然環境の保全こそが目下の急務と考えられるようになった。

そこで、今度の改正においては、自然公園におけるすぐれた自然の価値を、単に美的見地からだけでなく、国土全体の環境保全の意義と関連付けて明らかにし、国民の健康で文化的な生活を確保する上に欠くことのできないものであるとの見地から、自然公園内における自然環境の保護を強化することを志向した。

自然公園法第1条は、すぐれた自然の風景地を保護するとともに、その利用の増進を図り、もって国民の保健、休養、教化に資することを目的としているが、追加された第2条の2との違いは、第1条では保護と利用の増進が並列されているのに対し、改正法では「適正な利用」として、自然の利用が成り立つためには、損壊や汚損されていない豊かな自然が必要であるとした。従来から論点となっている保護か利用かの二律背反論議に対して、この段階で自然保護に重心が置かれることを示唆したものだった。

利用者に対する責務は法律の第24条にあるが、この規定は利用の適正を図るため一般利用者への利用阻害行為を規制する「利用のための規制」である。今回改正は、利用者へではなく、利用者自身が公園利用に伴う自然の汚損を最小限にとどめるよう努めるべき責務を盛り込んだものである。

第二の清潔の保持については、第16条の2に新たに一条を設け、利用者の増大に伴う国立・国定公園の主要利用地域のゴミの散乱による汚れに対処するものとした。従来から国立・国定公園内の主要利用拠点の清掃問題は、清掃責任者が法令上は明らかでなく、国、地方公共団体、地元関係者、民間奉仕団体等によって局部的に行われてきたが、法律上の位置づけが明らかでなかったために財源措置もきわめて不十分であった。

清掃法（今回の改正により「廃棄物処理及び清掃に関する法律」に全文改正）では、広場やスキー場などの公共の場所の占有者または管理者に、その場所の清潔保持の責務を負わせているが、あらゆる場所を管理者に一切の責務を課することは実態上困難なので、この規定は訓示規定にすぎないと解釈されてきた。ことに自然公園内の公共の場所のように地域が広く、地域住民の生活環境から隔たっており、しかも汚す者が地域住民でない場合には管理者による清掃は期待できないものだったので、国または地方公共団体もその場所での清掃の責務を負うこととした。これは自治体が清掃事業として収集・処理すべき家庭ゴミや事業所ゴミとは異なる、いわゆる散乱ゴミといわれるもので、国、公共団体、地元での総合的な対応を迫られることでもあった。

第三の水質汚濁防止は、国立・国定公園の特別地域内の湖沼、湿原と海中公園地区の水質を保全しようとするもので、規制を伴う実質的な法改正となった。すなわち「汚水又は廃水を、排水施設を設けて排水すること」と規定した。

従来水の状態が自然の風致又は景観の構成要素かどうか、必ずしもはっきりしなかったのが、規定によりその構成要素として保護の対象とすべきことが明らかになった。公園地域内における水の汚染は、工場排水によるものはきわめて少なく、ほとんどが公園利用施設である宿舎、食堂、トイレなどからの排水が原因であり、有機物や生物の栄養源は排出されて水域の富栄養化が進展する。自浄力の著しく弱い湖沼・湿原に限っての規制となった。これらの区域において、すべての人為的排水を規制するのではなく、排水設備による排水のみを規制することとした。

（三井速雄「『環境保全―自然保護行政の強化』……自然公園法の一部改正について」：「国立公園」255・256号　昭和46年2・3月）

第二の清潔の保持に関しては国立公園行政が環境庁に移管された後に次のようなきめ細かな対策

が可能になった。すなわち、51年度には国（環境庁）は国立公園の特定の場所に限ってではあるが、清掃費用の限度を定めて、関係都道府県を通して市町村、民間清掃活動団体への間接補助制度を設けた（その後、補助金制度の全般的な見直しで廃止された）。

またゴミの持ち込み、放棄は当該地域に居住しない利用者によるものが大半を占めることを踏まえて、利用者にも清掃費等を負担してもらう制度の検討も急がれた。通常考えられることは「入園料」であるが、土地の管理権を有していない地域制の公園では、地域への入り込みを税や料金として徴収することには異論も多く、一律に実施するには障害も大きい。そこで54年には上高地や支笏湖畔、十和田湖畔休屋など国立公園の重点的拠点で駐車場の利用料金を清掃協力費として利用者に負担してもらうことを目的に財団法人「自然公園美化管理財団」（現自然公園財団）が設立された。現在では全国21事業地で清掃事業のみならず公衆トイレの管理運営、案内・解説板・遊歩道などの公園施設の整備・補修のほか、ビジターセンターなどでの自然案内事業などハード・ソフト面から深く公園管理にかかわっている。国が自ら公園事業を行うことで国立公園経営をなすとした、制度設立当初の理想の一端を財団は担ってきたともいえる。

現在の自然公園制度のしくみ

（平成20年3月31日作成）

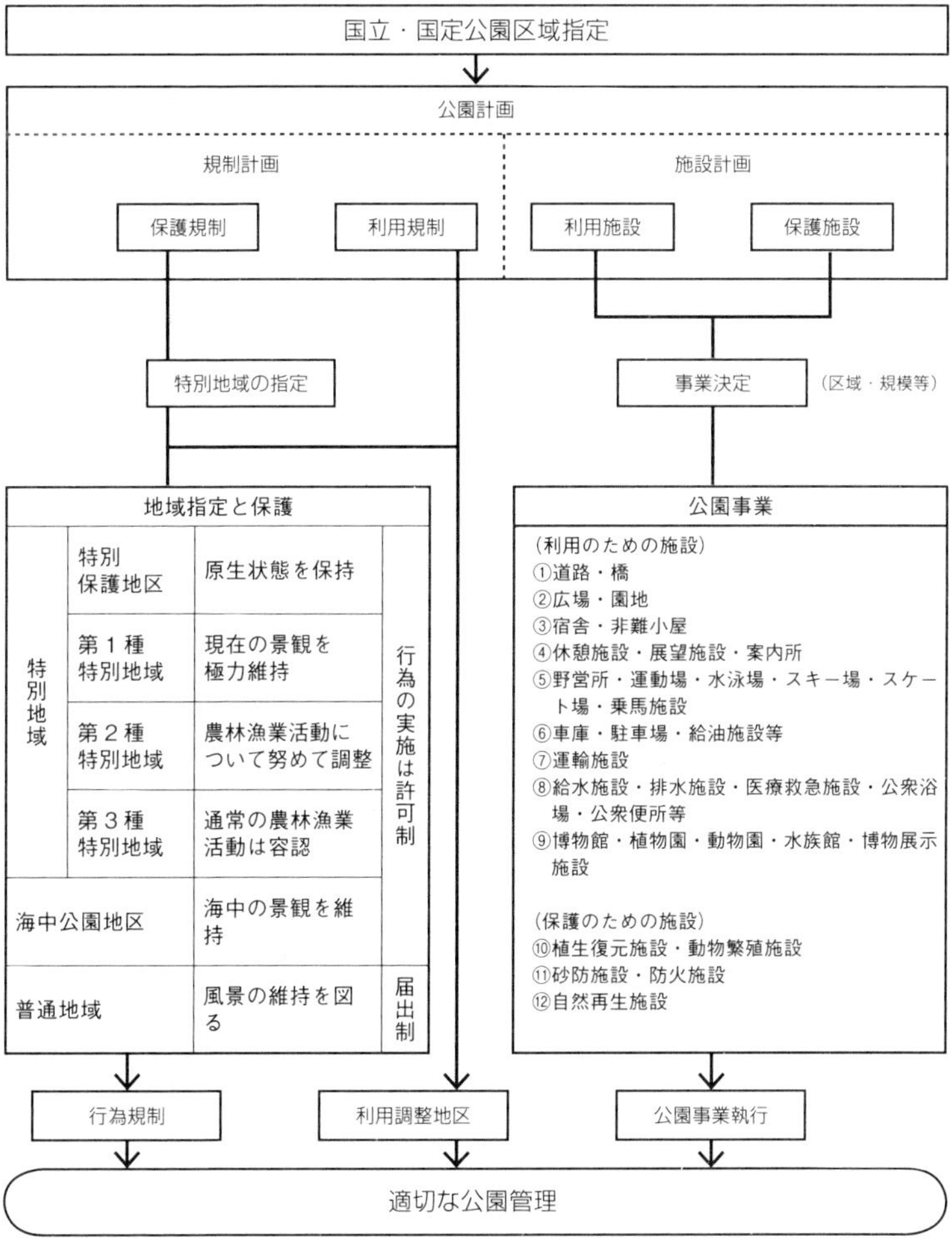

※都道府県立公園については、都道府県条例にて定めることとしている。

7　国立公園と国有林

国立公園法の制定、国立公園の指定を在野から促進するために国立公園協会が設立されたのは昭和2（1927）年、その2年後、4年に広報誌「国立公園」が刊行される。創刊号に、国有林について当時の農林省山林局長入江魁は「国有林の風景施設」と題して以下のような文を寄稿した。

国立公園以前の風致林

国立公園法の制定以前に森林行政を所管する当時の農林省山林局は、大正4年に内規以来国有林内中の風景地で保健享楽のために、あるいは風致維持のために、あるいは学術参考のための重要な風景地を画して保護林を設定し、大略を禁伐として一般林業の目的で施業するものと、その取り扱いを区別することにした。その箇所は昭和2年9月現在で86か所、面積では約6万9300町歩に及んでいた。

具体には社寺、名勝、旧跡等のために、古くより開発され、民衆的に利用されていた金華山、嵐山、厳島などの名勝のほかにも月山、筑波山、立山、白山、英彦山、温泉岳、霧島、大山などの信仰対象の山岳地が多かった。それに加え近年の避暑、登山、スキー、野営等の保健的利用が盛んになるにつれて、新たな風景地として八甲田山、十和田湖、尾瀬沼、八ヶ岳、上高地、九重山、屋久島などが挙げられた。その中には内務省が調査してきた国立公園候補地も含まれていた。

これらの保護林に対しては必要に応じて、国は直接にあるいは地方庁と協力して道路、道標、避難施設等を施設し、民間の希望者には借地を許可して休泊施設などを設置させてきた。保護林中大風景として最も重要視された十和田、上高地等ではそれぞれが根本的計画をたて、風景の保護のためにする禁伐区域と公衆利用のためにする施設区域とを分かち、必要に応じて旅館、売店、山小屋等を許可し、又、国としては公衆野営場等の設備を講じてきた。登山道も許す限り林道として開削した。十和田湖畔では風致的な休憩舎や橋梁を設けて付近を造園的に扱った。

このように国有林に対する文化的施設に山林当局としては努力してきたものの予算の関係上組織的に実行しうる程度には至っていない。

（「国立公園」第1巻第1号　昭和4年1月）

入江魁局長はそれゆえに「国立公園事業は風景地の消極的保存と積極的開発とを主眼とするもので、道路、宿泊施設等官民互いに協力してその事業に当たらねばならぬものであろうから、今後国立公園運動の促進せられるにつれて、従来国有林の手でよくなしえなかった方面に於いて、著しく施設の充実を期待しうるであろう。」と述べる。

国立公園法制定の立案者側の責任者だった内務省衛生局保健課長伊藤武彦は保安林との違いを以

下のように記述している。

保安林の目的は主として国土保安、産業保護にあり、国立公園とはその目的をことにする。また保安林制度の中の風致林があるが、産業官庁（農林省）の統制の下にあって、この風致林の設置が国立公園のような大地域に及ぼすような運用を森林法に期待するのは至難である。加えて風致林の制度は森林以外の河川、湖沼、原野、田畑等に及ばないのみならず、工作物の外観等に関する制約もない。これに反し国立公園は自然の大風景地である限り森林なると否かにかかわらず広く適応せられ、また、風致の保護開発に関する積極的施設を講ずるに遺憾なからしむ点において風致林と異なる。

（伊藤武彦『国立公園法解説』昭和6年　国立公園協会）

帝国議会での国有林問題

昭和6年3月2日の第3回国立公園法案委員会審議で、国立公園として指定するところの原則を問われた安達内務大臣は「土地の所有関係については、なるべく国有林、御料地、その他公有地を主とするのがよい」と答えた。

3月6日の第5回委員会には午後から町田農林大臣が出席した。午前にこの法案確定にかかわる内務省、文部省、農林省の覚書の提出を要求されていた。質問者の「国立公園の大体の地区は従来どおり農林省が管理して、ただ旅館、運動場、野営場の敷地などは内務省で行うとなっているが、その通りか」との質問に、町田農林大臣は「その通り」と答えた。施業条件に関しては、「風致林もしくは保安林に属するものが多いと思われ、このような長い計画の基礎の下に立てられている国有林の施業案に支障をきたし、収入を減ずるような著しき影響は容易に起こるようなことはないと観察して、この案に同意した」（帝国議会会議録からの抄訳、以下同様）と答える。

さらに、「国立公園となる国有林の大体は農林省が管理し、ある特定の地域に限って内務省が管理するというよりは、国立公園内に編入したものは全部内務省に移管する考えはないのか」との質問に「国有林は農林省において全体を管理しており、施業案もその一部だから、これらを内務省に移管するのは無理がある。特別の区域に関しては国民衛生のうえから、そのほうに重点を置かなければならない場合に限って移管するのがよいのでは」と答えた。また、「国有林という国土保安、水源涵養という森林行政の大根本から見ると、国有林の一部を内務省の公園目的にのみ利用するということは、その地区だけのこととして見るなら大したことがないように思うが、森林行政の根本にある国土保安、水源涵養という大体から見れば、国民がそのような大事なことまで打ち棄てて、公園のために内務省に移したのかと、森林行政の根本を幾分たりとも国民が軽んじる考えが万一興るようなことになっては相すまぬことだ」と答弁した。

赤木内務省衛生局長も、「林務官と公園の人とが重複しても、公園側はむしろ便宜を感ずる、何ら不安を感じない。森林看守においてこれを管理してもらって、しかもその管理の仕方は公園の目的に反しないように双方協定をして行えば、双方便宜である」と答弁している。

施設や用地の移管に関しては「国立公園事業のために、一つの完全なる道路が必要なときにはむしろ移管してもいいし、それを拡幅する際には用地だけは管理換えしても差支えない」と農林省平熊山林局長は答弁した。要するに森林施業のような広範囲な管理は農林省が、公園利用のために限定された施設は内務省で、というパターンは崩れないものであった。移管すべき用地等については、国立公園法公布（昭和6年4月1日）後の同年9月18日の国立公園法施行令第14条に文書化されているが、国立公園法案協議の段階で調整済みのことであった。

国立公園施行令第14条

左ニ掲グル国立公園区域内ノ国有地ハ之ヲ内務大臣ノ管理ニ移スベシ

（1）国有林野中国立公園ノ施設ノ敷地及其ノ附属地ヲ包括スル集団施設地区並ニ国立公園上必要ナル自動車道路ノ敷地

（2）不要存置国有林野ニ属する土地ニシテ国立公園計画上重要ナルモノ但シ部分林、保管林、委託林、予約開墾地及長期貸付地ヲ除く

（3）前2号ニ掲グルモノノ外雑種財産タル土地但シ所管大臣ニ於テ管理スルヲ必要トスル特別ノ事由アルモノヲ除ク

（4）営林財産及雑種財産ヲ除クノ外国立公園計画上重要ナル土地ニシテ内務大臣ノ管理ニ属セシムルヲ適当トスルモノ

前項ノ土地ハ内務大臣所管大臣ト協議シテ之ヲ定ム

森林施業制限細目の制定

国有林事業特別会計法が昭和22年に制定され国有林経営が独立採算制となり、さらに、26年、森林法も改正され、国の森林施策は生産力の増強へと向かい始めた。林種転換、人工林造成、水源涵養保安林の１団地20ヘクタールの皆伐化等が進み、機械化やこれに伴う林道工事の進捗は、奥地林の開発を可能にした。このため森林経営と自然保護の関係を合理的に調整する必要があるとし、厚生省・林野庁間で協議のうえ、国立公園内での森林施業の制限に関する基本的な事項をまとめた。すなわち国立公園特別地域を細分し、第１種、第２種および第３種と地種区分の分類を設け、特別保護地区とともに、それぞれ施業の制限を定めたいわゆる森林施業制限細目を覚書とした。この細目に定められた規制の考え方は、その後に特別地域の許可基準的役割を果たすこととなり、他産業との調整基準とも見なされて、27年以来公園計画に用いられてきた。

この協定は自然公園法制定に伴って「自然公園区域内における森林の施業について」とした改定がなされ、さらに、自然公園行政が環境庁に移管された後の49年には自然公園法施行規則第９条の２項「特別地域の区分」として、関係省庁との取り決めではなく、法体系に組み込まれた。

このような包括的な区分と施業方法の取り決めは、時として国民の意識の変化というものに追いつかない、保守的な対応を余儀なくされる。その典型が62年の知床国有林伐採だった。知床原生国有林（まったく人手が入っていない原始林ではないが）の伐採予定地は公園指定に際しての協議で第３種扱いとされていた。それは風致の保全に留意するとはいえ皆伐も可能な地域で、そのなかでの単木伐採という最も慎重な施業方法（第１種扱い）であったにもかかわらず、知床１００平方メートル運動地の近隣地であったことから伐採反対運動が展開された。そのことは国有林の森林生態系保護に大きな転機となる事件となった。

国有林野事業では、学術の研究、貴重な動植物の保護、風致の維持等を目的とする国有林野独自の制度として、自然公園法の前身である国立公園法（昭和６年）や、文化財保護法の前身である史跡名勝天然記念物法（大正８年）の制定に先駆け、大正４（１９１５）年に保護林制度を発足させて以来、保護林の適切な保全・管理に努めてきた。

知床国有地伐採問題の後、国民の自然環境の保全に対する要請の高度化に対応するため、有識者からなる「林業と自然保護に関する検討委員会」を設け、その報告を踏まえて、平成元（１９８９）年に保護林の区分体系を一新し、森林生態系保護地域を新設するなど、保護林制度の再編・拡充を図った。

現行の保護林制度における保護林の種類は、（１）森林生態系保護地域、（２）森林生物遺伝資源保存林、（３）林木遺伝資源保存林、（４）植物群落保護林、（５）特定動物生息地保護林、（６）特定地理等保護林、（７）郷土の森の７種類。このうち、森林生態系保護地域は、我が国の主要な森林帯を考慮して設定されている。

世界遺産条約に基づいて世界自然遺産として登録されている白神山地、屋久島および知床についても、登録以前に森林生態系保護地域を設定し、厳正に保全・管理している。

環境庁設置法に伴う森林法改正

第2章で環境庁創設期の議論として、保安林行政の一部を環境庁に移管する論点があったことは紹介した。結果は環境庁設置法の附則によって森林法に以下の条文が加えられた。

森林法第25条（指定）第3項

農林水産大臣は、第1項10号又は第11号に掲げる目的を達成するため前2項の指定をしようとするときは、環境庁長官に協議しなければならない。

10号は「公衆の保健」、11号は「名所又は旧跡の風致の保存」である。これらの公益目的は、広義の意味において生活環境の保全を図ることを目的とするものであるから、保安林行政と環境行政との整合性を確保するために改正されたのであった。

環境・林野行政の連携・調整

知床国有林の伐採問題などを受けて、国民的要請に応える林政・環境行政の連携・調整を図るために連絡会議を設置することとなり、平成2年12月10日に環境庁自然保護局長と林野庁長官で覚書が交換された。

主な内容は、本省レベルの中央連絡会議と、営林（支）局管轄区域レベルでの地方連絡会議からなり、中央連絡会議の協議事項は以下のようなものであった。

1　環境庁への林野庁職員の部門間配置転換の促進
2　（原生）自然環境保全地域、国立公園等の指定等に関し調整の必要のある事項および公園計画の特別地域の区分等の見直しに関する基本的事項
3　国際水準の公園づくりなど「自然公園の利用のあり方について（利用のあり方検討小委員会報告）」の両庁の具体的協力方策等
4　両庁間の人事交流の促進方策（営林署長、公園管理事務所長等への任用）
5　国立公園等の保全事業等の一部業務委託
6　両庁に係る各種協議の簡素化、過去の覚書等の見直し

この定期連絡会議の設置の背景には、林野庁は先の林政審議会中間報告（平成2年8月24日）を踏まえ、民有林・国有林を通じて「緑と水」の源泉である多様な森林の整備を今後の林政の基本課題の一つに位置づけ、国民のニーズに応え得る質の高い森林の整備・保全を推進することとしたことがあった。

また、国有林野事業については、森林を①国土保全林　②自然維持林　③森林空間利用林　④木材生産林の4つのタイプに類型化し経営管理を行うとともに、森林生態系保護地域を設置するなどこれ

まで以上に自然保護を念頭においた管理経営を行うこととしたことが挙げられる（後に①国土の保全、水源のかん養等を重視した「水土保全林」②貴重な自然環境の保全や自然とのふれあいの場の提供を重視した「森林と人との共生林」③林産物の安定的かつ効率的な供給を重視した「資源の循環利用林」の３タイプとなる）。

一方、環境庁は、国土全般の自然環境の保全を所管する立場から、野生動物の保護を含め自然環境保全の体系的整備について充実強化を図ることとしたのである。

特にいくつかの国立公園については、「自然公園の利用のあり方」に関する自然環境保全審議会報告（平成元年５月）を踏まえ、自然環境を厳正に保護し、そのなかで質の高い公園利用を国民に提供することとした。この観点から自然環境の持つ魅力を十分体験できる利用サービスが提供されることなどの要件を備えた、国際水準に比肩し得る国立公園づくりの具体化を目指すこととしたことが双方の共通認識とされた。

この12月10日の連絡会議以前には、10月15日から11月30日の間に６回の準備会合を持っている。そのなかで、環境庁は自然公園の特別保護地区、第１種特別地域、（原生）自然環境保全地域、鳥獣保護区特別保護地区および国立公園全体または公園の主要なブロックが、現時点においても全体的に自然性が高く、国有林が大部分を占める地域などの国有林を環境庁に所管換えすることを要望した。

これに対して林野庁からは、

1　森林は多面的な機能を有しており、その内の主たる機能に着目して機能分類するもので、自然維持林といっても国土保全もあれば森林空間利用もある。したがって、自然維持機能だけを取り出して土地を移管することは好ましくない。

2　自然保護も国立公園の営造物的管理も環境庁が地べたを所有しなくても林野庁の協力で可能ではないか。

3　営造物的管理に適した場所で両庁協力してモデル的に実施してみてはどうか。

などの反論があった。

この見解は、国立公園法制定の際の国会での農林大臣の答弁とまったく変わってはいない。ともかくにも、この連絡会議以降は専門官クラスの人事交流から始まり、近年では課長レベルでの交流も行われている。

農林水産省は、赤字を抱える国有林野事業特別会計については、人工林の森林の整備や木材の販売等定型的な業務を独立行政法人に移管し、天然林の国有財産としての管理・保全と治山事業・保安林行政は一般会計とする分離を22年4月から実施することになる。この方針は内閣府に設けられた「行政減量・効率化有識者会議」が「国の行政機関の定員の純減方策について」の最終取りまとめなどから決定されたものだが、その会議では「ある国有林が自然環境保全の対象になれば、環境省の担当になり、国有財産としての管理業務はほとんど不要になるのではないか。環境省で行っている自然環境保全業務と併せて効率化を図るべきではないか」との意見も出された（平成18年4月21日　第10回会議）。

天然林に分類され一般会計部門となる国有林のなかには、営造物的管理を行うことも可能な国立公園（自然環境保全地域等を含むことも可）の一部国有林については、環境省と林野庁が共同で国立公園を経営するという理念に沿った組織と運営を模索することも、単なる人件費の削除・軽減という視点からではない「自然を求め触れ合うという国立公園のサービス」を希求する国民への義務ではないかと考える。

コラム③　原文兵衛氏を想う

平成11（1999）年の2月11日関東地方は、平野部でも大雪となった。夕刻、北鎌倉の雪のプラットホームを改札口に向かうまばらな降客の中に、足をとられないように気を配りながら歩む、外套を着込んだ巨躯があった。原さんはお一人だった。

追いついて声をかけると原さんは「なんで君が……」と驚かれた。歩きながら伺った話では、駆込み寺で有名な東慶寺での座禅の会は警視庁時代から続けているもので、始めた頃は月一度の早朝の行だったが、近年は冬に一度だけになったそうだ。この秋のナショナル・トラスト全国大会は鎌倉だよ、と笑顔で語られ、楽しみにしておられた。筆者は知人に誘われて、初めてこの座禅に参加した。

その後何度かお会いもし、電話もいただいた。環境庁長官時代の記者クラブのメンバーでつくった原さんを囲む会『ハランベー会』で、原ご夫妻を椿山荘での昼食に招待し懇談した同年の6月19日が最後となった。その夜、とても楽しかったと自宅にお礼の電話があり、それが筆者には最後の声となった。

最初にお目にかかったのは、環境庁長官だった昭和57（1982）年4月で、出向先の長崎県から帰任し、予算成立後に新設の広報室長の辞令をもらった。大臣室で幹部が並ぶ中で辞令をもらったのは筆者一人だった。大臣は5分程、向かい合う筆者に語った。異様な雰囲気だったので「管理職の辞令交付はあんなに長いのですか」と幹部に問うたところ、特別だとの返事だった。

その時の訓示は、環境庁という役所は国民の生活、心情にとても近いところにある。役人だけで物事を決めてしまうのではなく、方針を決める前に社会という鏡に政策を映し、世間に問うてみることが大切だ。広報室長はその社会と役所の接点、縁にあるポストだから、外部からの声を聞いて世論を見定めるように、というものだった。大臣就任間もなく、志布志湾の石油備蓄基地開発にゴーサインをだして世間の風当たりが強かったことが背景にあったようだが、筆者にはあずかり知らぬことだった。

社会の声には報道関係の記者の意見や情報も大きな要素になる。記者との付き合いでは、どちらが記者か役人かわらぬほどに打ち解けても、大臣室に呼ばれ「瀬田君、あのね……」といわれると、元警視総監はやはり怖かった。

その年5月、大臣はケニアのナイロビでの国連人間環境会議10周年を記念した会議に出席された。筆者は同行しなかったが、日本語で演説された大臣は、最後に英語で「ケニアではスワヒリ語で『ともに歩もう』というのを『ハランベー』というそうだが、私の名はハラブンベイ、縮めるとハランベーだ。地球環境を守るためにともに力を合わせよう」と語った。そんな由来を持つ『ハランベー会』は発足以来17年間、北海道、東北、関西へと散った記者連も集まって、目白の原邸や参議院議長公邸で飲み、かつ、歌った。今回は準備などでご苦労かけまいと、椿山荘に招待したのだった。

大臣当時の9月には、知床ウトロで『知床一〇〇平方メートル運動』の5周年を記念して『日本におけるナショナル・トラストを考える』シンポジウム

ハランベーの会　フィナーレ（平成5年7月23日参議院議長公邸にて）

が開催され、大臣も出席された。大臣はナイロビ往復の際もロンドンのナショナル・トラスト本部に立ち寄るなど、英国の環境保全活動を見聞きされており、それと平行して環境庁自然保護局にナショナル・トラストに関する検討会を設置し、出席された。

知床視察の結果、知床旅情は後に『ハランベーの会』のテーマソングとなり、お開きには奥様も含め全員が肩を組み、歌うのが習わしとなった。

原さんは日本型ナショナル・トラスト運動を自分のライフワークにすると言っておられ、社団法人「日本ナショナル・トラスト協会」の会長になられた。それ以前の参議院議長という要職にあるときも、また議員を辞されてからも、各地で開催される全国大会やシンポジウムに必ず出席された。

一方で、次世代を担う子どもたちへの環境教育にも期待を寄せられ、日本環境教育フォーラムが任意団体だったときからずっと会長として、フォーラムが毎年共催していた市民のための環境公開講座の終了式にも出席された。

ナショナル・トラストや環境教育は次代につなぐ夢のあるものだが、晩年の先生は戦時中に日本が行った過去への償いという難事業にかかわっておられた。特に議員を辞されてからは、請われて『女性のためのアジア平和国民基金』の理事長になられた。私たちはどうしてあんな難しい事柄にかかわられるのかと気遣った。三回忌の追悼の言葉で、基金創設にかかわった大学教授が途中から涙声で語ることすらできなくなるのを目の当たりにして、原さんが余人をもってはなし難いことに、いかに誠実に対応しておられたかが想像できた。

「先人木を植える。後人その下で憩う」。原先生を偲ぶとき、この言葉を思い出す。原さんのような大樹の下で憩える者は数多い。私たちもまたその意志を後世に引き渡してゆかねばならないと思う。

知床100平米運動地での原大臣と藤谷前斜里町長

第4章　環境庁になってからのこと

第2章の「環境庁創設　厚生省よ サヨウナラ」では、環境庁に移行すれば全国的な自然保護行政の展開が可能になる、施設整備が公共事業化されるという期待があったことを述べた。組織に関しては即座に拡大することはなかったが、現地管理体制増強のために国立公園管理員の定員は増えた。また、地方公共団体の組織に関しても、観光課からの脱却は急には進展しなかったが、新規に自然保護課等を創設する道県は昭和47年度には15に及んだ。この章ではそのなかから2、3の変革について述べることにする。

1　緑の国勢調査

全国的な自然環境調査

環境庁が創設され、自然保護局が誕生した直後は、大石武一環境庁長官の尾瀬道路の建設中止といった個別具体的な自然保護問題が世間の注目するところとなっていた。しかし、国立公園行政と鳥獣保護行政だけに終始しているのであれば自然保護局設立の意味はない。心機一転の職員は、全国の自然環境の保全をどのような行政目標にしていくかを模索し、基本法的役割を持たせる自然環境保全法の制定を検討し始めた。そのなかでは長期的戦略を持つ自然環境保全計画の策定と、その実施制度も検討しなければならない。

保護の手法として、一定の地域を指定し、その地域内で指定目的に応じた行為規制を行う従来の保護規制方式を踏襲するか、あらたに全国土を大まかな土地利用区分に地域分けして、自然度あるいは緑被度を設定し、その範囲内での開発を許容していく方策を採択するか、などの検討がなされたが昭和46(1971)年内に原案をまとめることができなかった。

第68回国会が大幅に延長されたことから、ようやく各省庁の調整を終えた自然環境保全法案は6月6日閣議決定され、6月9日に延長国会に提出された。この法案のなかに、国が自然環境保全政策を立案するための基礎資料を収集するための調査を行うこと、が含まれていた。この条文は、政府原案では、ただ国が基礎調査を行うとだけの規定であったが、衆議院での審議過程で、わが国の自然環境要素の実態調査を国勢調査的に継続して把握するためにも「おおむね5年ごとに」行うという明確な規定に修正された。本法案の審議は両院・与野党ともに好意的で、環境庁発足からほぼ1年を経た47年6月16日、国会会期最終日の参議院本会議で可決され、成立した。

48年度予算では、これを受けて本格的な調査を行う予算を要求した。調査と集計を2年計画として、初年度に約1億円の調査費を要求した。その年の暮れに内閣が変わり、三木武夫が副総理兼任で環境庁長官に就任した。予算編成作業は年明けから行われたが、環境庁の重点事項に自然環境保全基礎調査いわゆる「緑の国勢調査」が取り上げられ、要求額は2年分をまとめ、2億5000万円とすることになり、初年度に全額が認められた。

「緑の国勢調査」の目的と経緯

緑の国勢調査は自然環境保全法に基づいて、おおむね5年ごとに、全国土を対象に行うこととされている。その目的は

1　全国の植物、野生動物、地形・地質等、あるいは、これらが生息、存在する陸域、陸水域、海域の自然の状態を調査し、わが国における自然環境の現状を的確に把握する。

2　おおむね5年ごとに実施する調査の積み重ねによって、長期的な視点から自然の時系列的な改変状況を把握する。

3　調査の結果を記録、保存するとともに、これを国民の資産として、目録、台帳、地図等にして公開することによって、自然環境のデータバンクとしての役割を果たす。

4　自然環境保全地域、自然公園、鳥獣保護区などの自然環境の保全のための指定、計画のほか、環境アセスメントの実施、開発計画の立案に際しての基礎資料を提供する。

などである。

第1回目の調査では、昭和48年4月から調査の内容、方法などが検討されて、全国レベルでの植生図と自然度マップなどを調査・作成することになった。その集計結果は50年1月6日に発表された。

第2回目の調査では、53年度は動物調査に主眼を置き、できるだけ実地調査に重点を置いたものと

なった。また、植物については、わが国の植物群落のうちで学術上重要なもの、保護を必要とするものなどの生育地、および生育状況について実態を把握する「特定植物群落調査」などを実施した。

58年度からの第３回目の調査では、前回も実施した植生調査や特定植物群落調査に加えて動植物分布調査を58、59年度に実施することになった。これは哺乳類１３０種、鳥類５８３種、爬虫類76種、両生類48種、淡水魚類１８３種、クモ類９９７種の全種調査と、昆虫類の一部の９８５種、貝類の一部の３９６種などを、研究者や自然愛好会などの協力を得て、メッシュ番号で位置を表示してもらうというきわめて普遍的かつ詳細な全種分布調査を行うことであった。この調査手法をとれば半永久的に調査結果を補充していくことが可能で、自然環境の変化を把握することに寄与できる。このようなアイディアと手法は、大学院博士課程で動物学を研究してきた幸丸政明（昭和48年入省レンジャー２期：現岩手県立大学教授）が、イギリスが１９６４年設立した「生物記録センター」の調査法などを参考に構築したものだった。

配布するメッシュ地図は５万分の１の地形図に、ほぼ1キロメッシュに区切られたもので、コード番号化が集計を容易にした。

一方で学術的な意味を持つ全種調査とは別に、環境指標種調査を「身近な生きもの調査」として、一般国民に全国的な調査に参加してもらい実施することにした。この観察記録は手引書などが手元に届く３月下旬から年末までのほぼ1年をかけた長期的な調査だった。

「身近な生きもの調査」は環境指標となる生物を長期間わたって丹念に調べることで、生活環境の自然状態を診断し、自然豊かな環境を守り、あるいはつくり出すための基礎資料にするためだった。

調査は、自然愛好家の参加を得て居住地とその周辺で、ヤマメ、ゲンジボタル、ツバメなど動物40種と、タンポポ、セイタカアワダチソウ、カタクリなど植物30種の存在を確認するというものであった。

生物を環境指標として用いる方法は、因果関係があいまいであること、結果にばらつきが生じたり、数量化が難しいこと、などの制約がある反面、ＰＰＭ測定などの理化学的方法に比べてわかりやすいこと、表現する指標が生命あるものゆえに総合的、長期的に追跡して、「動物の退行線」や「拡大域図」を作成しやすいことなどの長所もある。さらに多数の参加を得られることから、環境教育効果も期待できる。

環境の指標となる生物を、きめ細かく長期的に調査し、記録することで、多様な自然界の一員である生きものが、人為の影響によってどの程度生活領域が狭くなったり、種類が単相化してきているのか、がわかる。西欧では環境を構成する生物の種類が多いほどよい環境だとされる。日本のように多様な生物相ではないからとはいえ、ドイツなどでは草地に2割から3割の他種の草が混在する草地のほうが、したたかで健康的な草地だとされている。都市にしても、単一の樹種が量的に満たされるだけでは本当の自然豊かな環境だとは言いがたい。

室長としての筆者の役割は調査の内容を吟味するというよりも、できあがった調査方法にどれだけ多くの人たちに関心を持って参加してもらえるようにするかの司令塔、いわば広報担当ということだった。「身近な生きもの調査」の参加呼びかけは、58年暮れのプレス発表を経て新年早々に始まった。

59年当時の自然環境調査室の職員は６人にオーバードクターの助っ人を加えた７人であり、それが全国の参加者への応対に明け暮れることになる。この様子については、室員だった下君が環境庁広報誌に寄稿した文章から見てみよう。

「身近な生きもの調査」内輪ばなし

「みどりのたよりNo．２〝生きもの地図ができました。〟」をどうもありがとう。とてもお役所仕事とは思えない（失礼！）温かい、心のこもった冊子を楽しく拝見しました。」

詳細な解析作業は続けられているが、結果をとりまとめた小冊子を調査参加者にお届けし、「身近な生きもの調査」の全国10万人のボランティアと私たちとのつながりは、一応の落着をみた。

この調査は、全国の自然愛好家のボランティア参加により、調査対象とした70種類の動植物の全国的な分布を1キロメートルメッシュ単位で把握したもので、そもそも第３回自然環境保全基礎調査（いわゆる「緑の国勢調査」）の動植物分布調査に位置付けられている。調査の結果は、自然の経年変化の把握や身近な生活環境の診断などに活用されることが期待されている。

調査は、参加者の募集、参加者に対する調査に使用する地図、調査のてびき、調査票（これらを合わせて「3点セット」と称した）の発送、参加者による調査の実施、調査票の回収という順序で昭和59年1月から12月まで行われた。応募件数は、グループ、個人を合わせて３万２０００件余り、調査協力者数はアンケートから10万人を超えたことが明らかになった。

小冊子「みどりのたよりNo．２〝生きもの地図ができました。〟」は、参加者からの報告をコンピューターにより集成して日本地図上に表示し、若干のコメントを加えたもので、表紙を入れてちょうど100ページ、調査に協力していただいた皆さんに対する私たちの心からのお返しでもある。

国民に直接参加を呼びかけるこの種の企画、これまで誰も経験があろうはずもなく、一歩先の展開がまったく読めず、我が自然環境調査室、思えば室長以下七人の侍、日々の新しい展開に驚きととまどいの連続であった。

▼倉庫を求めて

調査参加者は自分の調査した場所の位置を1キロメートルメッシュの番号で表示するので、調査にはメッシュの表示された地図が必要である。そして、参加者一人ひとりにそれぞれの調査地域に見合った地図を送らなければならない。国土地理院の発行する5万分の1地形図を使うことにし、行政管理庁の決めた標準メッシュをかけて印刷することにした。この地形図は20キロメートル四方しか表示しないから日本全国では1249面になる。これを各500枚ずつ印刷したので全国合計では62万枚余りになる。納品された八ツ折の状態で積み上げると750メートルにもなる量である。庁舎内に保管場所など当然ないので、必然的にどこかに場所を求めなければならない。環境庁と不動産屋とのおつきあいがあるはずはなく、ましてや割安のものとなればなおさらで、結局、室員が足でかせぐことになった。専門官某氏は、近所の不動産屋に当たったり、学生時代の下宿捜しよろしく、休日のたびに街なかを足を棒にして歩き回った。そして、やっとのことで倉庫として使えそうな手頃な物件を見つけたのであった。ところが、敷金のことなど考えてもみなかった。後にも書くように、郵送料までケチっている有様でとても敷金まで負担できない。先方と繰り返し交渉、というよりはお願いをつづけてとうとう敷金を負けてもらった。その額「ン百万円也」。

▼恐怖の電話

当初4万人と見込んでいた参加者をどのようにして募集するかについては、さまざまな議論があったが、結局、パンフレットをつくって全国の高等学校と自然保護団体にダイレクトメールとして郵送するほか、新聞、テレビ、雑誌を通じて広報を行い希望者に送付することになった。「あなたも緑の国勢調査に参加しませんか」と題したこのパンフレット

もののふの　八十おとめ等が汲みまがふ　寺井のうえの　かたかごの花　（大伴家持）

草の葉を　落つるより飛ぶ　螢かな　（芭蕉）

近くにかたかご（カタクリ）の花が咲いていますか。螢が飛び交いますか。と格調高い文芸調で始まっている。最後のページには、料金受取人払いの応募用葉書をとじ込みにした。

調査参加者の募集は、昭和59年1月3日付けの朝刊で発表されることになった。受け付け用の専用電話を1台設置し、準備万端整えてあとは待つのみと心積もりしていたところ、暮れも押しせまった27日夜になって、記者の話から、記事の扱われ方によっては、電話が殺到し、回線がパンクして付近

一帯の電話も通話不能になるかもしれないという心配が出てきた。役所のこととて、早速の対応は難しいし、何しろ翌日は仕事納めでもある。室長が走った。関係各課や電々公社を駆け回ってやっとのことで2台増設できることになった。御用納めの日、大掃除のなかで工事が行われて一件落着となったのである。

結果的には大正解で、3日の朝刊では毎日新聞で1面に取り上げられたのをはじめ、各紙で大きく報道されるところとなり、正月休み返上で電話番に集まった人たちは、鳴り続ける3台の電話の前でひと安心したことであった。しかし、それは浅田アメをなめながらの連日の恐怖の電話応対の始まりでもあった。募集期間中は、一つの新聞で取り上げられると一日中鳴り続け、翌日からゆるやかな下降線をたどって、小康を保ちそうになると今度は別の新聞で取り上げられるということが繰り返された。始めの頃は、事務的な対応ではなく、対話に心がけ、先方の周辺の自然の様子をたずねたり、友だちにも参加を呼びかけてくれるようお願いしたりしたが、いつしかそうした会話をする元気もなくなっていた。「もしもし事件」はこの頃のことである。全国の都道府県の調査担当者会議の席上、質問に対する回答に立ったくだんの専門官氏は、壇上のマイクを前に「もしもし」とやったのである。場内笑いが渦巻いたことはいうまでもないが、それ程電話が殺到しているという証でもあった。

▼わかりやすく、軽く

調査を行うに当たり、何種類かの印刷物をつくったが、親しみやすく、内容的にもわかりよいものとすることには心を砕いた。特に「調査のてびき」は、直接調査の結果の良否に影響するものであり、一同ずいぶん悩まされた。とりわけ、対象動植物を解説した部分については、平板な図鑑的なものにならざるを得ないので、コラムをつくったりして工夫してはみたものの悩みの種であった。俳句の採用はそんななかで生まれた。審議官室からもどった室長が唐突に「俳句を入れることにした」。実は、その段階では原稿の割り付けがすべて完了しており、室員一同猛反対。自然を表現する仕方は、絵画、文学、音楽など人それぞれであり、一形態の俳句だけをすすめるようなことは好ましくないなどいろいろ屁理屈を並べたものの、本音は割り付けまで終った作業が出直しになる点にあった。しかし、優れた着想ではあった。俳句は最も簡潔な形で人間の感性を表現したものであり、自然を詠んだものは鋭い観察力の凝集したもので、これから調査しようとする人たちに配るものにはピッタリである。時を経ずして日比谷図書館での俳句捜しが始まったのは当然の成り行きであった。俳句にも著作権があることを知って冷や汗をかき、俳人協会に駆け込んで著作権者を調べて一人ひとりの了解を取りつけるというおまけもついた。

印刷物については、限られた予算のなかで郵送費を最小限に押さえねばならず、重量への配慮も不可欠になる。なにしろ多数の参加者それぞれに送ることになるので郵送料だけでも結構な金額になる。小冊子「生きもの地図ができました。」は、薄い特殊な紙を使用している。斬新さをねらったことにもよるが、重さによるところ大である。生きもの地図の大きさを考えると、定形郵便となることはあきらめざるを得ないとして、郵送料の次の区切りである100グラム以内にできればと考えた。今この小冊子は、88グラムあり、封筒を加えると95グラム弱になる。当初の見込みでは合わせて100グラム弱になるはずだったが、湿気の少ない季節になって結果的にはB4の用紙1枚分の余裕が残ることになった。しかし、薄い紙ゆえに伸縮が大きく、印刷技術上、特に地図上の点がズレないようにするのは苦労だったようだ。ちなみに、この手の紙に今回のような微妙な多色刷りをしたのは国内では例がなかったらしく印刷した会社も満足な出来に鼻高々であった。

この小冊子のほか、調査票の用紙や表裏への印刷、「みどりのたよりNo．1」の形状等も郵送料への配慮の結果であった。

▼これから

さて、色々な出来事に出会いながらも「身近な生きもの調査」は首尾よく終了した。終始温かく見守っていただいたマスコミ関係の皆さんの御支援の賜でもあるし、請負仕事とはいえ、封筒を手に、参加者一人ひとりの調査地域に合った地図を求めて１２４９種類の地図と格闘し、内容がそれぞれ異なった郵便物を３万２０００個もつくった人たちのことなど、忘れてはならないことは多い。

調査結果の解析作業は目下行われている最中であり、評価はこれからのことでもある。しかし、この調査がきっかけとなって10万人を超える人たちが、昭和59年の1年間、それまでよりもはるかに注意深く自然と接したという事実は何にも増して重いことに変わりはない。

ある事業官庁の友人から「10万人のボランティアによる調査など環境庁だからできた」という羨望ともとれる感想を聞いた。きっとそうだと思う。そして、この「環境庁だから」の意味するところをかみしめたいと思う。自然環境調査室では次回の緑の国勢調査でもこの種の調査を実施したいと考えているが、そのときにも今回同様大勢の人たちが参加するか否かは今後の私たちの仕事如何にかかっているとも言える。

下　均（環境庁自然保護局自然環境調査室審査官）
（『かんきょう』昭和61年1月号）

報道機関への働きかけ

記者発表は一般新聞社・ラジオテレビ各社で構成されている記者クラブと、専門紙中心のクラブで行った。いずれも記者発表というかブリーフをして放映や新聞雑誌の記事になるのだが、今回は単なる事件や結果の公表ではなく、パブリシティとよばれる広報活動の依頼も兼ねている。全国紙で1面トップの新聞もあれば、ベタ記事だったり、ほかのニュースで消えてしまうこともある。このような報道各社の反応を見ながら、手を打った。ニュースとしての記事では意図するところや期待が伝わらないこともある。そこで朝日新聞の「天声人語」や読売新聞の「編集手帳」などのコラム執筆者に、調査内容と意図するところなどを手紙にして送った。

天声人語では「筆者も『緑の国勢調査』に加わることにしました。あなたもいかがです。参加してみませんか。難しいことはありません。」という書き出しで最後には調査の問い合わせ先を掲載してくれた。（昭和59年2月5日）

編集手帳は「環境庁が呼びかけている『緑の国勢調査』に全国からさまざまなボランティアが名乗り出ている。（略）4万人募集の目標は達成されそうというから、上々の滑り出しだろう。締め切り

が、きょう」と、やはり申し込み先の電話番号を載せた。（3月25日）

毎日新聞は『ひと』欄で私が思う調査の意味と期待を紹介してくれた。（2月3日）私の思いは「この調査に興味を示してくれた層を見ると、一つは戦後の国破れて山河ありを実感し、高度成長のさなかの自然破壊をつぶさに見てきた60、70代の層。もうひとつは小中学生の子どもがいる30代のニューファミリー層。この2つの世代がうまくかみ合ってこれからの自然保護に関心を持ってもらえればいい」ということだった。

最初に新聞記事が掲載された1月3日はまだ正月休みだった日で、この問い合わせを受けるために閉庁中の庁舎に朝から出勤し、受話器に張り付いていた。『天声人語』に紹介された2月5日は日曜だったし、『編集手帳』の3月25日も日曜だった。家庭でゆっくりと新聞を読むというときに格好のコラムだったろうが、3か月間は日曜出勤の連続だった。でもそれを感謝しなければならないだろう。

全国紙だけではない、共同通信社と時事通信社は加盟各紙に配信するので、地方紙への掲載にはこのツールが欠かせない。もちろん政府広報にも農業新聞にも大きな記事が掲載されたが、赤旗や小学生新聞、週刊釣りサンデーの釣界ニュースにも掲載された。請われれば地方局のラジオにも電話で出演して、どこの地域の参加者が少ないか、まで調査内容や意味とともに語った。

参加者集め

日本国土が37万平方キロとして、陸域にかかるメッシュは全国で38万6400だった。身近なということからは一般参加者の調査範囲は可住地と見て、農林業センサスから12万平方キロと想定し、一メッシュ平均５人×12万で60万票の調査票が戻ってくると予測した。参加者を4万人とすれば一人当たり15メッシュを調査しなければならない。

４万人は基礎票の３万人を全国５２００の高校の生物部に期待し、残り１万人を一般の人たちに協力をお願いしようと考えた。かくして高校に送付した。

この５２００の高校への郵送は失敗だった。高校に送ったというより、高校の生物部の教員宛に送ったのだったが……。当初は文部省に協力を依頼したが、これは地方の教育委員会が判断することと断わられ、それではとダイレクトメールにした。長崎県だけは県庁に出向した際の上司、環境部長が県教育長に就任していたので、各高校宛に添え書きをもらったが、ほかの高校からはなしの飛礫《つぶて》だった。電話や郵便での照会が高校生物部というのが多かったが、資料は学校宛に送っていると答えると、事務部がカタログ類と判断して中身を確認しないで廃棄されるという返事だった。メディアで知って申し込む生物教師と一緒ならきっといい部活の成果が得られるだろうと期待した。

国民の思い

我々７人は電話の応対、郵便の整理などに追われたけれど、それだけ国民の手ごたえを感じ取ることができた。ボランティアの調査員の未熟性から、調査内容の信憑性を問う専門家の意見はそれなりに拝聴すべきものもあったが、都道府県や市町村という行政組織を越えて直接に国民と向き合うことを嫌う人もいた。報道での広がりは確実に反応をつかんだし、多くの人が環境庁に何を期待しているかが読み取れた。早い段階での反応のいくつかを紹介する。(以下、Tは電話、Pは郵便)

＊自然に恵まれたところに住んでいて、以前から家族で自然観察をしてみたかった。(T:埼玉県入間市　男性)

＊30年前に入手した３００坪の土地が自然のまま。周囲は住宅地ばかりですが、お役に立てれば。(P:兵庫県神戸市　男性)

＊仲の良い同窓生グループ。親睦に格好な話題。それぞれ(５家族)が家族で参加。(T:山口県徳山市　男性)

＊中・高・大学と生物クラブ。各母校の同窓生に呼びかける。小学生の子どもも一緒に。(T:東京都台東区　女性)

＊仕事の関係で山中にいて、砕石業に従事しているが参加したい。(T:愛知県豊明市　男性)

＊前略　緑の国勢調査員に応募いたします。本校は――北風に向かって伸びるつよい子――(自然を師として友として)をスローガンとして教育活動を進めておりますので全校児童9名、教師3名、全員で参加したいと思います。よろしくおねがいします。59年1月5日　北海道虻田郡喜茂別町字栄114　栄小学校(P)

廃校後の栄小学校

新聞報道を見て間もない早い申し込みだった。こんな分校での反応に7人は燃えた。後になって、この分校は間もなく閉鎖されたことを知った。その校舎の周りの自然も記録に残したいということだった。数年して洞爺湖出張の帰りに廃校になった校舎に立ち寄り、当時の子どもたちと先生の自然を調べる姿を思った。

個人から周りに広がる調査

学校以外の人々の申し込みでは個人でかかわってもらう段取りだったから4万人を目標に手引書なども用意していた。ところが反響は意外なつながりを持つことになる。

緑の国勢調査グループの立ち上げが相次いだ。自発的な学童・生徒たち、愛鳥グループ、植物友の会のほかにも、北海道上川郡鷹巣町の応募者からは「この機会にグリーンバンク調査会」をつくった、との便りが届く。メッシュ毎に調査する担当のグループができたという。「緑の国勢調査（に協力する）会」なども立ち上がった。初期に申し込んだ65団体で１２８２人が登録してくれたのを平均するとおよそ1グループが20人になった。それだけに手引書は足りず増刷を余儀なくされたが、自前でコピーしてくれた会もあった。

私は思うことをコラムニストに伝えた。以下にその一部を記す。

「アルバイトでなく室員が３台の電話にしがみついているというのは、人件費単価の高い電話番ですが、かかってくる生の声を聴き、話すことで、その人たちの自然に対する思いが伝わってきます。……

老人は生き甲斐を持ち、その多くの人は日本の自然を残すこと、そのための記録の手伝いができることでお国のためのお役に立ちたいという動機が大半です。一方で、小中学生などの子どもを持つ若い人の家庭では、みんなで楽しくやってみようという感じです。

北海道の過疎地の学校が参加してくれることになりましたが、私どもが意図してきた生きもの地図の作成とは少し異なる期待が実現化しそうです。それは、離島や僻地の学校や人々が、全国同じ次元で、共通の調査に一緒に参加してもらえること、そしてその人たちが生活している地域の自然の状態を確認してもらえることです。けっして全国民が知らないところではない、ここからも発信してほしい。そのことが疎外感や隔絶感を少なくするのではないだろうか、と思っています。

もう一つの期待は、都市の自然は建設省、教育は文部省という縄張りがあります。この縄張りをボランティアの『人』という視点で取り除ければ、そこに新しい日本が見えてくるのではないでしょうか」

電話で参加の意思を表明されたので、住所・氏名に続いて、調査票・手引き・地図を送付する照会中に赤ちゃんが泣く声。「少し待っていてください」と赤ちゃんをあやす声。

受付を締め切って1月ほどしてかかってきた電話。「三浦半島に暮らしているが、この調査に参加したい」「もう締め切ったのですが」「調査地域が白地のところは申し込んでいいと新聞にでていたが、半島の頭は誰だ？　俺が直接話す。俺は小さいときから生きものが好きなんだ」「ナワバリはないのです。三浦半島は相当の人が参加してくださっています。今回はあきらめて次回にぜひ参加してください」

家のなかが見えるような電話での応対もあれば、強面ならぬ恐い声の人が、意外にも自然愛好家だったりする。そうした日常の役人仕事では思いもよらない人たちの息づかいが聞こえるような日々だった。

東京都千代田区の1メッシュ

メッシュ地図を見て、ふと思った。可住地周辺の12万メッシュが調査区として埋められる率は高いが、山岳地帯はそんなに高くはないだろう。そこで締め切り間近いある日に、地方紙のコラム担当者に都道府県の市町村別参加者割合表を送り、必要なら市町村名を知らせるという作戦に出たのだった。信濃毎日新聞はコラムの『斜面』で紹介してくれた。後半に、調査に協力を申し出た人たちは長野県下では個人673人、団体92を数えるが、それでも空白町村があると17町村を列記し、まだ受け付けていると結ばれていた。（昭和59年4月5日）
このコラムを読んで、北安曇の村の調査は近くに住む私が担当しますから、その地図を追送してください、というような連鎖を生み白地が埋まっていった。
NHKの全国向けラジオ番組のためにスタジオに行くことも、地方ラジオ局への電話出演も、すべて引き受けた。そこでは予め調べた地域参加情報も取り入れて語る毎日だった。その結果、地域に調査グループの集まりが各地に出現する。

一つの気がかりだったのは、東京千代田区の皇居がほぼ1キロ四方のメッシュと重複する。ここは私が調査したいと手を挙げても入ることができない。マップができたときにこの1メッシュだけが白だったらどうなのか思案した。そこで宮内庁の大崎清美庭園課長に調査資料一式を送って調査方を依頼した。大崎課長はこのボランティアによる自然調査を環境庁が企画し、皇居の自然情報も頂きたいと依頼してきたことを天皇陛下に伝えたようだった。陛下は「いいことなので国立科学博物館の研究者にも協力してもらって、調査を進めなさい。那須や葉山、下田の御用邸も」と言われた。その後に大崎課長から資料の追加要求がなされたので、理由を問うと、皇太子殿下も東宮御所の調査に協力してはといわれるので、説明に上がる資料だという。皇室の方々のご関心が得られて一つの心配は消えた。

募集記事からちょうど1年後の昭和60年1月3日の新聞各紙の記事は、宮内庁が暮れに発表した皇居の自然調査の速報で埋まった。

皇居は自然の宝庫……カワセミやオオヨシキリ

宮内庁は、皇居、赤坂御用地、那須・須崎・葉山の3御用邸の5地域で、前年5月から10月末までの間、担当者が記録し、集計を行った結果を公表した。

皇居で確認されたのは、動物がアメリカザリガニ、キリギリス、ヒグラシ、ミンミンゼミ、オオミノガ、カブトムシ、ゲンジボタル、コイ、マブナ、ヘラブナ、ドジョウ、メダカ、ヒキガエル、ウシガエル、アオダイショウ、ドバト、キジバト、ツバメ、オオヨシキリ、カワセミ、スズメ、ムクドリ、オナガの二十三種。いなかったのはサワガニ、イモリなど。都心では見られないオオヨシキリ、カワセミの生息は、自然性の豊かさを示していた。

植物は、在来タンポポ、西洋タンポポ、ヒメジョオン、ヘラバヒメジョオン、ハルジョオン、ヒルガオ、アレチマツヨイグサ、センダングサ、ミミナグサ、セイタカアワダチソウ、ヤブカラシ、ムラサキカサバミ、ニリンソウ、エビモの14種が確認されたが、キキョウ、オミナエシなどはなかった。ニリンソウの生育は雑木林の自然状態がそのまま保存されていることと評価された。

昭和天皇の自然観

４月29日の天皇誕生日を前にして宮内庁記者と陛下が懇談されるのが恒例だった。昭和60年は４月15日に皇居内の林鳥亭で行われた。そのときの冒頭の質問にお答えされた内容がそのまま「正論」に紹介されている。

天皇陛下ご会見（天皇誕生日を前にした記者会見）

――皇居の動植物について、今年一月、環境庁が公表した生息調査では、カワセミなど貴重な生物が確認されています。最近の皇居の自然について、お気付きの点がありましたらお聞かせ下さい。

陛下　エー、皇居の自然についていては基本的にいえば、自然をありのままに残し、武蔵野の面影を保存したいと私は考えていますが、実際は、歴史的にみても徳川時代より明治、大正を経て昭和に至る長い間の経緯がありますから、どうしても植生に非常に変化をきたしていることはもちろんであります。なお、園芸植物や外来植物、誘致樹等を入れる必要がありますし、危険を防止しなければならない（防災上の刈草など。宮内庁は陛下のお許しを得て刈っている）ことも考えなければならないので、どうしても完全に自然のありのままを残すということは不可能であると思います。

皇居や那須（栃木県の那須御用邸）、須崎（静岡県下田市の須崎御用邸）等についても、いろいろ気が付いたこともありますけれども、例えば、皇居及び那須地方では、西洋タンポポが家の周りだけにあって、ほかは日本タンポポで、皇居は日本タンポポ、関東タンポポで、那須では、エゾ及び関東タンポポがまだ、あります。須崎は、海岸性のヒロノハタンポポのみであります。残念なのは、葉山御用邸（神奈川県葉山町）は、西洋タンポポのみになっています。従来は外来植物のヒメムカシヨモギ、ヒメジョオン、ハルジョオンなどが跋扈《ばっこ》していたこともありますが、この頃は多分、それは減ってきていますし、ことにダンドボロギクは前にはかなりありましたが、この頃はほとんどみられなくなって珍しい植物と思われるようになりました。

動物については、キジは非常に減って、今これをどういう理由で減ったかを研究中であります。また、水生昆虫の代表的なタガメなどは最近、みられなくなりました。我々の幼少の頃は、それらの水生昆虫を楽しんだことがあり、非常に惜しいことだと思っています。いまさっき話が出ましたカワセミは一般にいわれたように、カワセミはかなり残っていることはうれしいことであります。皇居は同じような状況にまだ、あることです。水生昆虫の非常に減ったのは恐らく、水道の浄化するための薬が関係しているんではないかと思います。カワセミはそういう影響に耐えているのではないかと思います。

このたびの緑の国勢調査が発表されたことは、非常によろこばしいことでありまして、どうかこれが日本の自然保護に役立つようになることを私は期待しています。

（「正論」昭和60年7月号）

自然をとてもいとおしまれた昭和天皇のお言葉であった。また、現天皇も自然へのご関心がたいへんに強く、しかも国民とのかかわりを大事にお考えになっておられることが、吹上御所での一般の人の自然観察会につながっていると思う。なお、『身近な生きもの調査内輪ばなし』を寄稿した下均は47年環境庁1期生採用のレンジャーで、阿蘇、長者原、吉野山、伊勢志摩賢島、本省保護管理課から調査室勤務、その後計画課、長崎県への出向、国立公園課長を歴任して宮内庁庭園課長から宮内庁京都事務所長を経て、現在は侍従の職にある。

大崎当時の庭園課長も30年厚生省入省のレンジャー3期生だった。

『ひと』：「緑の国勢調査」のプロデューサー　瀬田信哉さん

気分が落ち込んでどうしようもなくなった時、いまでも根釧原野の夕日を見に出かけて行く、という。

北海道をふり出しに、国立公園管理官を八年。なりたての阿寒地区では、たった一人で約九万ヘクタールを受け持った。「厳しい自然のなかで、体をはって生きた、と自負できる時代です」

そのころ、連日、トウモロコシを売る暴力団の屋台の前で声をはり上げた。「みなさん、違反行為ですから買ってはいけません」。摩周湖、美幌峠へと逃げる屋台を追っかけ回した。一方で、国会議員がバックについた観光牧場計画に、首をタテにふらず、大げんか。それを見た暴力団員が「オレたち半端者だけに怖い顔をしているんじゃないってことが、よく分かった」と手を引いてくれたそうだ。

無理せず、ソツなく、上意下達で、という役所流がうまくできない。先輩から「お前は『役人』の周辺にしかいない」と評される。

その「らしくない」ところから、ボランティアによる身近な動植物調査というヒットが生まれた。参加者は十万四千五百人も。

県や市町村をとび越えて、直接呼びかけた。電話を特設、調査室員七人で日曜出勤して照会に応じた。届いた四千通の手紙を二度読み返した。

「高齢層が予想以上。夫を亡くし、すべてを失った気持ちだった時、目の前にこの調査があった――と書いてきた人もいました。身近な自然というのは、もう一つの人生のとっかかり、とも言えるんではないですか」

集まった百九十万件の情報で描いた生物分布図。コンピューターが白地図の上に小さな点を一つずつ打ち出すのを見ながら、「身が引き締まるような思いがしました」。

線引きと規制だけでなく、そこに生きる人たちを見忘れない行政を、と考えている。

（鈴木規雄記者　朝日新聞　昭和60年4月9日）

2　自然公園施設の公共事業化

自然公園の施設整備費が道路や都市公園と同じ予算費目の公共事業費になることは厚生省時代からの悲願であった。しかし環境庁に移管しても公共事業総額の１０００分の１にも満たないシェアでは公共事業の仲間入りもできずにいた。同様に環境庁内での予算拡大も枠のために頭打ちで八方ふさがりの状況だった。

トイレが汚い

昭和59（１９８４）年秋の同時期に、偶然にも国立公園内のトイレに関して２人の国会議員から指摘を受けた。10月４日の衆議院決算委員会で、９月下旬に沖縄北方問題特別委員会が知床・阿寒などの道東を視察し、阿寒国立公園の横断道路のペンケトー、パンケトーという二つの湖を俯瞰できる双湖台展望台のトイレが汚いという指摘を受けた。これには自然保護局長が答弁したが、後に沖縄北方問題特別委員会で同議員からその後の改善状況の質問があり、担当課長であった私が答弁した。水洗でないのは場所柄仕方ないにせよ、手洗いの水もない、戸も閉まらない、という指摘だった。

もう一つのトイレの指摘は、参議院の環境関連の委員会が10月３日から上高地やビーナスラインを視察し、それに随行したときのことだ。上高地駐車場で女性議員からトイレが汚いと言われた。すぐにチェックをしたが、ここは国立公園中でも胸を張れるほどに清潔に管理しているところだったし、現にそうだった。ところがコンクリート床を水で洗い流した直後で、水浸しの状況だったのだ。女性はこんなことにも敏感だった。

自然公園の利用のあり方検討

リゾート法（総合保養地域整備法）が制定されたのは昭和62年、自然公園にも規制緩和の要請が強まっていることに対処するため、自然環境保全審議会は同年８月に「利用のあり方検討小委員会」を設置し、１年９か月にわたって15回の検討を重ねた。平成元年にまとめられた検討会報告では、自然公園が地域制で保護のための規制の強弱でゾーニングされているが、この行為規制の多くは国立公園法以来の伝統的な規制、いわゆるほかの土地利用（開発行為）との調整のために線引きされたもので、公園利用のためのゾーニングではなかった。したがって公園計画には利用のための点なり線（道路）の施設計画はあるが、公園内の一帯の地域においてどのような利用が推奨されるのか、逆に許容されない利用態様は何なのかを明らかにすることが必要だとされた。そこで、いわゆる計画上の利用のためのゾーニングが必要ではないかという観点から、それを

1　原生的な自然を有する地域で、徒歩による体験型利用が限定的に行われる地域としての「野生体験型」ゾーン

2　自然性の高い地域で、拠点までの乗り物によるアクセスは限定的に認めるが、核心部は徒歩により探勝する地域としての「自然探勝型」ゾーン

3　古くからの観光地、温泉地を含み、周遊型観光や海水浴場等在来型の利用が行われている「風景観賞型」ゾーン

4　農地等比較的自然性の低い地域を含み、滞在保養や施設型レクリエーションも認める「自然地保養型」ゾーン

の４つの類型に分類した。その類型ごとに整備をすべき、あるいは認められるべき施設や活動の種

類を整理する「適地適利用構想」が報告書の要点となった。

なお、第3章の「国有林との関連」で述べた「国際水準に比肩し得る国立公園づくり」を目指すことの必要性も提言された。

また、公園地域の再生および施設の再生という視点からも、公園施設等の再点検を行った。その一環として国立・国定公園内に存在する公衆トイレの現状を、63年10月に都道府県を通じて悉皆調査した。それを元に全国総数2359の公衆便所について、設置者別、水洗・簡易水洗・汲み取り別に、また管理の難易度や快適性などを写真とともに記録した個別台帳を作成した。利用者と最も密接な関係のある公園施設の最前線を知ってもらうための大作業であったが、この資料台帳は2年後に大きな役割を果たすことになる。

生活関連重点化枠

平成3年度の政府予算編成において、従来のシーリング予算（注8）とは別に「生活関連重点化枠」を設けるという方針が示された。これは公共投資により社会資本整備を計画的に推進し、豊かさを実感できる国民生活の実現や地域経済社会の均衡ある発展を図るため、人々の日常生活に密接に関連した生活環境・文化機能に着目し、重点的整備を図るためというものだった。各省、各局がその枠の獲得を目指した競争を演じることになった。

この生活関連重点化枠の総枠は2000億円、そのうち非公共分は250億円で、自然公園施設整備費は実態からすれば公共投資的予算であるが、総額があまりに少額なので非公共として整理されていた。自然保護局では自然公園の利用は国民の自然環境への関心を高め、かつ、文化の向上に資する。その際に汚れたトイレの放置は、その期待に水を差すので緊急に改善を要する、と主張した。「汚い、臭い、怖い、暗い」の4K追放を掲げ、「明るい、安全な、愛される、アメニティあふれる」の4A・リフレッシュ・トイレ作戦に3か年計画で約1000か所を再整備するために、初年度分事業費45億円強を盛り込んだ概算要求を2年夏にまとめた。

初年度に自然保護局は12億800万円を獲得し、投資的経費としての自然公園整備費は対前年比140・6%となった。役所は常に伸び率で成果を判断するので、他省庁からは取りすぎだとの羨望の声も聞かれたが、ベースが小さすぎたということにほかならない。その救世主だったのが、新規の「生活関連重点化枠」だった。

この予算獲得は対前年度比という環境庁内に封じ込められていた従来要求とは異なり、与党政務調査会の環境部会内に「自然公園充実小委員会（近藤元次委員長）」をつくってもらって、党内からの

（注8）　昭和50年代中期から行財政改革の名の下に予算の徹底した抑制が行われ、57年度予算編成に導入された概算要求枠の前年度伸び率をゼロに抑える「ゼロ・シーリング」、ついで翌年には「マイナス5%シーリング」が導入される。シーリングは事業計画に対してではなく、省庁の総予算の要求額に対してかけられるので、大蔵省に行く前におおよその額は決まってしまう。省庁での既存の事業枠を棄てないかぎり、新規事業は認められない仕掛けだったといえる。財務当局は省庁を平等に扱うことで、横並び意識を満足させることを狙ったものだから、相対的な指数である予算配分率、シェアの縮小を嫌うバランスに配慮した自主制約方式だった

賛同と応援を得て大蔵省に働きかけるという、従来経験しなかった政治優先の予算獲得方法だった。

前年比40％増では、次年度は減少する可能性は否定できない。何としても極端な伸び率ではなくても、同額ぐらいの増を期待したいと、再度作戦を練った。

公共事業化に向けて

世界遺産については別項で述べるが、京都の哲学者梅原猛氏が世界遺産条約の批准を外務省に促進させるように竹下登元首相に働きかけたい、との電話を受けた筆者は愛知前大臣にお願いして4人が会合する機会を得た。平成4年度予算案の内示も迫った平成3（1901）年12月12日だったが、竹下氏は世界遺産批准に関してはあっさりと「わかった」と承知されたものの、以下のペーパーを示しての2つ目の陳情は難関だった。

自然公園等施設整備予算のお願い

1　自然公園の整備・野生生物の保護など自然保護のための環境庁自然保護局の平成3年度予算は総額59億円余です。

2　この内自然公園などの施設整備費、いわゆる投資的経費は42億円で、生活関連重点化枠で12億８００万円が認められました。内訳は国立・国定公園内の公衆トイレの緊急再整備事業が主なもので、ほかに長距離自然歩道が含まれています。

３　生活関連枠での予算獲得は「施設整備費が少なすぎる」との環境部会のご支援により、部会のなかに『自然公園等充実小委員会』が創設（小委員長　近藤元次先生　現在　柳沢伯夫先生）され、また自然公園整備の全国大会および関係市町村の陳情行動が初めて行われたことなどによるものだと思います。

４　今年は愛知前環境庁長官に大会会長をお願いして、全国市長会に新設された『国立公園関係都市協議会』も加えて11月11日に全国大会を開催しました（出席国会議員21名）。

５　今年の生活関連要求は19億６６００万円で公衆トイレ、自然歩道整備、身近な自然と人々のふれあいの拠点となる愛称『環境と文化のむら整備事業』に加えて、日本のシンボル皇居のお濠の浄化が含まれています。

６　仄聞するところでは平成３年度の環境庁への生活関連重点化枠の配分が多すぎたので、４年度は減らすべしとの声もあるやに聞いていますが、元が少なすぎたのでありまして、例えば緊急に再整備すべき公衆トイレ９６３か所分の内80か所分とけっして十分と言うことではありません。せめて前年度同様、自然保護関係に12億円余の配分をお願いします。

その答えは、説明する前に「君ところの対前年比40％増は取りすぎたわなぁ」だった。２０００億円の内の12億円ということは、説明するまでもなく承知していたのである。梅原氏も愛知前長官も「ベースが小さすぎたのですから、国立公園のために応援してあげてください」と同調されたが、この件では頑として「わかった」とは答えなかった。内示する大蔵原案はすでに聞き及んでいたのだろ

自然環境局の予算の推移（公共事業関係費）

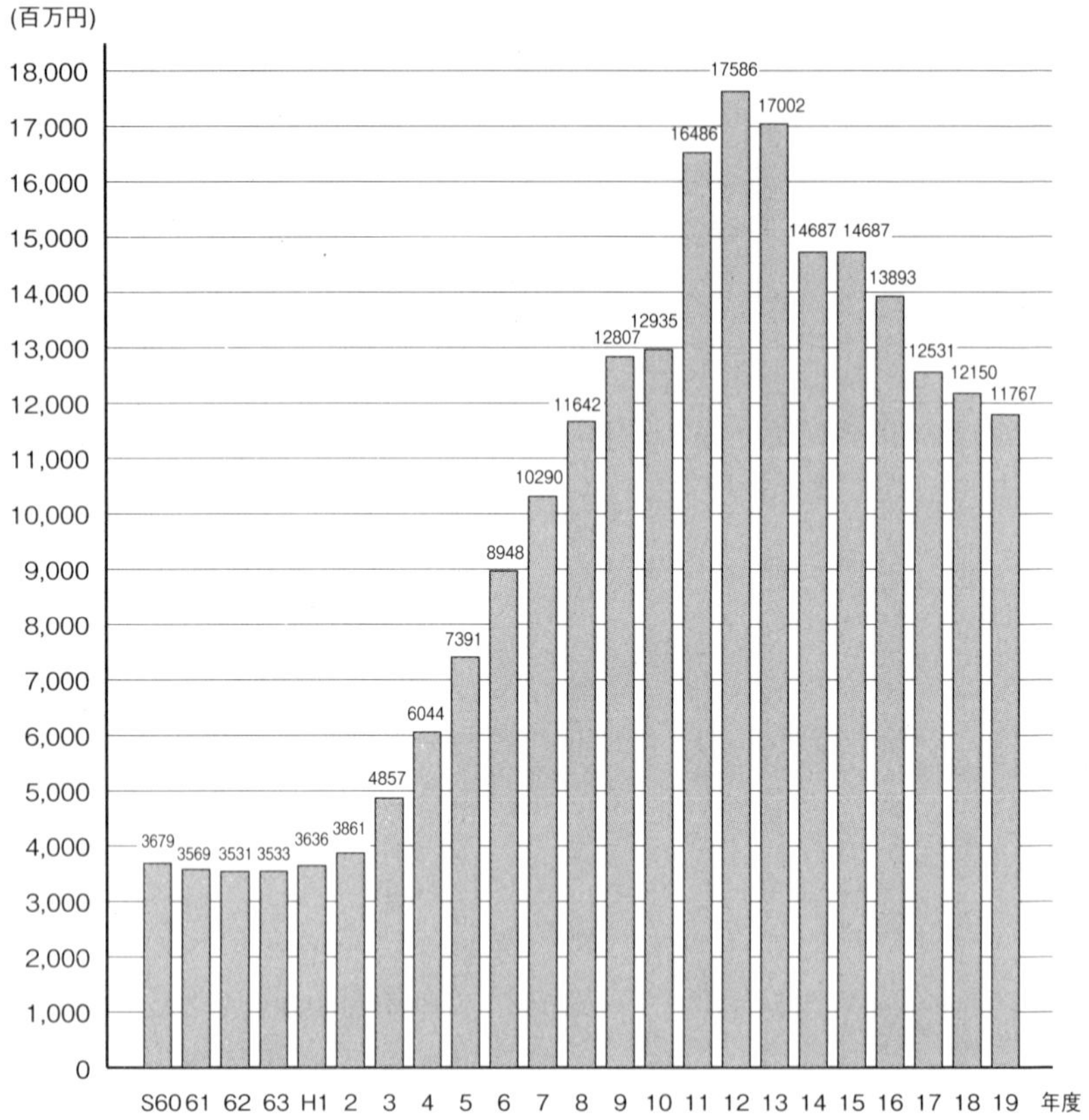

※文中の数字と異なるのは、公共事業化された際に組み替えたため

うが、こんな少額の配分にも眼を通していたのを知った。幸い次年度も12億円弱の増となった。

こうして順調に自然公園等事業費が伸び、４年間で2・3倍に達した平成６年度には念願の公共事業費の仲間入りをした。ほかの公共事業費とは予算額では比べ物にならないものの、国立公園経営という当初の理想に幾分は近づいた時期だった。近年は財政再建の見地から全体の公共事業費の見直しもあって、平成12年度をピークに減少に転じてはいる。

チップトイレ

上高地の公衆トイレは、上高地に特別環境対策下水道が完成して水洗化が可能になったこともあって、最初に着手することになった。私は環境庁を平成４年秋退官して、暮れからは上高地も事業所の一つである自然公園美化管理財団に勤務した。

上高地は環境庁所管地だから、建設工事は直轄事業だった。管理をどうするか検討し、今後整備されるトイレは利用者にも清掃・維持管理費の一部を負担してもらうことでチップ制トイレのモデルにしようと考えた。それには完璧な維持管理を徹底することが肝要と心がけた。当時の上高地は通年マイカー規制が行われていたが、貸切バスの乗り入れは自由だったので、駐車場脇に完成した大きな公衆トイレの女性用は順番待ちの行列となった。洗面台の水のとび散りも丁寧に拭き取るようにと、管理人兼清掃員を常駐させた。チップは予想以上で、開設当初は６か月余りの使用期間で４０００万円を超えたこともある。女性客の半数以上が１００円程度をチップ箱に投じてくれたのだった（女性

上高地のチップトイレ

利用者の平均チップが55円)。これは明るく安全で、清潔という4Aのリフレッシュトイレ作戦を徹底したことからの利用者の満足度対価だったと思う。その心地よさを上高地内および周辺にある8棟の公衆トイレにも提供できるように清掃・管理を徹底させた。他の7か所はチップ制を採らず、すべてを駐車場脇の大トイレのチップ収入で賄っていた。

公共事業費として位置づけられた6年からも、なお施設整備費は増大した。ベースが小さいと嘆きつつ、ひたむきに施設整備のあり方や手法を探ってきた時代から10年後の平成12年度には170億円と4・5倍の事業費となった。リフレッシュ・トイレ作戦の達成目標も見えてきた時点で、公共事業費の効果的な使途を見つける必要に迫られた。

公共事業費の使い方

そこに「緑のダイヤモンド事業」が登場する。公衆トイレはハコモノの典型だが、自然環境と利用者をつなぐ歩道のような自然公園施設は、予算欠乏のときには人手と時間をかけて細々と登山道を整備し、管理してきた。

ところが1か所に5か年で30〜100億円の集中投資をするという「緑のダイヤモンド事業」が上高地・白山・十和田・雲仙などいくつかの国立公園の中心的な場所で実施された。それが外部からの強烈な批判によって世間に知られるようになった。「文藝春秋」の平成13年6月号に「立山連峰の自然を守る会」理事長の河野昭一京都大学名誉教授が書いた「国立公園を蝕むコンクリート遊歩道」がそれだった。

この告発文は、中部山岳国立公園の雄峰立山での室堂山への登山道、天狗平への水平道をコンクリートで固められた遊歩道にしているというものだった。幅が2メートル近くもあり、高山の遊歩道にしては広く、工事途中の現場にはミキサーや小型ショベルカーが置かれていた、とある。氏の指摘は標高1950メートルの弥陀ヶ原湿原の木道と同様の木道が歩行者も少ない森林帯にも延々と整備されていることへも矛先が向けられる。河野氏は湿原では必要であっても、森林帯では不用ばかりか異様である木道を、なぜ延々と整備するのかとの疑問から、無駄な公共事業で悪名高い建設省（現・国土交通省）や農林水産省ならいざ知らず、よりによって環境省が自然破壊に加担しているのは筋が通らないという。

滑床渓谷の石積みの歩道

立山での遊歩道工事現場

河野文を読んで、必要の考え方が膨張していくのを感じた。登山道や山岳での遊歩道が木道でもなく土の道、石の空積みが原則で、尾瀬ヶ原のような弱い自然植生を損なう湿原にあっては例外的に木道が敷設されるという原則があってしかるべきだ。そもそも立山のような火山山地に、海底に生起する石灰岩を原材料とするセメント工法には、腐食の観点から、また、工事資材は現場から調達するのを旨とすべきとの観点から疑問視する設計家もいる。現に豪雨地帯の屋久島登山道には両側20メートル以内の転石を敷いて、壊れることのない道が昔から存在している。土佐と宇和島を結ぶ道は滑床渓谷の公園歩道として使われているが、石積みの歩道整備が美しい道を保っている。

この立山に至る長大な木道を設計者とともに歩いたことがある。この木材はどこから調達したものか問うたところ、1年目は国産材だったが、大量の資材調達が困難なので次年度からはシベリアマツに代えたという。ヘリコプター輸送で資材を搬入できる工事費があれば、一気に完成させることが可能になる。そこで「工事費がふんだんにあるのだから、長大な木道が短期間で完成したのだろうが、多雪地帯では耐用年数を待たずに老朽化する。そのときにこの木道材は廃棄物になるが、ヘリコプターで公園外に搬出する費用はどうするのか」を問うた。再整備するのなら搬出以外に方法はないし、しないのなら朽ち果てるのを待つということになる。後々の再整備なり、撤去費用を念頭におかないで、予算がふんだんに消化できる間に仕上げておこうという公共事業特有の精神だといえないだろうか。

このような事例は立山だけに限らず、奥入瀬渓谷でも過大なる整備だとして園地工事が途中で中断撤去される事態になったりして、全国的に起こりうる傾向であった。

立山にも鉄道の枕木を有効かつ適切に利用してきたノウハウがあった。弥陀ヶ原の餓鬼の田んぼといわれる湿原の木道である。当初は防腐剤が湿原に滲みだす恐れもあると批判されたが、木道使用などの余った資材は土砂止め用に使われている。この分から必要に応じて補強材として利用しているのだ。もう、防腐剤の滲みだしの心配もない。このような知恵は整備費がままならないときに培われたものだ。登山道や付帯施設の整備には、地元での伝統や知恵が生かされてこそ、足に、目になじむ施設となる。これは伝統的に出来高設計といわれるもので、近年の入札方式では排除されてきたものだった。いまでは事業費が大きくなればなるほど、機械的に積算するローコスト方式に変わり、施工もコストを抑えるために、結果的に無機質な施設になりがちだ。登山者の身になって歩くこともせず、登山道の保守に欠かせない山小屋の意見

弥陀ヶ原にある枕木の土砂止め

も聞かないで、地形・植生を航空写真から読み取って計画・設計するより、山岳地帯の特殊性を理解し手づくりの公共事業の原点を存続させることは、けっして無駄遣いではなく、安全であり、結果的には長持ちもするし、自然にも人にも優しい道となるはずだ。利用者であり、納税者でもある国民はそのことに理解を深めてほしいと思う。

「人間のえらさに尺度がいくつもあるが、最少の報酬でもっとも多く働く人ほどえらいぞな。一の報酬で十の働きをするひとは、百の報酬で百の働きをする人よりえらいぞな」と司馬遼太郎は「坂の上の雲」で正岡子規に語らせる。人を役所や組織と読み代えても、２か３の予算でも10の成果を得るべく努力することが肝要だと思う。

3　自然と文化の世界遺産

世界自然遺産の光と影

私は、環境庁退官前の数年間は屋久島環境文化村懇談会や白神山地の自然環境保全地域の指定にかかわっていた関係から、世界遺産条約も視野に入れざるを得なかった。

最近でも12月になると、日本のどこそこが新たに世界文化遺産に登録されたと報道される。世界遺産条約はユネスコ総会で１９７２（昭和47）年に採択されたが、日本政府は20年もの間、棚ざらしにしており、ようやく１９９２（平成４）年６月、リオで開催された地球サミットに合わせたかのように慌てて批准し、仲間入りした。

その年の12月に、政府は自然遺産として屋久島および白神山地を、文化遺産として法隆寺および姫路城を推薦し、１年後には世界遺産委員会の検討を経て遺産リストに登録された。

その後、文化遺産に関し、わが国は候補地を年ごとに推薦しては登録を繰り返している。もういい加減に世界遺産などから乳離れしたらどうか、というのが当初に関与した私の真意である。

当時、日本政府の批准に対する熱意のなさに業を煮やした（財）日本自然保護協会は、海外から関係者を招いてシンポジウムを開催したり、早期批准を政府に要請していた。白神山地での青秋林道開設反対や石垣島新空港建設から白保のサンゴ礁を守ること、さらに沖縄本島のヤンバルや奄美などの南西諸島の自然を保護するための決め手にと期待したところもあった。それゆえ環境庁は矢面に立たざるを得なかった。

シンポジウムでユネスコ生態学部長のドロステ氏は「日本は批准に際し具体的な登録地を推薦しなくても結構。危機に瀕している開発途上国の自然や文化財を守るために個別の対々《バイ》援助でなく多国間《マルチ》での国際的視野に立った支援をしてほしい」と訴えたのだった。

屋久島で環境文化村構想を模索していた鹿児島県と屋久、上屋久の両町は、早期批准を政府、特に批准に積極的とは思えなかった外務省に要望した。全地球的な国際条約に、地方の自治体が陳情することは稀有のことだと報道され、そのことがさまざまないきさつのなかで批准に貢献した。

世界遺産には文化遺産、自然遺産および双方を合わせ持つ複合遺産があり、選定の登録基準《クライテリア》がある。自然遺産にも4つの基準があり、一言で言えば「観賞上、学術上または保存上顕著な普遍的価値を有する、特徴ある自然の地域、脅威にさらされている動植物の生息地・自生地および自然の風景地等」ということになる。

私は前記のシンポジウムで「世界遺産はこのかけがえのない地球そのものであって、条約上の世界遺産はそのショウウィンドウにすぎない」と発言した。何もそれだけが価値を持つものではない、との考えからだった。

屋久島は、九州の最高峰で冷温帯気候の山稜部からサンゴの生息する海まで、その間には高層湿原や屋久杉原生林などがあってたいへんユニークな自然に彩られており、その大部分が国立公園に指定されている。

一方の白神山地は、標高1000メートル余のブナ林の山々が重畳と続くにすぎない。しかしそのブナ林は、豊かな動植物相の活動で、四季折々賑やかなのだ。日本では白山や月山、朝日連峰など、山麓から山腹にかけて広大なブナ林に覆われた山岳が国立公園に指定されている。ブナ帯、ダケカンバ帯、ハイマツ帯、お花畑、山頂という変化のある植生と整った山容は、あたかも内裏雛、三人官女、五人囃子が飾られた雛壇にも似て、日本的風景に馴染むからだ。だからブナまたブナの捉えどころのない白神の山々は、五人囃子ならぬ百人囃子の賑わいはあったものの、内裏雛もない風景では観光的にも世間から注目されなかった。目指す山を特定できず、そこへ至る登山道も稀な、現代社会から隔絶された白神山地は、日常性を持たないが故に近代化・産業化の対極に位置する。文明国である日本において、この魅力こそが世界遺産たる意味を持った。

しかし昨今は、世界遺産のレッテル欲しさに、どこかしこもが遺産候補に名乗りを挙げ、観光客の誘致合戦に荷担している。その結果は「東欧五大世界遺産見学ツアー」など銘打った、慌ただしくつまらないツアーの目玉商品に貶められ、文字通りウィンドウショッピング化している。国内でもその事情は変わらない。


（『魅力学のすすめ』第1号　日本魅力学会　平成11年）


10年ほど前に執筆したエッセイだが、その間にも続々とわが国の世界遺産登録は増えた。

自然遺産では知床が平成17年7月14日に、日本では12年ぶりに3番目の世界遺産に登録された。南アフリカのダーバンにまででかけて、その瞬間に立ち会えた午来昌斜里町長（当時）には万感の思いがあっただろう。彼は12年間、登録を悲願として運動し続けてきたのだった。

午来氏は、昭和62年4月26日の統一地方選挙で現職町長を破って当選した。それは日本の自然保護運動史に残る事件でもあった。61年には当時の林野庁北見営林支局が知床国立公園内の国有林を伐採する計画を公表し、その反対運動は全国的に異常にまで盛り上がった。ウトロの開拓農家である午来氏は、町会議員などを歴任したが、本業はあくまで農業で、自然保護に熱心で「青い海と緑を守る会」（昭和61年4月に「知床自然保護協会」に改称）の会長を務めていた。

知事選などの前期地方統一選の翌々日4月14日に、反対運動の実力行使を阻止するための北海道警察の機動隊に守られて伐採は行われた。伐採に理解を示していた現町長に対抗し「知床の豊な自然あってこその斜里」を訴えた5日間の選挙運動に斜里町内は燃えた。投票率は94%を超え、53・6対46・4と720票差で伐採反対を唱えた午来氏が快勝した。

当時は青森・秋田間のブナ林を分断する林道建設への反対運動も全国的話題になっていた。国民の国有林施業への強い関心を受けて、林野庁は62年秋には「林業と自然保護に関する検討委員会」を発足させ、8回の論議を重ねて63年12月に「森林生態系の保護地域指定」という画期的な森林管理の方策を盛り込んだ報告書を得たのだった。

世界遺産条約

「世界の文化遺産及び自然遺産の保護に関する条約」は、昭和47年のパリで開催された第17回ユネスコ総会で採択された。ユネスコはエジプトのヌビア遺跡を国際協力で移転させて保存した経験から文化遺産保護の条約を用意していた。IUCN（国際自然保護連合）は自然遺産の保護に関する条約を準備していたが47年6月にストックホルムで開催された国連人間環境会議において文化遺産と自然遺産の保護を一つの条約とすることが勧告され（注9）、11月16日のユネスコ総会で世界遺産条約は採

（注9）　第3部　勧告（行動計画）Ⅳ―125

各国政府に対して次の勧告をする。

・世界の天然遺産および文化遺産の保護に関してUNESCOが作成した条約案は、国際的な規模の環境保全に対する大きな前進であることに留意し、次のUNESCO総会でこの条約案を採択する含みで検討すること。

・適当な時期に、国際的に重要な湿地の保護に関する条約に調印すること。

（国連人間環境会議の記録　環境庁長官官房国際課より）

択された。条約の発効は51年1月28日だった。

湿地の保護に関する条約は正式には「特に水鳥の生息地として国際的に重要な湿地に関する条約」といい、46年に条約が採択されたイランのラムサールの地名にちなんでラムサール条約と呼ばれる。日本は55年に加盟し、同時に釧路湿原を登録した。加盟に際して最低１地区の登録が要件だったからだ。

しかし世界遺産条約は登録を義務付けていない。世界遺産事務局へはユネスコへの供出金の１％を拠出するというだけで、特段費用的に無理があったとは思われないが、この条約批准に対する日本政府の対応は遅々として進まなかった。進まない、というより進めることをしなかったというほうが的確だろう。

60年には日本生態学会が批准促進を決議し、関係機関に要望書を提出した。国会でも早くから取り上げられており、衆議院外交委員会で55年、56年に質問があったのを皮切りに、平成２年の予算委員会でも質問がなされた。歴代外務大臣も答弁し、おおむね批准の方向を示唆していたが、依然として事務方は批准作業を進めなかった。このようななかで（財）日本自然保護協会主催の「世界遺産国際セミナー」は３年１月12日の東京都港区の建築会館ホールで開催された。

屋久島を世界遺産に

鹿児島県はリゾート法によるリゾート開発とは異なる考え方を屋久島で模索していた。屋久島のすぐれた自然を生かして、島全体を自然学習および研究のフィールドにするという新しいコンセプトに基づく島づくりを目指すことにした。島民が中心の地元研究会、マスタープラン研究会と梅原猛、福井謙一、上山春平、兼高かおる、C・W・ニコル氏などの島外の有識者を含めた屋久島環境文化村懇談会（座長　下河辺淳元国土庁事務次官）の3つの会を有機的に組み合わせつつ、懇談会は平成3年4月を皮切りに4年9月までに計6回開催された。その会議で屋久島を世界自然遺産登録地に推薦しようとの提案が出され、4年8月には懇談会委員名で要望書が提出された。

屋久島世界自然遺産の登録要望は地元自治体からも中央省庁に提出された。8月24日付けの毎日新聞は、縄文杉の屋久島を世界遺産に登録できるように条約の早期批准を直訴したと大きく報じた。自然保護の世界の輪から落ちこぼれてないようにと、鹿児島県知事と屋久・上屋久両町長が外務省

縄文杉の下に立つ愛知環境庁長官

と環境庁を訪れ、世界遺産条約の早期批准を陳情したのだった。環境庁は愛知和男環境庁長官が夏には縄文杉まで、秋には白神山地の二ツ森に登山して、批准を促進する側だったので阿吽の呼吸だったし、屋久島と並び同条約批准の際に登録申請する考えの白神山地を自然環境保全地域に指定する方針を固めていた。

陳情を受けた外務省国連局は「地方自治体が、多国間条約の批准の陳情に押しかけるなんて前例がない」と驚いた。日本は「国内体制が不十分」との理由からまだ批准していないとコメントしたが、登録は義務条件ではないし、自然公園法などの国内法はすでに調っていたのだ。事実、世界遺産のための新法などは念頭になかった。

愛知環境庁長官は、批准の推進を要請するため自ら外務事務次官を訪ねて陳情すると相手方に連絡した。小和田次官は大臣自らの来省は畏れおおいとして、環境庁に赴き会談した。田中政権を支えてきた岳父愛知揆一外務大臣の威光を感じた一件だったが、外務省の事務方は作業を進めることなく平然としていた。

外務省は批准手続きができないのは条文の日本語訳が不十分であること、現行法制での適応を精査する必要があることなど瑣末な理由を挙げて、早期批准を希望するのなら環境庁から給与を自前で負担する、いわゆる弁当持ち職員を外務省に派遣するようにと非公式に打診してきた。

11月５日に内閣改造があり愛知長官は去った。その後京都の梅原猛氏から批准のことは竹下さんに頼むしかないとの電話がかかってきた。12月に会える手筈を整えてほしいという要請だった。愛知前長官に相談し、12月12日夕刻に会談をセットし、竹下・梅原会談に愛知前長官と私が同席した。

梅原氏は8年間ユネスコの国内委員を務め、文化活動小委員会の委員長をしたことがあった。この委員会でも何度か世界文化遺産の批准が必要であると再三外務省に申し入れたが、ナシの礫だったそうだ。それゆえに竹下氏に一肌脱いでもらおうということになったのだった。

条約批准さる

リーダーたる男の条件『将たる所以』（光文社　平成6年11月）という梅原著述本には「環境庁のお役人とともに待っていると、やがて竹下さんが現れた。……竹下氏は世界文化遺産条約の批准について、すぐにオーケーし、そしてそれはその言葉通り国会で議決されたのである。」となるまでの間の会話が述べられている。

会談中の竹下登元首相と梅原猛氏

梅原氏は「竹下さん、これからは環境問題が日本いや世界にとって最重要課題になる。あんたがやらないで、誰がやれる」と熱っぽく語ったのが印象的だった。くどくどと説明するまでもなく、「わかった」の一言で世界遺産条約の批准は決まったようなものだった。大蔵省の来年度予算原案が内示される12月20日過ぎには外務省から、今国会での批准のために準備を急ぐ旨の電話が環境庁にあった。

この外務省の豹変振りには驚くばかりであった。歴代の環境庁長官が要請し、国会での質問も数多くされていること、それより何より採択されて20年近くも批准を進めなかった理由は伝わってこない。そこでいくつかの推測をした。

１　昭和62年11月６日に発足した竹下内閣は「世界に貢献する日本」を外交方針とし、「国際文化交流に関する懇談会」が発足した。平成元年５月にまとめた懇談会報告のなかでは、具体的事業として世界遺産条約の批准が挙げられていた。また、日本は歴史的建造物や考古学的遺跡などの有形文化遺産の保存を目的とした「文化遺産保存日本信託基金」をユネスコに設立した。多国間での援助にこだわらなくても、日本独自の援助は国際的に見えてくるはずという見解だった。シンポジウムに招かれた海外の関係者は、アンコールワット遺跡の保存など日本独自の個別的援助は評価していたが、まずは国際的な枠組みのなかで方向を決めて、それから個別に援助するという手立てをとってほしいと話した。

２　平成３年２月７日の予算委員会で中山太郎外相は「日本も締結を急ぐべきだ」と発言したが、外務省は日本が同条約を批准してこなかったことについて「その他の数多くの条約に比べて緊急性が低かったために、政府内の調整が進まなかった」（読売新聞：平成３年２月８日）と暗に不作為を認めている。

３　革新政党が広島の原爆ドームのような『負の遺産』を原水爆反対運動に利用しようとしていると、自民党、政府が捉えていたのではないかと、原剛毎日新聞編集委員は解説する。（毎日新聞：平成３年２月７日）

現に昭和63年3月9日の衆議院予算委員会第2分科会でも、広島、長崎の被爆遺跡、特に広島の原爆ドームが西表島のイリオモテヤマネコ、沖縄本島のヤンバルクイナと同列で論議されている。

58年10月の三宅島での噴火被害の復旧に、三宅島新空港の建設が計画された。それは厚木基地の米軍艦載機の夜間発着訓練場を移転することを前提にしたために反対運動が起こった。村民の80%は反対で、村長も反対派だったが、地元とは別に62年に生態学者らは「三宅島の自然保護のために世界遺産条約の登録地と条約批准をすみやかに行う」旨のアピールを出し、一部政党はこれを後押しした。具体的には62年7月23日参議院予算委員会で、「世界遺産条約が批准されれば三宅島は登録の有力候補地になると思うがいかが」という質問がなされた。いわば野党の攻撃案件でもあり、竹下会談前までに衆参両院で延べ16回もの質問がなされていた。

4

平成4年6月にはリオ・サミットがあり、20年間も批准しないで棚ざらしを続けておけば、国際世論からの批判も強まるだろうから、なんらかの対応を迫られていた。

このような背景を考えると、外務省も身動きできない状態だったのかもしれない。批准への国民の総意が伝わらないのだから、緊急性が低いとの逃げ口上も、野党の質問は国民の総意でないということにして、与党自民党からの圧力を受け流していたともいえよう。それゆえに、竹下前首相のゴーサインによって自民党内でも了承が得られやすいという意味では、この時点で外務省の呪縛が解けたともいえる。

平成４年６月19日条約締結を国会で承認され、日本政府は６月26日に受諾を閣議決定し、30日に受諾書を寄託し発効した。

条約批准が終わるか終わらないうちに、文化庁は条約事務局に推薦する文化遺産のリストの選定を懇談会で検討し、10月には10件の暫定リストを選定し、政府は２件の自然遺産を合わせた12件をユネスコ本部に提出した。

５年12月には世界遺産リストに「法隆寺地域の仏教建造物」、「姫路城」、「屋久島」、「白神山地」の４件が登録された。自然遺産は当分の間は推薦しないこととなった。

午来町長の思い

知床を愛する自然派町長は、屋久島はいいとして国立公園でもない白神山地がなぜ最初に世界遺産に登録されたのかと憤慨した。彼にとっては知床も白神山地も林野庁の国有林経営の変更をなさしめた戦友であり、知床は兄貴分だと信じていただけに屈辱と思ったようだ。

白神山地を世界遺産にするということは、青秋林道建設断念に追い込む手段でもあり、環境庁としては広大な自然環境保全地域の指定のためには必要な戦略だった。(財）日本自然保護協会の沼田真会長からは、白神山地の国際的評価は厳しいとの情報も得ていたが区域を拡大するなどで対応した。

知床を世界遺産にとの思いは、敗者復活戦にも似たものだった。知床国立公園指定30年の平成６年には羅臼町とともに世界遺産を目指そうという歩調がとられた。9年に知床を訪れた当時の世界遺産委員会関係者が知床の素晴らしさをその目で確かめ、午来町長に世界遺産の可能性を示唆したことも地元の励みになった。しかし運動の相手である北海道庁や環境省は国際的に見て登録の可能性があるかどうか、躊躇した。

転機をもたらしたのは環境省と林野庁が15年に設置した「世界自然遺産候補地に関する検討会」(座長:岩槻邦男放送大学教授)だった。知床の海がきわめて豊かであり、海と陸の生態系の相互関係が自然遺産の要件である「顕著で普遍的な価値」に値すると評価され、知床を小笠原諸島、琉球列島とともに世界自然遺産登録の候補地として選定したのだった。海に目を向けたことにより、知床は世界自然遺産の候補地として推薦することになった。それからの国際舞台での意見に応えるためには、絶滅が危惧されているトドの保護のための漁業調整など従来の国立公園管理とは異なる困難さもあったが、ようやく12年の歳月を超えた午来町長の夢がかなった。これを機に引退して5期20年にわたった町長としての激務を閉じたのである。世界自然遺産への道のりは、自然派町長が行き着くゴールだったのだ。

その年、17年9月2日、斜里町ゆめホール知床で開催されたオホーツクシンポジウムで午来町長は、「斜里町と羅臼町、両町でもっとグレードの高い国立公園にしたい、知名度も上げたい、世界に発信できるようなエリアにしていきたいと、そんな夢を両町民が持ちながら世界自然遺産のための運動を12年間続けてまいりました。これは斜里町だけがどんなに頑張っても、羅臼町の皆さんのご協力、ご理解がなければ成しえなかったことであります。特に、後半になって漁業問題がいろいろと話題になりました。これも漁業関係者のご理解が得られなければ、この7月14日には決定されえない、という緊迫したひと時もありました。

この遺産決定によって、私たちはもちろん、特に子どもたちには『我がふるさとの誇りは、自分の誇りでもある』というような魂をもたらしたかったのです」と挨拶した。

目白押しの世界遺産運動劇

平成19年1月千葉県富津市の公民館で開かれた「東京湾海堡と世界遺産」というシンポジウムを筆者は聞きに行った。東京湾海堡は、明治新政府によって建造された一連の東京湾要塞のなかで、湾の沖合いに造成された3つの人工の砲台島のことである。地元での関心はさほど高いものではなかったが、役人ＯＢや海洋土木の技術者からなる東京湾海堡ファンクラブの人たちの思いが、世界遺産というものに挑戦させようとしたのだろうか、会場は一杯だった。地元の人も理解していないものを掘り起こすという意味では評価できるが、世界遺産に結びつける運動は夢が拡大して熱病にうなされるようなところもある。世界自然遺産候補地に関する検討会でも選考候補地を19か所に絞った段階で、各道県や地域からの陳情は華やかだったらしい。

最終的に決定するのは検討会だといっても、地元では陳情の仕方が生ぬるいからだと批判されがちである。国立公園の指定運動華やかな時代・事例と同じ現象だった。姫路城が世界遺産で、暫定登録された彦根城はなぜダメなのか。それより同じ国宝でありながら暫定にもならない松本城は市当局の弱腰にあるのではないか、と横並びの思考が頭をもたげるのは避けられない。本来ユニークであるという独自性が尊重される文化遺産（自然遺産でも多様性という意味では同じ）が、まずは国宝・重要文化財という国の基準によって格付けされ、その上に新しい国際基準に当てはめて順序を競い合う傾向が強いのではないだろうかと危惧する。地域の宝物探し、再発見はいいが、それを国際級に求めて足元を見失うことを恐れるのだ。

世界遺産を選んで旅をしたことはないが、11年の5月半ばシェナンドゥ国立公園から首都ワシントンまでのスカイライン・ドライブを見ようとバージニア州シャロットビルに宿泊した。ついでに同地のモンテセロとバージニア大学を見学した。いづれもがアメリカ独立宣言を起草し、第３代大統領に就任したトーマス・ジェファーソンと縁が深い。モンテセロは町から離れた小高い丘の上で、ジェファーソンが自ら設計した建物と菜園があり、彼はそこで晩年を送った。大学も１８１７年に彼によって設計され、設立されたもので、いずれもが世界文化遺産に登録されている。モンテセロでは学校の生徒たちが大勢見学し、大学では一般人対象のガイドツアーがあったが、大学構内には世界遺産マークもモニュメントも見当たらない。世界遺産ハンターも到達しにくいのだろうが、アメリカ人にとって自由・平等・幸福の追求という建国の原点を追憶できる誇りうる場所ではあるのだ。日本ではさしずめ伊勢神宮かな、とふと思った。しかし伊勢の神宮には世界遺産へなどというそぶりも見えないが、富士山はいかがなものだろうか。自然遺産が駄目なら文化遺産でという運動からは、日本国の誇りという容姿が見えてこない。

コラム④　エコツアーの楽しみ

「高度情報化社会といわれる現代に生きる私たちは、あらゆる情報を科学技術が生み出した機械のセンサーに頼っています。私たちの住む空間も時間も、そして生きものである自分の肉体までもが、計器万能主義のなかに組み込まれています。だからといって雲の動きや花の開く時期、実のつけ方、野鳥の鳴き声などの自然のさまざまな状態が情報としての意味を失ったわけではありません。

それに、私たちは感動までを機械にゆだねてはいません。木の葉の色づきや虫の声、風の伝えから、生命あるものの微かな気配をとらえる喜び、これを私たちは『自然に聴く』というテーマのなかで発見したいと思います。また、その喜びをみんなで分かち合いたいと思います」

私はこのようなコンセプトで、退官3年後の平成7（1995）年冬から朝日カルチャーセンターの「自然に聴く」シリーズのツアーを開始した。3泊4日で年に4、5回、自分で企画し、同行する。新聞社が社告で広報し、知らない初めての人とツアーをともにするのだ。参加者は20～30人。事前に知っておいてほしい情報はテキストにして送付し、必ず現地ではガイドや解説できる人に同行してもらうことにした。

多くは私が行ったことがあるところだった。見に行くのでなく、そこにいるということに重点を置く。最高の自然の光景に出会えるための場所と時間を事前に計る。夕日の例を挙げよう。この時刻は往々にして夕食時とかち合う。

夏、釧路湿原の向こうに沈む夕日を見るには、細岡展望台に午後7時に到達していなければならない。残照の余韻を味わおうとすれば、さらに30分は滞在する。食事付きの日本式旅館では遅い夕食はご法度。シティホテルに予約して夕食は軽食で済ませる。胃袋が不満をいうようなら、後で街の炉辺焼きにでも出かける。

一般観光ツアーでは夕日を見せることなど念頭に

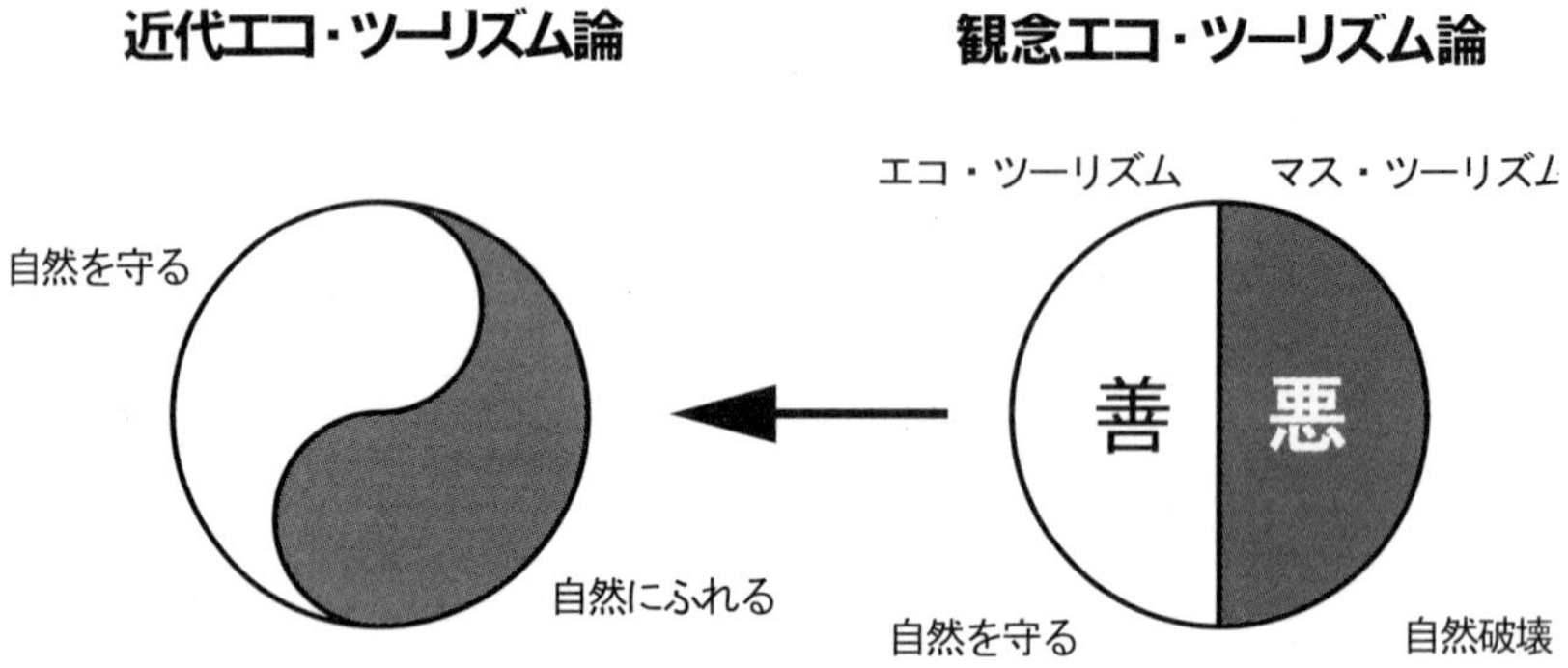

マスツーリズムは自然を破壊する悪だと決め付けてはいけない。エコツーリズムは自然を尊重するということであって、原点は人の心にある。それに気づけば、ふれあえる自然との接点は長く、広くなる

おかず、ひたすら展望地点と人工施設の駆け巡りに徹する。夕日のことを旅行関係者に話したら、それは食事をとるか、夕日を優先するかの選択の問題だし、夕日には天候いかんで見えないという事態もあるから、そんな旅程はつくれないという。

エコツアーは自然を〝観る〟、自然に〝聴く〟など自然とふれあう旅である。自然の装いが天体、光、温度などの自然の摂理によって織りなされているのだから、人もそのような自然に一時的にせよ同化することが肝心なのだ。それには自然の装いに気づく手立てを何気なく、しかも精緻に組み込んだシナリオが必要になる。

自然の姿は、人が予想しているものより、はるかに多様で奥深い。この現象に応じられる柔軟な感性と知性、さらに選択の多様性がエコツアーには求められる。時計で配分された時間ではなく、太陽や月によってつくり出される自然の時の刻みと装い、例えば気候、日の出、日の入り、月齢、潮の満ち引き、植物の移ろいなど、自然のリズムに合わせたツアーでなければならない。乗り物の時刻表ではなく『理科年表』を引くことが肝心なのだ。

自然はもとより人間などに無関心なのだから、人間のほうから自然へのチャンネルを同調させなければならない。冷静な知性で同調させれば自然の仕組みが見え、感性を同調させれば驚嘆と感動が伝わる。旅人が自然に同化するには、自然から発せられるさまざまなメッセージを伝える「インタープリター」の役割を見逃すことができない。悠久の歴史を有する自然という古文書を、歴史書として、そして科学書として読み解いてくれる「自然の語り部」が必要になる。

屋久島の白谷雲水峡はガイドツアーのメッカだ。半日ほど観察していると、何十人ものガイド、インタープリターに出会う。彼らにはそれぞれの流儀がある。

優秀なインタープリターについて歩くと、彼らはツアー参加者を十把一絡にはしていない。参加者が10人ならば1対1が10組ある関係を尊重する。10人中9人に納得が得られても、1人の疑問に答えられなかったらインタープリテーションは成立しないと感じる。だからマニュアルだけに頼るのは禁物だ。伝えるだけでなく常にフィールドで観察し、調査研究もしている。その姿や語りが参加者を納得させる。

情報は、モノのように大量生産も切り売りもできない。知識が商品化されてしまうと、本当の自然は語れなくなる。

私はエコツアーの広がりを求めて、『自然に聴く旅』でこんな人を探し求めてきた。

① フィールドの自然を知り尽くそうと努力する人（されど、語り尽くす必要はない）

② 細切れの知識ではなくストーリーを持てる人（専門的な関心が、広がりや深みを伝える）

③ 多くの抽斗《ひきだし》のある知識箱を背負える人（相手の状況に応じて違った引き出しを開く）

④ 自然への気づきも大切だが、自然や参加者への気遣いができる人

ワッペンをつけ、旅行社の旗の行き先を気にし、マイクで説明を聞くことではないツアーをすることで、自然のささやきがおのずと聞こえてくる。

すぐれたインタープリターはたくさんの“引きだし”をもっている（写真は屋久杉自然館長の日下田紀三氏）

本項は、昭和60年からの3か年、月に1回土曜日に、世田谷区内の個人宅（アメニティ・ミーティング・ルーム）に有志が集まって講義し、語らった際の筆者の講義録をまとめたものである

4　国立公園雲仙の街づくり「雲仙プラン50」

今日は、以前、私が長崎県の自然保護課長をしていた当時の雲仙の街づくりについてお話したいと思います。

近代的保養地の草分け

雲仙は、雲仙天草国立公園の中核をなしており、昭和9（1934）年、日本で最初に国立公園に指定されました。普賢岳とか妙見岳といった名の山は、かつての山岳宗教の名残りですし、中腹の仁田峠の霧氷は有名です。年配の方ならメロドラマ「君の名は」の真知子岩を覚えておられるでしょう。この岩は雲仙温泉の中央の噴気孔が数多くある地獄にある岩で、ヒロインの岸恵子さんが手を触れたということで、おそらく美幌峠とともに戦後初めてブームになった観光地といえるのではないかと思います。

雲仙は古くから開かれた保養地でして、国立公園制度が創設される20年も昔に、わが国で最初に県

普賢岳ドーム

雲仙地獄

雲仙岳と温泉街

立公園となり、県営のゴルフ場、テニスコート、それに今でいうクラブにあたる娯楽館といったものができていました。長崎に住む外国人ばかりか、戦前には上海、香港にいる西欧人が避暑にやってきたそうで、西の箱根、軽井沢ともいわれてきました。伝統、由緒からすれば、日本の近代的保養地の草分けといえるかと思います。

もっと遡りますと、先ほど宗教色の強い山の名を挙げましたが、僧行基の開山といわれる満明寺を中心に、真言密教の修行地として坊や窟がたくさんあったそうです。山岳宗教がすたれた後も、島原藩によって湯守がおかれ――今も湯元旅館として引き継がれています――温泉が管理されてきました。それより以前のキリシタン弾圧の頃には、上方から送られてきたキリシタンが、地獄で熱湯にひたされるなどの拷問を受け、処刑されました。このようにさまざまな歴史を秘めた所ですが、自然も変化に富み、四季いずれの折にもきめの細かい日本の美を堪能させてくれます。

昭和９年３月に日本最初の国立公園となった雲仙、霧島、瀬戸内海の３公園は、いずれも神社があったりして古くから名勝地として親しまれ、優美を特色とした公園です。これに対して同年12月に指定された阿寒、大雪山、日光、中部山岳、阿蘇の５公園は、男性的な豪快さや原始性の豊かさが売りものの公園です。原始性豊かな公園はアメリカのナショナルパークに源流を見ることができます。日本の国立公園は創設のときから二つの流れを有していました。

私は国立公園を現場で管理する仕事、いわゆるレンジャーを志願して役人になりました。当時の厚生省国立公園部、現在の環境庁自然保護局です。最初の任地は阿寒で、その時期、知床が国立公園になり、そちらのほうへも出かけました。それから南アルプス、次いで中部山岳の立山、そして上高地と、私が駐在した公園はすべて原始タイプの山岳型の公園でした。長崎県に出向して始めて、海の公園や雲仙のような、古くからひらかれたやさしい風景の公園とかかわりを持ちました。雲仙にも環境庁の職員がレンジャーとして駐在していますが、県営公園当時からの歴史もあって、長崎県の公園事務所があり、ここではゴルフ場や有料道路を管理しています。

ここでちょっと国立公園の管理体制について説明しますと、日本の国立公園は「すぐれた自然の風景地を保護するとともに、その利用の増進を図り、もって国民の保健、休養、教化に資する」目的で、地域を定めて指定することになっています。地域指定いわゆるゾーニングというのは、その土地の所有権は問わず、民有地でも、指定されると建築や採石、樹木の伐採にも制限がかかるのです。国有地と一口でいっても、森林経営を目的とする国有林、林野庁の所管地がほとんどで、公園目的で所管し管理する環境庁の土地は、上高地とか支笏湖畔などごく一部の集団施設地区に限られていて、微々たるものです。このため公共の目的（ここでいえば自然の風景を守る）をもって行為を規制する、公用制限が行われているのです。

雲仙も普賢岳や仁田峠などの山岳部は国有林、ゴルフ場は共有地を県が借りているといった具合です。雲仙温泉集団施設地区も、環境庁所管地、県有地、民有地が入り組んでいます。そうした土地所有の上に、ホテルや旅館、商店が存在しています。大まかに言いますと、古湯地区といって古くからの街並みを形成している商店街地区が民有地、地獄や新しいホテルのあるところが新湯と呼ばれ、国や県の土地です。

雲仙の観光地としての歴史は古いと申しましたが、写真にある木造3階建てのシャーレー式と呼ば

雲仙観光ホテル

れる山小屋風のホテルは、昭和10年国際観光振興の目的で、全国のいくつかの自然景勝地に建てられたホテルの一つです。上高地の帝国ホテル、赤倉観光ホテル、志摩観光ホテル、十和田ホテルなどが同じ頃に国の融資で建てられました。戦後は駐留軍に接収されはしましたが、現在も建築時と変わらぬ姿をとどめています。このホテルは、大阪のビル会社の経営です。建物の外観は、屋根が赤銹色、外壁は白色か木造風になっていて、周囲の松林と調和がとれたものとなっています。というのも国立公園の集団施設地区として、高さとか色彩の基準に従っているからです。前置きが長くなりましたが、雲仙温泉の概要がおわかりになったかと思います。ではこれから、この雲仙を地域の人たちと行政が一体となって改善しようとしてきた「雲仙プラン50」について話すことにします。

現実を直視、改善

私が長崎に赴任にして1か月くらいたったときでした。知事から「いま雲仙で小浜町長が推進しようとしている構想に協力してやってほしい」と言われました。雲仙はいま観光的に停滞している、かつての栄光ある観光地としての名声を呼び戻すためには、国際会議のできる大会議場ないしは総合体育施設をつくってほしい、というものでした。雲仙の宿泊収容力は６０００人程度で、過剰の投資が行われたと考えられ、21軒のホテル旅館のうち３軒が閉鎖する状況でした。宿泊客は、昭和33年当時31万人、６年後の39年には２倍の62万人と急増し、木造のホテル、旅館が高度経済成長をバックに鉄筋コンクリートの大型ホテルに変容し、団体客でふくれあがっていたのです。しかし低成長期、それに旅行も多様化し、既成の観光地にとっては苦しい時代が到来していました。雲仙でも宿泊者数は頭打ちで、地元の人たちには何とかせねばというあせりと、自分たちでは起死回生の対策が打てないということから、知事への直訴になったのでしょう。

国際会議場、コンベンションホールは全国の観光地が夢見ているものの一つです。開発というのはバラ色で、それに逆らったり、疑問を投げかける者は、虹を消す灰色の人間に見られがちです。何千人も収容でき、同時通訳が可能な会議場をつくって、年にどれだけ利用されるか、という疑問は、本当は誰もが持っているのだろうと思うのですが、自分の懐を痛めない範囲では、ないよりあるほうがいいに決まっているとの論法で、なかなか表面には出てきません。その当時の雲仙には観光会館があって１０００人くらいは収容できたのですが、十分に使いこなしてはいないのです。ちょっとした研修会、大会などに使われるのですが、年に10回か20回で、あとは広い駐車場ともども閑散としています。正月など餅つき大会、カルタ大会などいろんな行事をして、雲仙の共同催し会場にすればと思うのですが、大きなホテルなどでは、１度館内に入った宿泊客は一歩も外へ出すまいとしています。飲食も、買いものもすべて館内でということになり、商店街はさびしいの一語に尽きる。小規模旅館では部屋から外に出ることもできない。これでは街の活気はなくなり、街づくりの原動力にならない。小さな商店の一軒一軒が、それなりのたたずまいを持ち、売るものにも特色を持たさないと、観光客は旅館内の売店で土産品を買うことになってしまう。宿泊施設と商店、点在する観賞地点のアンサンブルがうまく補完し合っていないのです。小さな商店はホテルに寄生するというか、おこぼれしか分け前にあずかっていない。大きなホテル旅館が、自らの宿泊客を確保するために、大会などを誘致する目玉として会議場を希望しているにすぎないのです。

走り出している開発構想という列車にブレーキをかけつつ、雲仙のために何が必要か、その方向にレールの転換ができるか、が私に与えられた課題でした。ブレーキのほうは、国内で開催される大きな大会や会議がどの程度あるか、実態を調べました。国際会議も何人参加のものが年にどのくらいの頻度で行われているか照会し、雲仙での国際会議がそれ程期待できないことを地元に提示しました。

観光地というのは、観光客が横ばいとか減少すると、客寄せの施設をつくったり、ドライブウェイをつくって自然を便利に見せる努力をします。サファリパークや遊園地づくり、苦しいときの神仏だのみともいえる観音像建立といった具合です。それも民間投資の意欲が薄れてくると、地域開発だといって行政への要請が強まってきます。観光資源本体の自然とか文化財、それに観光地そのものの街並みといった現実のものを直視しなくなります。今ある姿を直視し、現実を改善していくというのがアメニティの思想だと思うのですが、開発というのは今ないものを新たにつくろう、つくってもらおう、という方向に進みます。それは今あるものの改善というのは、それにかかわっている諸々のもの――建物や街路、看板等々自分たちが許容し、手がけてきたことへの反省とか総括が必要となるからです。ものだけではなく、人、それに人間関係も改善の対象となりますし、意識の改革というきわめてやりたくないことに立ち入らねばなりません。それは行政や他人にお願いするという性質のものではありません。時間もかかるし、身銭もきらねばならない。どう考えても厄介です。血が出るという点からは外科手術みたいなものといえますし、体質を変えるという面からは東洋医療ということもできます。それが難しいから特効薬を期待する。周辺の自然を若干こわしても何か目新しいものが欲しくなります。それで客が来れば借金をしても自分たちの建物を大きくする。この繰り返しです。雲仙だけではありません。全国の観光地はすべからくこのパターンを歩んでいます。それゆえ観光地におけるアメニティとは何か、そんな視点からの検討が必要となります。いま環境庁でもリフレッシュ・イン・ナショナルパークと称して、既成の国立公園の集団施設地区のシェイプアップを検討中です。その原点にはアメニティがあるのです。

街並みの復元の努力ということでは、もう20年も昔になりますが、木曽の妻籠宿が成功しました。南木曾町の小林さんという当時の係長さんと、冬の夜、語り明かし、翌日、馬籠までの旧街道の雪道を歩いたことがありましたが、街並み保存の仕事を非常に斬新と感じました。今では萩や津和野、それに雲仙の麓の島原にしても、古いもの、人間の尺度に合ったものを大切にするようになりました。それに人々は安らぎを感ずるのです。

ビジターセンター建設を軸に

さて、レールを替える方向は見当がついたのですが現実のポイントがなければ方向が変わりません。そのポイントが思わぬところからころがりこんできました。長崎県へ出向してから初めての出張で上京し、古巣の環境庁で話をしていると、先輩が「今年の事業で急だけれど、雲仙にビジターセンターをつくらないか」と問いかけてきました。雲仙はこの年度から「自然公園美化管理財団」の支部ができて、公共の駐車場で清掃協力費として料金を徴収し、雲仙一帯の清掃活動を行っていました。そんな事業地には、国でビジターセンターを建て、公園を訪れる人たちへの案内機能を持たせつつ自然教育活動の拠点とすることにしていました。案内所兼博物館といったところでしょうか。自然の仕組みを、パネルやジオラマ、映像で解説する。そこに解説員がいて建物のなかだけではなく、拡がる自然のなかに案内してくれ、バードウォッチングなどに自然解説をしてくれれば理想的です。

長崎に帰り、県庁内の関係課や地元とも話し合い、賛意を得て、早速、年度内着工のための調査費を手当てしました。その頃から私の雲仙通いも頻繁になりました。建築費は環境庁が全額出してくれる（直轄事業）のですが、内部の展示物や管理運営費は地元調達ですから実現に向けて詰めることは多くあります。ともあれ、流れを変えることができそうになりました。そこで知事に国際会議場建設は無理であること、代わりにビジターセンターを建設し、この施設を中心に雲仙の活性化、浮揚策を展開していくという方針を説明して了解を得ました。知事も納得してくれたのですが、最後にぽつんと「事業費はいくらだ」と質問され、「環境庁は８０００万円程度出すようです。県もマスタープランや展示に２０００万～３０００万円は必要でしょう」と答えますと、一ケタ少ないな、と言われました。しかしそこが知恵の出しどころで、事業費の大きさだけで雲仙に活力が出るとは限らないはずです。

ビジターセンター

旧温泉街の改善図

ビジターセンターを拠点に自然教育を推進しようとする国と、県の環境行政、観光行政と、雲仙観光の浮揚を願う地元のそれぞれの思惑を一つにして三者の共同作業が始まりました。建設地、建物のデザインと、展示の方法、管理方法について何度も検討がなされ、その経過から、ビジターセンターという建物を一つ建設するというのではなく、雲仙をとりまく自然はもちろんのこと、雲仙温泉街を構成しているあらゆるものを見直し、それらを展示、解説の対象とすることにしました。さらにそれらを巡るための歩いて楽しい空間づくりも、ビジターセンターの基本構想に加えることにしました。私たちはこれを「雲仙プラン50」と呼びました。それは国立公園としての50年の歴史をふりかえりつつ、次の50年への第一歩とするための指針づくりと行動のためのものです。

建物のデザインや展示は、私の友人で、当時、学習研究社で映像・展示のプロデューサーをしていた秋山智弘さんに依頼しました。秋山さんは建物のデザイン設計に立川博章さんという人を紹介してくれました。ビジターセンターの建物のデザインのみならず、何枚もの建物の透視図や街並みの鳥瞰図は、すべて立川さんに書いてもらったものです。彼は彫刻から建築に入った人で、つねに周囲の空間、いいかえれば環境を重視する人です。８ミリカメラで周辺を撮り、脚立を我々にかつがせては時々それに登ってカメラを回す。設計した建物のフロアから風景がどう見えるかを測っているわけです。歩きながらの８ミリは、設計する建物が歩行空間からどう見られるかを知るためのもので、彼は現像したフィルムを手回しして１コマ１コマ拡大鏡で見てはデザインを構想する。ですから、でき上ったパースには電柱やら汚い看板などもそのまま描かれてしまう。建物だけをきれいに仕上げてあとは適当に背景を描きなぐるということをしないので、いやに現実的になります。ビジターセンター案は外観の異なる３種類の絵を着色し、このパネルをもとに地元の人たちと、どれが良いか議論をしました。一つはコンクリートの打放し。これは自然のなかでは人工物は素朴であるべしという伝統から、ほかの国立公園ではよく使われています。次はタイル張りで、長崎では洋風の感じを出すためによく使われています。雲仙のような明るい保養地では調和する外観といえます。３番目は板張りで白ペイント塗り。これは回廊にアーチが飾りとしてつきます。グラバー邸を想像してみてください。

雲仙の人たちも、当初は木造風の建物には賛同してくれませんでした。せっかく自分たちのホテルが鉄筋コンクリートづくりになっているのに、木造風では後戻りしたような感じがするようでした。しかし建物と外部との間の緩衝空間が実は大切だと説得し、周囲の柔らかな景観と調和し、入りやすい公共建築物ということで、次第に賛同が得られるようになりました。環境庁でこのデザインを受け入れてもらうのにはたいへん苦労しましたが、工事が始まってからは、地元の古老も「そういえば昔ここにこんな建物の旅館があったな」と懐かしんでくれましたし、近代的なホテル様式に改造し終えた人たちのなかからも、かつてのゆとりのあった建物を見直す必要がありそうだという声も出てきたのです。玄関口でバスから降りる団体客を飲み込んでしまう時代から、街の通りを歩いてみて自分のホテルや旅館がどのように印象づけられるかを考えるようになったのです。私が環境庁に戻ってからですが、外装を立川さんに相談して化粧し直したホテルも何軒かでてきました。

車いす用ということでつけた斜路も、石張りの舗装にすることで、一般の利用者、とくにお年寄りには、歩いて楽しいアプローチになり、やがて雲仙の街を縦貫する国道の歩道も全面石張りに替えることになりました。これなど必要の論理から、より快適でなじみやすいアメニティへのきっかけになったと思います。

プロジェクト方式の考え方

ビジターセンターのデザイン、機能を考えるためのコンセプトについて述べますと、第一に公共建築物としての機能の充実が挙げられます。雲仙には宿泊客をとじ込めてしまうホテルはあっても、日帰り客やほかの宿舎に泊まっている人が気軽に出入りできる施設がない。これでは通りもさびれてしまう、ということになるので、誰もがいつでも利用できる公共空間を創出する必要があり、一瞥してそれとわかるデザインが望まれたのです。

第二には知的サービスの機能を有することです。雲仙は古い起源と豊かな歴史を有しているものの、そのことを示す史蹟とか資料の実体がきわめて少ない。真言密教の衰退やキリスト教の盛衰の度に、時代を反映する建物や文物が焼き払われたこともあり、また近年もホテル旅館が古いものを残し

「雲仙プラン 50」 109 人の地域住民の声

公営住宅の建設			街路樹の植栽
子供たちの遊び場の確保			道路にフラワーポット設置
総合病院の設置		修景・緑化	ホテル旅館のシンボル木を
図書館（室）の設置	利　便　性		建物の後退・撤去
地元民の文化娯楽施設			前庭の整備
バス停に屋根を			歩道の舗装に工夫を
道路の除雪・凍結防止			神社前広場の整備
カーブの改良		街並み整備	電柱の地下埋設化
歩道帯の設置	安　全　性		引湯管の共同化
下水道工事の跡始末			商店街の街並み整備
防犯灯の設置			裏通りの再開発
暴走族の取締			湯川の埋立と広場化
ゴミ処理、美化対策			案内板のデザイン統一
物干場、雑排水の処理	美化衛生	演　　出	地獄に照明を
湯虫、蚊、蠅の駆除			原生沼に花を補植
法面の緑化			樹林の切り透しを
	A	C	フェスティバルの開催を

駐車場の増設	B	D	絹笠山の開発
道路の改良・付替え			別所ダムの開発
案内板・解説版の設置	利　便　性	面的開発	宝原の遊園地化
歩道の舗装			白雲の池の開発
現在地の確認を明示			温泉ヘルスセンター建設
バス停の名称の統一			温泉プール設置
バスターミナルの統合			スケート場
共同浴場の改修と観光への開放			フィールドアスレチック
ゴルフ場を観光客に開放	親　　切	施　　設	国際会議場
公衆便所の清掃			歴史・文化資料館
客引きの禁止			スポーツ広場
通りに名称を			体育館の建設
公共的な日帰り施設の設置			
夜の観光施設を	サービス		バイパス（宝原道路）建設
公園入口に歓迎アーチ設置			観光大学の設置
仁田道路の通行料金値下			
地獄にスナップ写真の指定場所を			
テレフォンサービス			
苦情箱の設置			
名産品の試飲食を			

つつ変化していくという脱皮の過程をとらず、常に土着性を排しハイカラに変身してきたのです。それゆえ時代の証しとなる実体がないし、写真や文献も少ない。ビジターセンターは数少ない資料発掘の殿堂というか拠点になることが必要です。これらの資料を集成して公園を訪れる人のみならず、地元の人たちにも知ってもらう。特に仲居さんたちのように直接客に接する人に理解してもらうことが何よりも大事なのです。また雲仙史にとって欠けている部分には、映像や語りでイメージをつないでいく創作性も要求されますし、自然についての探究は奥深いので調査を続ける必要もありましょう。このように情報の収集、加工、発信といった知的な作業とそれにふさわしい装置、機構としての役割が求められます。マルチスライドによる「雲仙の自然と歴史」はいつでも見られるので好評ですし、ビジターセンターで発刊する新聞は今も続いています。

第三は、集団施設地区の園地、園路、案内施設などのオリエンテーションとまとめの機能です。上高地なら河童橋、十和田湖畔なら乙女の像といったように観光地には決め手となるポイントがあります。雲仙は小さな駐車場が5か所に分散していて、どこが中心なのか不明です。それゆえビジターセンターが雲仙の中心となって人を引きつけ、散策の起終点になる必要があります。当然それなりの案内機能が要求されるのです。

第四は、公園を訪れる観光客と地元の人たちとのコミュニケーションの場となる機能です。ホテルのなかに引きこもっている客を街や自然の領域に引き出させる仕かけが必要なのです。積極的にイベントを開催して地域の人との交流を図る。ビジターセンターや前面の広場が朝市や納涼の集いに使用されたり、館内で島原半島の民芸品づくりが実演されることが望ましい。それにはちょっとしたサロ

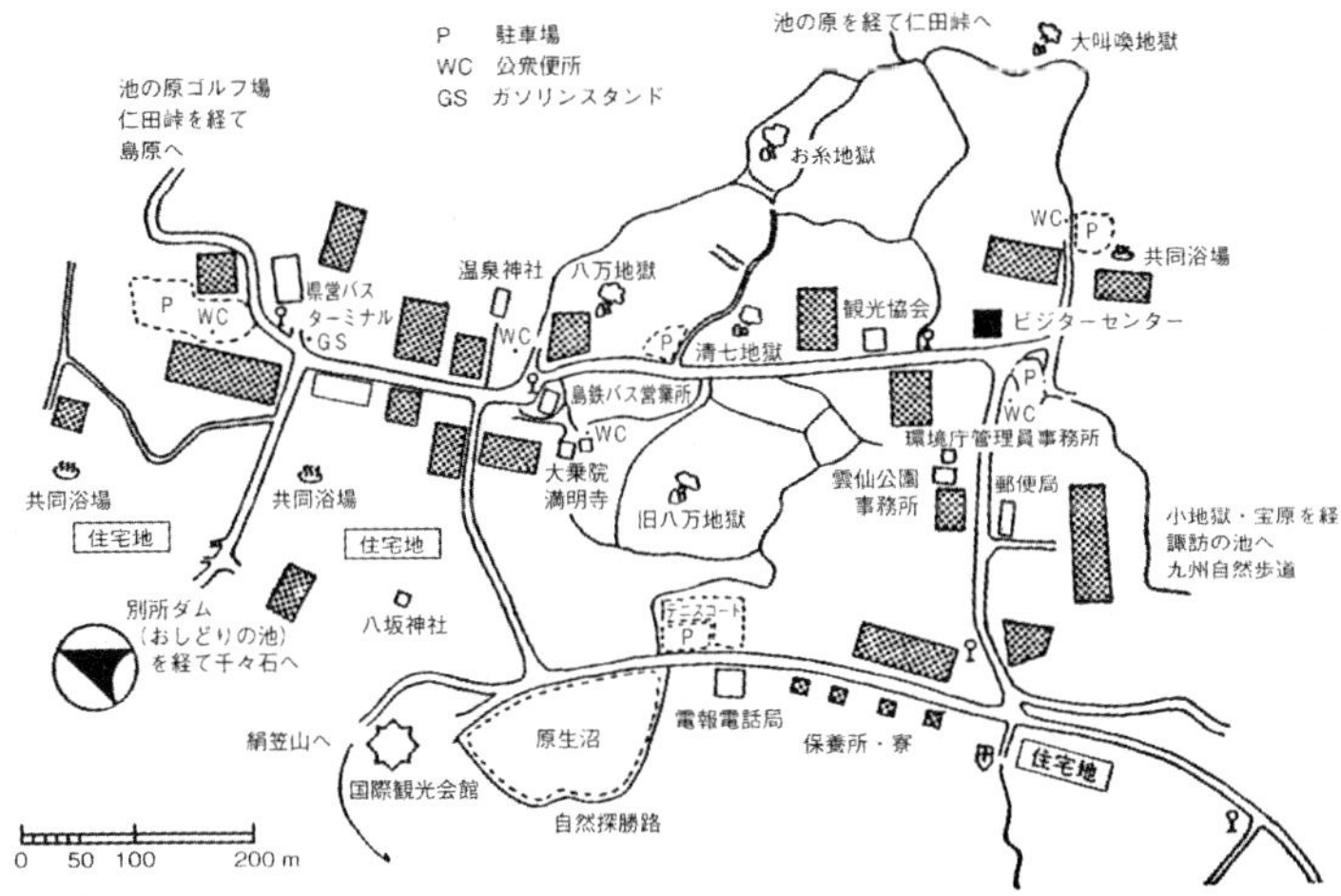

雲仙温泉概況図

ン的雰囲気を持たせることも大切でしょう。このように小さな建物ですが、いろんな役割を持たせつつ、それにふさわしいデザインを考えたわけです。

自然公園の管理方針は基本的にはゾーニング規制だと申しました。基準を決めてその範囲内で個々の自由を選択させるという方法は、公園としての秩序を守り、建物に個々ばらばらの主張をさせない必要最低限の規範でもあります。いわば守りの姿勢をとらざるを得ないのです。これと対照的なのは、積極的に地域のモデルとなるような事業を実施して、事業地に活力を与えるとともに、周辺の環境を改善の方向に導いていく方法です。プロジェクト方式とでも言えるこの方式は、ビジターセンターを例にとると、雲仙の中心地となる回廊のある建物は、展示を見ようとする人々が出入りするだけではなく、回廊が雨やどりや、夏の陽ざしをさける休憩の場にもなります。また広場と一体となって集合離散の場ともなるし、催しの舞台にもなる。人がとどまり、休むということになれば、周りの建物も美しく装うことが要請されます。今までは道路側だけを気にしておけばよかったのが、四周に気を払わねばならなくなる。汚い壁面が目障りということで目隠しのための植栽や垣根をつくることも一つの方法ですが、それではせっかくの連続した空間が途切れてしまう。やっぱり人が集まり、見られる所はすべての面が正面とならざるを得ない。

このように一つの事業が周辺に波及効果をもたらし、連鎖反応がやがて活力となって環境改善へと動き出す。国立公園では自然が主役で、人工的なものが自己を主張するのは好ましいことではない、寝た子を起こすな、という主張もあるのですが、街のようになっているところではやはりアメニティの観点からの改善が必要です。快適な環境となるスポットが出現すると、人々は好んでそこに滞留します。そんな広場やスポットがいくつも出現すると、その間を結ぶ動線上の環境改善が迫られることになります。改善の範囲は点から幅を持った線に拡大し、その間の看板、標識、電柱などの手直しや撤去も行われる。舗装が石張りになったのも大きな改善です。やがては線が面となり、集団施設地区全体が快適なアメニティ感覚に満ち溢れた街に変わるというのがねらいなのです。この方式は初めから理想の姿を描く必要はありません。小さな改善のための行動をおこすという実践によって、一層の学習につながり、目が肥えてくるにつれてさまざまなものが気になってくるからです。そのことが徐々に環境の質を高めるための次の行動につながっていくはずです。

理想の最終の姿を描く必要がないと言いましたが、できれば雲仙のことを本当に考えてこんな姿になればいいなという絵を描いてくれるデザイナーやコンサルタントは欲しい。立川さんがその役を積極的にかってくれました。酒飲みで、大声で誰かれなく説教するので、地元の人も時にはけむたがるのですが、改築や改装のときには「先生」と言って相談する。彼は東京に住んでいるのですが、今でも年に何回となく雲仙に滞在するそうです。何枚もの建物や街並みのパースは着色されて今も雲仙公園事務所に掲示されています。絵にかいた餅ではなく、そのいくつかはすでに雲仙のなかの建物となって存在しています。理屈ではなく実践するということは何ものにも優る教材です。

雲仙の街並み見直し作業

ゾーニング方式は、公すなわち行政が定めた計画のもとで建物を新築したり増築したりする人のみが、申請書を通して個別に指導を受けることになるのですが、プロジェクト方式では、それが現状を改善していこうとする変革を目指すものですから、現に雲仙に住みついている住民一人ひとりが無関心ではおれなくなります。みんなが自分の役割を考える立場におかれていますし、隣人の改善がいやおうなく自分のところに及んできます。それゆえにプランづくりには最初から誰もが参加することが前提となるのです。

ビジターセンターの基礎工事が始まった秋から雲仙の街並みを見直す作業が始まりました。縮尺２０００分の１の大きな市街地地図を県が青焼きで用意し、参加する意思のある人に配布し、これを持って雲仙内を歩いてもらいました。ちょっと足を止めれば何かに気付くはずです。レンジャーが注意するとお役所はうるさいと言われかねないことも、こうして地域の人々が指摘する、それをまとめて公表することで自分たちの責任ということがわかってきました。言いかえれば雲仙という空間を自らデザインすることにもなるし、観光客の身になって時間の過ごし方を考えることにもなるのです。

77枚の地図が公園事務所に届けられ、フェイスシートから参加者は109人、提言や指摘の項目は同一のものや類似のものを含めると729項目に及んでいました。これを類型化し、総括地図を作成して翌年の5月、公民館に1週間掲示しました。ちょうど雲仙に宿泊していた鯨岡環境庁長官を囲んで意見交換を行ったりもしました。

こうした調査結果や雲仙の将来への課題を『まちづくりのための雲仙プラン50』という報告書にして地元の人たちに配布しました。行政と住民の双方が理解しあえる共通言語となったと今でも思っています。

ビジターセンターは秋には完成しましたが、落成式に先立ち、地元の人たちにマルチスライドの初映写を行いました。これも秋山さんをはじめ学研のスタッフが製作してくれたのですが、私も県立図書館で文献や古い写真、絵図面を写真にとったりし、それに1年間にわたる雲仙の四季折々のスライドを加えて一つのストーリーにしたものです。上映が終わると感激のあまりか泣き声すら聞かれたのです。雲仙の人ですら知らない雲仙が再現されていました。落成式の記念品も経費節約の意図もあったのですが、野鳥に親しんでもらおうとバードコールと、雲仙の街並みを俯瞰した航空写真。それに個別のホテルや街区の上空からの拡大写真を、出席した顔ぶれに合わせて個々に焼き増しして贈りました。これはマルチスライド撮影の際に上空から写したものですから、コストは焼付代だけです。しかし、今まで自分の建物や街であっても、見たことのない視点からのものですから貴重がられました。それぞれの人が改善する個所をその写真から見つけてくれればと思ったからです。小浜町長とは

商店街区の改善案

完成したビジターセンター
上　広場側　　下　地獄側

勤労者福祉センター

改装した土産物店、ドライブイン

改装しおえた体育館

国際会議場問題以来冷たい関係にあったのですが、彼も最後は「少ない金でも使いようで何倍もの効果を生むものと初めてわかりました」と感謝してくれました。

ビジターセンター完成の秋から私が長崎を去る翌年春までの間に、雲仙の警察官派出所、環境庁の事務所が公園にふさわしい建物として界隈におさまりました。派出所の設計は県警察本部相手の説得でしたが、最終的には「雲仙プラン50」のために特別の出費をしてくれました。山小屋風の派出所として全国のテレビや新聞にその姿が紹介されたのは、私が東京に戻ってからです。今では勤労福祉センター、体育館、県の公園事務所といった公共施設のみならず、ホテルや小さなドライブインにも「雲仙プラン50」の実体が現れてきています。しかし、建物の建て替えのサイクルが一巡するまで息の長い期間がかかります。それまでの間、地元の人たちがいつも身近なことに配慮してアメニティの精神を持ち続けてくれるなら、きっと雲仙は活力のある観光地として発展するのではと思っています。

ＡＭＲ「アメニティ・ミーティング・ルーム」編集『アメニティを考える』（未来社　平成元年）より転載

「雲仙プラン50」のその後

ビジターセンターの建設に併せた街づくりの提案は一つのモデルとなり、日光中禅寺湖畔の中宮祠や大雪山層雲峡の再整備計画を誘発し、かつ実行に移された。しかし雲仙では普賢岳の噴火などによって順調にプランが推移しているとは言えない。

この『アメニティを考える』の書籍が刊行されたのちに、アメニティルームでの講義内容のいくつかの事例をオーギュスタン・ベルグは翻訳して、フランス政府発行の「日本人と生活環境―政治社会的問題第６５２号」(Quelle politique pour les parcs nationaux ? Kokuritsu koen Unzen no machizukuri [L, aménagement du parc national d,Unzen], in Amenity Meeting Room, op. cit., pp.215-228 (extraits). １９９１年３月）に掲載した。「雲仙プラン50」もその一つだったが、日本的な国立公園の特徴が現れている事例としての紹介だったのだろう。

その後筆者は１９９５（平成７）年の夏に、フランス・ネージュ・インターナショナルが企画したローヌ・アルプ地方のヴァノワーズ国立公園やシャルトルース地方公園を視察した。ミッテラン政権当時の82年の「市町村、県及び地方圏の権利及び自由に関する法律」によって地方分権が定着しつつあるなかでの公園管理の現状を垣間見た。

国立公園でも整備と運営の方針が公園ごとに明確にされていること、とくに後者の地方公園は基礎自治体のコミューンとその上位にある県および広域行政の州（地方圏）の３つの行政体の間で取り交わされる契約を骨子としたものである。しかも公園・コミューン・住民の三者がそれぞれの責務や行動を「約束します」という憲章を交わすという意味で、公園自体が主語をもって意思を表明することが日本の自然公園との違いのように感じた。

コラム⑤　水門撤去を振り返る

第一次中曽根内閣で環境庁長官に梶木又三参議院議員が就任したのは昭和57（1982）年11月27日だった。前任は原文兵衛氏。認証式と初閣議は27日土曜日に行われた。同日付で藤森昭一環境事務次官は内閣官房副長官（事務）として官邸入りし、後任は大蔵省出身の清水汪企画調整局長だったが、後任局長人事が30日付けだったので、4日間は兼任した。

新任大臣に対して環境庁記者クラブは、何社かが共同で大臣の抱負や心情、個人情報を大臣室において取材するのが恒例だった。これには広報室長も立ち会わない。土曜と月曜に5グループが非公式の懇談を行った。梶木大臣は農水省の農業土木技術者の最高ポスト構造改善局建設部長から議員になり、土地改良のドンと呼ばれていた。

29日夕刻、共同取材は朝日新聞社系を最後に終了した。先に取材した他社の記者たちは、決まって「中海の干拓事業に関しての水門締め切りの是非」について質問した。

中海干拓事業は、鳥取・島根両県にまたがる湖水面積では全国第5位の汽水湖中海の約4分の1を干拓して農業用地2500ヘクタールを造成し、農業用水を確保するために宍道湖ともども淡水化する計画であった。43年に着工し70％が終わり、農水省は日本海に通じる中浦水門を閉鎖して淡水化を始めたいとしていた。これに対し淡水化の過去の事例は、いずれも水質を悪化させていることや、干拓そのものが減反化の時代にそぐわないことから、見直し論が高まっていた。57年6月には前任の原大臣が現地視察をして、島根県庁での記者会見で「汚濁しないことが明確でない以上、淡水化は実施すべきでない」と述べていた。梶木新大臣は共同取材で、「自分は干拓や農用地開発を専門にしてきて、中海干拓でも直接の責任者だったのだから、これを止めろとは言えない」と本音を語っていた。しんがりに取材した松江出身の朝日新聞のF記者は、記者クラブに人影がなくなっても遅くまで（予定）原稿を書き続けていた。

火曜日30日は定例閣議の日だった。役所内には記者会見室があり、当時の環境庁は合同庁舎4号館の8、9階を占め、大臣室は記者会見室が連なる8階にあった。

撤去前の中浦水門（松江市八束支所提供）

閣議後の会見は閣議案件報告後に、記者からの質問に大臣が答える。広報室長が立ち会う。閣議開始は10時、閣議後の記者会見は10時半とクラブに連絡してある。ところが当日は大臣の環境庁到着が遅れ、記者たちを待たせることになった。会見室は異常な光景だった。ライトが煌々と照らされて、脚立が立てられカメラマンもいる。いつもなら後方にいるF記者は最前列に構えている。新大臣が懇談で話した見解を再度発言させたうえで、予定記事にゴーサインを出す魂胆だった。

閣議が遅れたのは偶然で、この日は大雨で交通機関が混乱し、10時に始まる官邸内での閣議に7人もの新大臣が遅刻し、17分遅れで始まったのだった。閣議は予定から30分遅れて終わり、記者会見も30分遅れた。

F記者の予想シナリオを環境庁上層部に伝えた。清水新次官は企画調整局長室にいた。前日までの非公式発言を、公式会見の場で撤回してもらえる手立てはないだろうか、と伝えた。そのことを大臣に直言できるのは事務次官しかないと思ったからだ。次官の反応は速かった。原大臣のときに、前任の鯨岡大臣が再考を求めていた志布志湾石油備蓄基地建設を、検討に値するとゴーサインを出したことで、大臣と記者クラブの間が険悪になったことの二の舞を防ごうとしたのだ。

「説得は水質保全局長にしてもらおう」と言い、次官は自ら9階の局長室を訪れ、事情を話した。同時に筆者は玄関口で大臣の到着を待ち、エレベーターを8階で降りず9階に直行させて、水質保全局長室に同行した。局長は農水省からの出向者だったので、大臣にも親近感があり、また、淡水化による水質問題の直接の担当局でもあった。

F記者は「大臣は中海・宍道湖の淡水化をどう思うか」と質問した。大臣は「昨日までは技術者としての思いを正直に話した。しかし今日からは水質環境を守る役所の責任者なのだから、環境悪化につながるようなことがないように心がけなければならない。この件は調査結果を見て慎重に判断すべき問題だと思う」と答えた。「昨日の発言とは違うが……」の二の矢には「これは環境庁長官の発言だと受けとってほしい」と発言した。

記者会見後にF記者はカメラマンに写真が空振りになることを詫び、デスクには昨夜の原稿は没にしてほしいと電話するのが聞こえた。新大臣と新聞記者の軋轢は回避できた。

島根県の澄田信義知事が県議会で中海・宍道湖の淡水化事業について事業主体の農林水産省に中止を申し入れると正式表明したのは平成14(2002)年12月2日のことだった。着手して40年の大型公共事業はついに中止されることになり、その3年後から始まった解体作業で水門はすでに撤去され、来年21年にはすべての撤去工事が終了する。その転換期の一コマ、一時間ほどの出来事であった。平成8年55歳で早世したF記者が宍道湖のシジミと白魚を救ったと記者仲間たちは追憶した。また、鷹揚に振舞われた梶木元大臣は20年5月に89歳で大往生された。

平成11年に宍道湖畔に開館した島根県立美術館は館内から夕日を眺めるのに絶好の場所にあり、美術館の閉館時間は日が長い3月から9月は日没から30分後と定められている。筆者も春に訪問したが、まさに「エコツアーの楽しみ」を見事に実現した文化性の高い美術館であった。

島根県立美術館

第5章　これからの国立公園にむけて

自然がつくり出し、人間の眼がそれをすぐれた風景と評価して初めて国立公園は誕生した。しかしその地域が国土である限り、必ず国、都道府県、市町村のいずれもの行政区域であり、それらの権限が及んでいるのは自明である。日本の国立公園は営造物的管理という、ほかの権限をも統括して公園経営をするというものではなかった。現実の国立公園行政は、単に地図上に風景や生態系という自然的条件だけを視座において運営しているわけではない。地域制だからこそ国立公園などの自然公園が地域運営主体の地方自治体とどのようなかかわりを持つか、持てるかを常に念頭に置いてきたし、今後も置く必要がある。

島嶼のように自然条件が行政単位と連動している場合と、山岳のように稜線を行政界にして市町村や都府県が異なっている場合とでは、そのことで異なる社会的条件を強く意識せざるを得ない。国立公園は山村や離島などの僻地や過疎地域に多く存する。そこでは公園への関心も高い。平成の大合併といわれる市町村合併で、人口希薄な町村が社会的条件が異なる市に合併、統合されることで、従来地域固有の資源でもあった国立公園がどのように広域的行政に取り込まれるかは検証していく必要がある。また、道州制という視野からの検討も必要になる。

1　自然と文化の30年――市町村長の想いに沿って

30年前の市町村

国土庁が第三次全国総合開発計画の策定に先立ち、都道府県知事と市区町村長に意向を照会し、その概要を報告したのは昭和52（1977）年5月だった。定住構想という開発方式の三全総は、この年の11月に閣議決定された。

都道府県には定住構想の前提となる将来の目標人口や主要プロジェクトを問い、東京23区を含む3279市区町村には将来人口、当面の課題、計画への要望に加えて、問3で「積極的に守り育てていきたい魅力は何か」を問うた。

総回答数は3036通、回答率は92・6%だった。アンケートは自由記述式だったので、およそ1割の回答サンプルから80の基本用語を摘出し、全問共通のキーワードとして集計した。問3の回答は2907市区町村からで、集計総数は6245だった。1位は「自然及び景観」の1743で総数の28・4%、2位の「人情」（7・7%）、3位の「文化遺産」（6・3%）を大きく引き離した。以下、農林漁業、観光レク、都市施設・生活環境、森林、歴史的環境、海洋・海岸、水資源・河川と続いた。

昭和52年アンケートの「自然・景観」を説明する素材に国立公園等の自然公園がある。日本の自然公園は優れた自然の風景地を土地所有に関係なく指定し、生活や産業などの行政ニーズや土地利用と調整しつつ管理する公園である。市町村ではシンボル的な風景を誇りに思う気持ちと、観光振興の中軸に置きたい思いが強かったのだろう。27（現在は29）国立公園、50（56）国定公園となった52年時点での市町村数は３２５２で、国立・国定公園が存在する市町村数は１１２４で35％に及び、これに３００の都道府県立自然公園を加えると、ほぼ半数の市町村に自然公園は存在した。平成19（２００７）年では市町村合併によって全市町村数は１８０７になり、国立公園・国定公園所在市町村数は約７００になった。

変わる自然観と世界遺産の登場

自然保護の対象や国民の自然認識はこの30年で変化した。自然保護には天然記念物の文化財的保存と国立公園のように保護と利用の観点から地域を指定して保全する二つの源流があった。天然記念物は「学術的に価値がある……」という定義に基づく日本の代表的および稀有な自然物である。国立公園も「わが国を代表する優れた自然の風景地」と限定された地域だった。都市緑地も「良好な自然的環境を形成している……」であり、良好な、希少な、貴重な、優れたなど自然状態の差別化が指定の要件だった。しかし時代を経て自然環境への認識は、身近な自然、多様な自然へと一定の価値判断の枠にはまらないさまざまな自然が大切との意識に変化した。地球温暖化への危機感から、二酸化炭素を固定する森林の重要性が叫ばれたり、生物多様性の見地から里山が見直されたりするようになった。

内閣府の「自然の保護と利用に関する世論調査」によれば平成3年と18年の15年間に、自然保護に力を入れるべき地域が「国立公園に代表される優れた自然のある地域」との選択は激減し（21・4％↓8・1％）、反対に「メダカやホタルなどの昆虫・小動物が生息している里地や里山への地域」が増加し（29・5％↓45・0％）、関心は身近な自然へと傾斜している。もっともこの間に世界遺産が登場したことで、国を代表していた国立公園の影が薄くなったことも一因ではある。

身近な自然への回帰・憧憬と対極にあるのが、特別の自然・文化遺産を選定する世界遺産である。批准に先立つ3年1月の世界遺産国際セミナーで、私は「世界遺産はこのかけがえのない地球そのものであって、条約上の世界遺産はそのショウ・ウィンドウにすぎない」と発言したことは前に述べた。人類が住む唯一の惑星のあらゆる場所がそれぞれにユニークであって、そのことで地球は多様性に富むという見解からだった。

現在までに石見銀山を含めて14の世界遺産が登録されたが、いまだに期待熱は冷めやらず、世界遺産こそが地域おこしの起爆剤だと信じる人、自治体も多い。

自然・人情・文化を紡ぐもの

「人情」は、意向調査では大都市近郊や人口急増市町では低位だったが、農山村や過疎地では人情こそがかけがえのない資産とされた。今ではそのような地域は一層の人口減少や高齢化で地域の存続すら危ぶまれているうえに、その思いを発信できる首長は合併により行政の舞台から消えていった。

「文化遺産」について三全総は「歴史的環境とは、単に指定文化財に限らず、これらと一体になって形成されてきた周辺の環境、指定文化財ほどの重要性は有していなくとも地域の人々の生活や意識の中で祭りや年中行事等意味を持っているもの、更にはそれらの舞台となった環境などの地域の文化財並びに遺産及び遺構など自然の中で残っているものなどを包括して、一体の環境を構成している民族の軌跡の総体」と位置づけた。自然・人情・文化を一体として捉えたのだった。その後の文化財行政には、重要文化財の指定には至らなくても、地域に大切な有形文化財の登録や、棚田などの文化的景観の選定など、指定にとらわれない地域に似合った文化遺産が登場するようになった。

いま、我々はホタルやメダカの住む身近な自然環境や地域の文化財との共生という思考と、世界遺産という国際的評価を得る夢物語とに挟まれている。国立公園はその両者の間にあって宙吊り状態でもがいているといって過言でないだろう。30年前に積極的に守り育てる魅力とした自然景観や地域の文化財は世界遺産登録を目論んだわけではないだろう。

しかし、観光ツアーの広告塔となり、テレビの視聴率アップの常連番組としての飽きることのない世界遺産の露出に対して、人情というフィルターを通して伝わる自然や文化は霞んでしまいがちだ。「人の上に人をつくらず」ではないが、世間では国宝の上位に世界宝を望み、また、スーパー国立公園化というお墨付き至上主義が蔓延してきた。雑踏に脅かされる人寄せ世界遺産より、地味であっても30年前に首長が思いを伝えた地域の誇りである普通の遺産に目を向けるべきだろう。自然と人のかかわりから独自に醸成された地域の文化財はそれぞれがオンリーワンであり、ほかの文化を認め合うという視点からはエブリーワンだからである。

以上が筆者が策定作業にかかわった三全総計画当時から30年を経た現在の市町村の姿である。町村合併によって地域の自然や文化の行方がどのようになるのかに、関心がある。筆者は足元の自然・人情・文化を通じて伝えられてきたものが地名だったと考える。地名は人が名付けた文化の象徴であり、その文化をつくり出したのは生業や衣食住という普通の生活からの情報であった。日本には地形図上で52万もの地名が数えられるが（金井弘夫編『地名レッドデータブック』平成6年　アボック社）、消滅していく地名も少なくない。特徴のある地形・地質、気象、動植物など自然と生活とのかかわりから名付けられ、代々伝えられてきた地名が、行政の便宜的整理や、土地を商品化するための聞こえのいいネーミングにとって替えられている。それは自然とのかかわりの歴史や文化を抹殺することでもある。１００年以上もその地に根を下ろしていた巨樹老木を切り倒すことが地域の歴史を物理的に抹消することだとしたら、地名を安易に消去したり、連記式の合併名にすることは、記号としての意味に過ぎず、地域の自然や歴史の記憶を喪失させることにほかならない。

焦点がぼやけた国立公園

国立公園行政は内務省から厚生省へ、そして環境庁へと移行し、現在は環境省が地域制という従来と変わらない制度の下で運営している。その間に国立公園の性格や配置を含めた国立公園の実態は時代ごとに変遷した。我々がよく見る地図帳や観光ガイドマップ、登山地図から国立公園区域が知らぬ間に消えてしまった。地域制の公園のイギリスやフランスでは公園マップでなくても、国土基本地図に国立公園区域は表示されている。

筆者は大学の観光学部で環境論を講義してきた経験がある。講義の初めに「国立公園に行ったことがあるか、国立公園の名前を知っているだけ書き、訪れた公園に印をつけよ」とアンケート用紙を配る。ところがほとんどの学生は国立公園名を書けず、「行ったことがない」と答える。次に国立公園配置図を配り、地図上に再度行った公園を記させると、日光でも上高地でも、箱根にも印が加わる。観光を学ぶ学生をしても国立公園という認識や関心がきわめて薄いのだ。では外国の公園名はと聞けば、ヨセミテ、グランドキャニオン、イエローストーンと名前が挙げられる。自然現象や地形が公園名だからだろう。日本の国立公園で最も正確に記されたのが釧路湿原だった。自然の姿を表現できない「国立公園名」はもう死語に近い。かつての国立公園指定や拡張熱は、もはや光彩を失って賞味期限切れになったのだろうか。

国立公園の風景的資源の特長は、第3章の「景観要素評価の変遷」で見てきたが、戦前の国立公園は一団のまとまったエリアを区域にしていた。

戦後は国立公園の総数を限定する意味から、国立公園の拡張は近隣の既存国立公園に連結をさせたり、飛び地化させてきた。そのことが国立公園のアイデンティティーを失わせることになった。雲仙に天草をくっつけることで、指定当時は利用の連続性の可能性も期待できたが、観光が天草架橋などの道路交通と航空路の発達で連続性を断ち、双方の関連性は消えた。雲仙では雲仙天草国立公園などとは呼ばず、公園標識も「国立公園雲仙」や「雲仙国立公園」となる。それでも海を隔てて望見できる近接性はあるが、大山と隠岐では島影も見えない。霧島と屋久島も自然的にも利用性からも鹿児島県にあるという以外は無関係である。そうなれば「○○国立公園はこうします」という主張、理念や目的を明確にすることができない。そのことで墓標のような死語に近い名称となる、名前が記号でしかない国立公園では国民に親しみを感じさせないし、記憶にも残らない。ならば連名式の国立公園を分離・解体して、特色に応じた国立公園の存在を主張できるものに変革する必要があるのではないだろうか。現在の国立公園は3万ヘクタール以上必要だとの指定基準も見直せばいい。また、国立公園にこだわらないでアメリカのような「ナショナルパーク・システム」を志向して、多様性のある自然公園体系へと進化させることも可能だ。同じ目的・機能を国立・国定・都道府県立自然公園で序列・階層化している現状は、サッカーで言えばJ1・J2リーグのようなものだ。ならば入れ替え戦でも企画すれば、国民の関心が取り戻せるかもしれない。

尾瀬国立公園の独立

平成19年8月30日尾瀬国立公園が誕生した。従来の尾瀬地区は日光国立公園内にあって昭和9年に指定されていた。2年の日本八景国民投票の途中で、群馬県民が菅沼を投票することを通して尾瀬ヶ原を含めた国立公園にしようと盛り上がりを見せたことは、第3章で述べた。

尾瀬地区の公園計画の見直しは、46年の厚生省時代最後の自然公園審議会の「国立公園の体系整備についての答申」のなかで「会津駒ケ岳及び帝釈山の地区を日光国立公園に編入すること」の答申を受けてスタートした。

環境庁が創設されて最初に自然保護行政を顕著に世間にアピールしたのは、大石武一環境庁長官の視察によって群馬県の大清水から三平峠を経て福島県の沼山峠に抜ける計画車道の建設が中止されたことである（昭和46年12月）。ついで47年には「ゴミ持ち帰り運動」が全国に先駆けて実践された。やがて山小屋や公衆トイレのふん尿を尾瀬の集水域から外に排出するパイプライン構想と、その設置・管理費用に入山料を徴収することの是非も平成元年には注目を浴びた。尾瀬問題は常に国立公園での自然保護問題の先端にあったといって過言でない。

関係自治体も自主的に尾瀬のあり方を模索した。平成4年には群馬・福島・新潟の3県知事が尾瀬沼畔に集い「自然と人間の共生をめざして」というテーマで語り合う尾瀬サミットを展開した。このトップ会談から7年には「尾瀬保護財団」が誕生した。

この尾瀬保護財団は日光国立公園に尾瀬の名を加える運動を展開することになった。尾瀬サミットの席上、財団運営の一員として国立公園協会を代表する筆者は、連名ではなく尾瀬単独の国立公園化を提案した。可能であればその方向のほうが好ましいとして「尾瀬国立公園」実現期成同盟会も設立、ようやく会津駒ケ岳および帝釈山を新たに編入して、新しい国立公園が誕生した。

この意味は従来の継ぎ足し方式の公園ではなく、分離独立したことにある。尾瀬と日光は、地図上では連結しているが、自然条件からする風景の構成も日光とは異なる。また、利用面でも歩いて探勝することが主目的の公園であることなどから区分けすることが認められた。

今では自然保護の線引きも、自然公園に限定されない。環境庁になって鳥獣保護区の制度に加えて、公園利用を目的にしない自然環境保全地域が、次いで絶滅の恐れのある動植物の保護のための生息地等の保護区など、それぞれの目的を持った規制地区制度が誕生した。しかし国立公園は自然保護行政の総領とでもいえる立場であったことからそうした役割の多くを担わされてきた。それゆえに焦点がぼやけたことも否定できない。

筆者は環境庁に勤務していた時代、自由民主党の『自然公園充実小委員会』の委員長だった近藤元次議員から、環境庁が組織変更するときには「自然保護局」という名称をそろそろ変更したら、といわれた。もう人間が自然を保護するというような考えからの転換を示唆されたのだった。

その後に名称は環境省への昇格時期に「自然環境局」に変更された（平成13年）。しかし、その1年前に最前線のレンジャーの名称を「国立公園管理官」から「自然保護官」に改称していた。役所の看板も国立公園管理事務所を国立公園・野生生物事務所（平成6年）に、さらに自然保護事務所（平成12年）に、さらに17年には地方環境事務所へと所掌事務も増えて衣替えしてきた。そのことも国立公園をあいまいにさせてきた。

上・中　国立公園レンジャーとそのワッペン　下　自然保護官ワッペン

2　国立公園の使命

現在ある国立公園システムを解体して新しい国立公園体系に変革することは大きな課題ではあるが、簡単ではない。それは地域制の国立公園は公園経営という計画原理に沿って運営されてきたのではなく、地域の生活や開発・整備にかかわるほかの諸々の土地利用との調整原理に基づいてゾーニングされてきたからである。歴史的にはその時々に綻びを繕い、新しい問題には対処療法を施してきた。それゆえあまりにも過重となる使命を国立公園は背負ったともいえる。これらをご破算にして外科的手術ともいえる制度改革を伴う大変革に着手することは容易ではない。そうならば内部からの充実を目指すために、それぞれの国立公園が「○○国立公園はこうします」といったビジョンを明確にすることである。そのうえで筆者は国立公園が果すべき共通の使命を3点に集約する。

自然環境のモニタリングと研究

第一は、国立公園は言うまでもなく国土のすぐれた自然を有する地域であり、わが国の自然環境の指標となる場所である。公園の自然が保全されることは当然として、その守られるべき自然の資質が低下することは、とりもなおさず国土全体の自然環境が衰退の危機をはらんでいることになる。国土の自然環境への警鐘の役割を果すためにも、適確なモニタリングを続けることが必要である。

「緑の国勢調査」として親しまれる「自然環境保全基礎調査」では国立公園をはじめとする自然公園の自然環境は「植生自然度」や「特定植物群落」などで記録されている。また、生物多様性条約を具体化させるための国家戦略の一環としての生態系総合監視システム（モニタリングサイト1000）事業が着手されている。この事業にも国立公園の特殊性は寄与するはずだ。

ユネスコによって進められてきた国際共同作業である「人間と生物圏計画」（Man and Biosphere：MAB計画）は、世界遺産条約より歴史は古く1970（昭和45）年から進められてきたものである。その研究分野の一つである「自然地域とそこに存在する遺伝物質の保護研究」の具体的方策として1974年に提示された「生物圏保存地域」に、1980年屋久島、大台ケ原・大峰山、白山、志賀高原の4地域が指定されている。保存地域の具体的な登録要件は次の4点である。

1　世界の重要な生物群集を含む地域で、完全に保護されたコアエリアを有する。
2　異なった管理が施されているさまざまな地域を包含する。
3　生態学的調査・教育・トレーニングに対して便宜が提供できる。
4　法律上の適切な保護を受けている。

生物圏保存地域は、素晴らしい自然の風景地をただ保護するだけでなく、一歩踏み込み研究に資するネットワークを形成することによって、世界のさまざまなタイプの生態系を網羅して環境に対する人間のかかわり方を明らかにしていくために設けられた。保存地域が指定された当時、志賀高原には信州大学志賀自然教育研究施設（昭和41年開設）があり、昭和42（1967）～47年には国際生物学事業計画（IBP）の「亜寒帯林特別研究地域」の研究フィールドになっていた。また、白山には石川県が全国の国立公園に先駆けフィールドを有する研究・教育機関としての「白山自然保護センター」を48年に設置した。屋久島では常設の研究施設は存在しないものの屋久島環境文化研修センターが平成8（1996）年に開設され、研修・トレーニングに加えて研究活動の拠点にもなっている。

これらの研究・研修プロジェクトは必ずしも環境省自らが直接行わなくても研究機関の協力を得ればいいという考えもある。しかし白山自然保護センターの開設・運営を推進した当時の中西陽一石川県知事は「公園の利用や保護の地域密着の管理は地方に任せてもらったほうがいいが、クマやカモシカなどの野生生物の適正生息数などは国で研究して決めていただきたい」と講演会で語った（「国立公園」第459・460号　63年2・3月）ように、野生動物と共生する国土計画を定めるのは国の役割、現在でいえば環境省国立公園当局がなすべきことだと提言したと言えよう。

また、国立公園内では許認可という規制手法でもって風致を損なうような建造物や広告物を制限するなど、美しい景観維持が伝統的になされてきた。一歩進めてそれぞれの国立公園にふさわしい独自性を有するデザインポリシーが提示実行され、そのようなアメニティが公園内で維持されるだけでなく、区域を越えて地域全体に、やがては国土全体に波及していく景観形成モデルの発信源としての役割を担うことになる。

自然環境教育の場として

第二は、環境教育の場としての活用である。国立公園には本物の自然がある。映像や人のフィルターを通してではなく、この場所で感性を通じ、知性でもって自然が発するさまざまな情報にチャンネルを合わせることができるなら、限りない感動が得られよう。こうした自然への関心をもてる子どもたちを育てる場所としても、国立公園はかけがえのないものである。

大正11（1922）年に留学のために渡米し、ミシガン大学院で哲学博士号を取得後教師や連邦議会図書館員を勤め、太平洋戦争開戦後の昭和17年に強制送還された作家・評論家の坂西志保は、当時のアメリカの国立公園について以下のように書いている。（「国立公園」28号　昭和27年3月からの概要）

「アメリカでは大規模な国立公園は中西部にあって東海岸の文化人には関心が薄く、多くは欧州旅行に出かけ、有産階級は子弟を欧州の大学に留学させた。それが第1次世界大戦で大西洋が遮断されたために、西部への旅行熱が高まった。戦後はフォードの大衆車の出現によって一層国立公園への到達が容易になり、訪問者は激増した。この時期には紙くず、煙草の吸殻、火の不始末、野生動物への影響など散々の状態だったので、山を愛し、誇りをもったレンジャーと呼ばれる看守人は大変苦労した。

セコイア国立公園にはいたるところ禁煙の札が立っているが、それでも山火事の心配が絶えず、レ

エバーグレーズ国立公園でのレンジャーによるレクチャー風景

ンジャーは民衆に協力を頼んでいる。『あなたの公園』とレンジャーが言えば、民衆は『私たちの公園』とおうむ返しに言う運動が起きたのもこの頃である。しかし、公園を守るいちばん良い方法は学童に誇りをもたせ、彼らを見物人であると同時に良い看守人にすることだと気付いた。アメリカでは長距離旅行は親か仲の良い友達同士数人で出かける。だから、動植物の保護、清掃の問題など、彼らに協力してもらえれば簡単に片付く。ボーイスカウト運動もこの方面で大きな貢献をした。

アメリカの国立公園を大々的に拡張し、国民の誇りとするのに役立ったもう一つの事件は、１９２９年に始まった不況だった。その失業者救済の一つとしてルーズベルト大統領は新しい国立公園を設定し、また、すでにあるものを改善することに力を注いだ。」

国立公園を訪れる利用者に自然のしくみや大切さを伝える博物展示施設であるビジターセンターについては上高地や雲仙のケースで述べた。現在国立公園内に同類の施設は、合わせると１４０施設も存在する。そのうち国が設置・管理しているものは50もある。そこにレンジャーが配置され、利用者に語りかけるだけでも環境教育の効果は大きい。「あなたの公園」と問うて、「私たちの公園」と応えるようになれば国立公園はもっと意識されるだろう。

日本でも平成11年から小・中学生対象に「子どもパークレンジャー」というプログラムが当時の文部省と環境庁でスタートした。レンジャーの指導・協力のもとでのパトロールや利用者の指導啓発、登山道の清掃や補修、帰化植物の除去などのいろいろな環境保全活動を体験するもので、現在は14国立公園等で行われており、約１５００人が参加している。

アメリカの大恐慌の折に国立公園もキャンプを設置して失業者を受け入れ、公園整備を行った。１９２９年の世界大恐慌で全米では２９〜３２年の名目ＧＮＰは44％も縮小し、卸売物価も40％下落、企業収益は50％低下した。失業率は３３年に25％を超え、失業率も１５００万人（２４００万人という説もある）にまで達した。フーバー大統領は、不況救済事業は地方政府の役割であって、連邦政府は均衡財政という健全財政を行えばよいとしていた。

１９３３年に大統領に就任したＦ・ルーズベルトは工業、農業、商業、金融、労働など経済全般にわたる一連の総合政策（ニューディール政策）を展開した。すべての政策が成功したわけではないが、その中でＴＶＡ計画といわれる公共投資主導のハード面からの不況対策テネシー川流域総合開発計画は知られている。しかし地味ながら失業中の若者を国有林、国立公園などの自然のフィールドに赴かせ、体をぶっつけての国土開発や保全に挑んだＣＣＣ（Civilian Conservation Corps　民間国土保全部隊）というソフト面からの対応策はあまり知られていない。

1933年に成立した法律では、セニョリティ・システム（先任権制）によって不況下では真っ先に解雇される若者に未来への希望を持たせるために、18〜25歳の男子失業者25万人を対象に、植林、山火事防止活動、道路建設、土壌浸食防止、国立公園保全、治水などの国土保全事業に従事させることを規定した。若者たちは6か月から1年間、森の緑を思わせる制服を着てキャンプ生活を体験し、厳しい規律や団体生活を覚えた。彼らには月30ドル（注10）を支給し、25ドルは家庭に仕送りさせた。最盛期には50万人を雇用し、延べでは250〜300万人に及んだ。人材調達は労働省、キャンプ運営は陸軍省、作業計画・運営では農務省と内務省が参画した。

全国で1500か所に設立したCCCのうち、内務省国立公園局で33年から41年の9年間に400か所のキャンプを管轄して、国立公園内の道路整備、ビジターセンターなどの施設の建設・修復・復旧を指導した。グレートスモーキー山脈国立公園の設立と道路整備、シェナンドァ国立公園のスカイラインなどにその足跡を見ることができる。

この政策は第2次世界大戦開戦の様相を背景に42年にCCCは廃止され、軍隊に吸収された。戦後

（注10）　1929年の為替は金解禁によって100円が49ドル7／8で固定された。1ドルが2円相当であった。日本の物価指数は企業間で取引される際の商品価格は34〜36年の平均1で、現代はその約712倍だから1ドルは1424円となる。

阿部弘子の『株価大暴落が大恐慌を引き起こしたのか』（平成5年　文芸社）によれば、31年のフォード社の未熟練労働者の最低賃金を日額6ドルだったのが、4ドルに引き下げられたとある。6ドルはおよそ8500円で、現在のアクティブ・レンジャーの日当並と言えるし、月30ドルは4万3000円程度だということになり、キャンプの青年は一月7000円余で生活していたことになる

立教大学の学生ボランティアによる梓川右岸遊歩道の修繕

はケネディ大統領のもとで平和部隊として復活した。

国立公園利用施設の整備には格段の効果は見られたものの、一方では自然環境への十分な配慮が足りない過剰な道路建設や未熟練者の従事などから施工上の問題も指摘された。

しかし大自然に対してスコップとツルハシを持って労働することは、自然を観念的にとらえる都市住民に対して、適切な指導がなされれば実務を通した格好の環境教育となる可能性を秘めている。事実、上高地において筆者が教えていた立教大学観光学部の学生たちが、ボランティア活動として道普請や移入種植物の除去作業に関わったことで、彼らの自然観は確実に変った。最初のボランティアリーダーだったM君はツシマヤマネコを護るプロジェクトに関わりたくてアクティブ・レンジャーを志願し、対馬に渡たり、もう4年近くになる。彼は大学院在学中に1年間休学して「イリオモテヤマネコと共生する島づくり」をテーマとした調査報告書をまとめるため西表島に渡り、島人と呑み、かつ、語り、集落の祭りにも参加するなどして住民の心を通わせる努力を重ねた。まさしく本物のレンジャーらしき体験も、彼の応募の動機だったかもかもしれない。

この上高地でのボランティア活動は世代を超えて今も毎年実施されている。

アメリカではVIP（Volunteers In Parks）というナショナルパークシステム内での季節的ボランティア活動が組織的に展開されているし、イギリスにはナショナル・トラスト管理地でのボランティア・ワークキャンプ「エーコン・プロジェクト」などがあり、環境教育効果も認識されている。

参考資料　畠山武道『アメリカの環境保護法』（平成4年　北海道大学図書刊行会）
ビジネス・フロンティア開発協議会『CCCジャパンの提言』（平成2年）
栢原英郎『日本人の国土観』（平成20年　ウエイツ）

再生する国立公園に

第三は、公園内での自然とのふれあいには作法があるということだ。都会生活と同じように利便性と快適性を追求して、公園内に贅沢な生活様式を持ち込むのではなく、できるだけ簡素な行動を選択することだ。イギリスの湖水地方をこよなく愛し、自然と対話する詩人といわれたウイリアム・ワー

湖水地方国立公園でのハイカー

ズワースはその地に生活し「簡素な生活と高遠なる思索」と唱えた。

ひたすら歩くという行為は、省資源、省エネルギーにもつながるし、何よりも健康を取り戻し、そこから自然との共生の在り様も見えてくる。国立公園はその絶好の場であるし、誰にも邪魔されることがない。

本物の自然からのメッセージ、自然という万巻の書を紐解き読み解いてくれるインタープリターという人たちに会える国立公園でありたい。単なる国立公園案内標識や解説板でなく、そのようなレンジャーと出会ってこそ国立公園はずっと近い存在になる。

日常生活における情報過多と精密化に追いかけられている現代人は、感覚も身体能力も低下している。生きもの本来が持っている野性的な感覚やエネルギーを呼び起こし、覚醒させることが必要なのだ。それは精神的には癒しであり、肉体的には蘇生というのかもしれない。自然に波長を合わせ無心に歩くこと、立ち止まることが、日常とは異なるもう一つの自分を取り戻すモードになっているはずだ。そのときには「再生する国立公園」だけでなく、われわれも賞味期限切れの生活から脱却することができる。

公園内の歩道整備などの事業もすべてを機械にゆだねるのではなく、スコップとツルハシという自然からの感触を実感できる人手とゆったりした時間、まさしく手間をかけることで味わいのある施設が出現する。そのことは自然の中だけでの作法ではなく、日常の生活にも活かされていくことだろう。

レンジャーは現場に戻れ、そしてチームを作れ

国立公園の3つの使命のいずれにおいてもレンジャーは重要な役割をもつ。

いま国立公園には正規のレンジャー（自然保護官）だけでなく、期間雇用のアクティブ・レンジャーがいる（注11）。さらにグリーンワーカー（国立公園等民間活用特定自然環境保全活動）事業の人たち、自然公園指導員、パークボランティアや各分野のボランティアなど公園管理の輪は確実に広がっている。レンジャーはかってのように孤独ではない。この人たちと国立公園管理のためのチームをつくり、互いに補い合いつつ「私たちの公園」をつくり上げていくことが望まれる。その核たる人はあくまでレンジャーであり、自らが担当する国立公園に国立公園管理官として戻ってきて、誇りをもって国立公園再生の旗手となってもらいたい。

（注11）アクティブ・レンジャー　国立公園等の現地管理体制を強化するため、保護地域内のパトロール、調査、利用者指導、自然解説や地域のボランティアとの連絡調整などの業務を担う自然保護官補佐。これは環境省の自然保護官（レンジャー）が会議や許認可指導などの室内業務に追われ、フィールド活動に手が回らないために補強された予算措置。平成17年度から全国11か所の自然保護事務所単位に募集を始め、全国47地区に60人が導入され、現在では80人。任期は最長で4年。日給月給制で大学卒での日給は8000円程度

国立公園管理官というレンジャーが、自然保護官に名称が変わり、自然保護さえやっていればいいのだと、意識まで変わったとしたら残念なことだ。情報化社会では、レンジャーが自然の最前線にいて国立公園についてのさまざまな情報を入手し、分析し、地域の人とも直に語り合い、自らが的確な判断を選択することが重要である。科学的な数値データとパブリックコメントという形式的意見の聴取ですべてを決するのでなく、生身の情報をつかむことがレンジャーに求められる。そのためにもチームつくりは欠かせない。

菊づくり、菊見るときは陰の人か？　国立公園の管理者レンジャーは、利用者が到来するときには、準備万端整えてあたかも打ち水をして姿を消すがごとき応対が理想なのか、彼らの前に現れて積極的に自然について語り始めるナチュラリストやインタープリターなのか、あるいは、普段は姿を見せなくとも緊急の対応を常に心がけている黒子が理想なのか、種々の議論もあろうし、筆者にも判断がつかない。脚本を書きさえすれば劇場から姿を消すのか、観客の反応を見守る演出者たるべきか、はたまた観客に直接訴える俳優たるべきか、レンジャーの持つ種々の理想体は検証され、議論なされる必要があると思う。しかしそのいずれもが現場での振る舞いであるべきなのだ。摩周展望台での初心は古希を過ぎた今も答えを見出せないままである。

あとがきに代えて――オホーツク村のできごと

厳冬期にジブリ美術館に勤めるF君に誘われてオホーツク村に行ったときのことだった。小清水町の雪原で「北きつねヘレン」の主治医だった竹田津実氏と一緒に、夜明け前からキタキツネの求愛行動を観察して以来の訪問だった。

「オホーツク村」は、オホーツク海の砂丘を彩る原生花園で知られている小清水町浜小清水の天然の防風林に接している。財団法人「小清水の自然と語る会」の活動地でエゾモモンガもエゾリスも野鳥もみんなが住民だ。それは自然を守るというより、自然に語りかけ自然の営みになじんだ作業を続けている、もう一つのナショナルトラスト運動地といってもいい。世界自然遺産の斜里町の「知床で夢を買いませんか」全国運動と異なる方式で、メンバーも地元の人たちが中心だが、全国の支援者の寄付金で完成した村役場はログハウス。竹田津さんは村長で、買い取った農地に傷害水鳥のリハビリ用の池を掘るために自家のユンボやブルで力仕事をしてくれた農家の原田さんは会の理事長だ。行政庁の町役場より、この村役場のほうが有名だ。

完成間もない頃、役場の地下に案内され「このワイン貯蔵庫に何本でもワイン預かるよ」といわれた。完成祝いにと赤白取り混ぜて1ダースを東京から送った。ところがこの飲み仲間は律儀で、1本も栓を抜いていないという。だから一晩で12本飲み空かそうと訪れたのだった。

F君も紹介しておこう。筆者は役人を辞めた後、朝日カルチャーセンターで「自然に聴く」と銘打ったツアーを企画し、同行していた。ツアーの成果は、自然の装いと移ろいを参加者にどのように感応してもらえるにかかっている。それにはインタープリターと呼ばれる自然のメッセージを的確に、わかりやすく伝えることのできる現地案内人と、企画段階でこと細かく注文する筆者の要望を聞いてエコツアーのアゴ・アシ手配をしてくれる同志が必要だった。旅行会社の本社にいたF君は途中からこのツアーの担当になった。竹田津氏も、白神山地での目屋マタギも、西表島のヤマネコ研究者も、みんな名ガイドでありインタープリターだったし、F君の手配と客捌きもよく、楽しいツアーが続いた。

数年して、彼は井の頭公園の一画、三鷹の森に建設中のジブリ美術館の渉外・運営担当に応募し、採用された。彼が辞めたのと20回を区切りに、筆者もこのツアーを終えた。その彼が、思い出深い地や人を訪ねて、また、特別の時期に再訪しようと誘う。奄美の加計呂麻島や阿蘇の野焼き行事もそうだし、今回の道東行きもそれだった。

流氷の向こうに横たわる知床半島を写そうと、夕暮と日の出前は海岸に出かけ、後は飲んで騒ぐことにした。夕闇迫る頃、持参したシャボン玉液を取り出した。村人はみな怪訝な顔をしている。それは厳冬期の北海道ツアーには欠かせない僕の小道具なのだ。極寒の朝にみんなで挑戦し、その凍ったシャボン玉が空中で弾けて朝日に輝くときは、虹が粉々に散ったような色彩を帯び幻想的な光景になる。

「皆さん、零下20度のいまシャボン玉は凍るでしょうか？」と僕は問う。凍らないよ、弾けるよ、といいながら村人は飲み始める前にストローを取り合って挑戦する。吐く息の温度と外気の差が上昇を助ける。弾けたり、萎んだりするのもあるが、着雪具合がよければ雪上にシャボン玉のままの状態が維持できる。みんなで一通り飛ばしてから役場に戻り、酒盛りになった。村人たちは夜更けには帰り、筆者とF君が泊まった。

未明に雪原を照らす満月を見ながら海辺に出て、カメラを構えた。前夕は残照がピンクに知床連山を染めるのを狙ったがダメだった。朝は、暁光で知床半島がシルエットになった。

役場に戻ったところ、F君が「瀬田さん、キツネがシャボン玉を壊しているよ」という。林のほうからの足跡が、わざわざその地点に寄り道をして鼻で突付いたのか、凍ったシャボン玉の半分が壊れている。足跡は林とは反対の方向に続いていた。真っ白い雪原に白く凍ったシャボン玉をどうして見つけたのだろうか。昨晩に顔見知りの村人たちが狂喜して遊んでいる光景を、林のなかからじっと覗いていたに違いない。それを住民の立場から検証にやってきたらしい。どうやら人間だけが動物をウオッチングしているのではない。野生動物だって我々人間を物見しているのだ。オホーツク村では人も動物もみな仲間なのだと思った。

平成20年12月　瀬田信哉

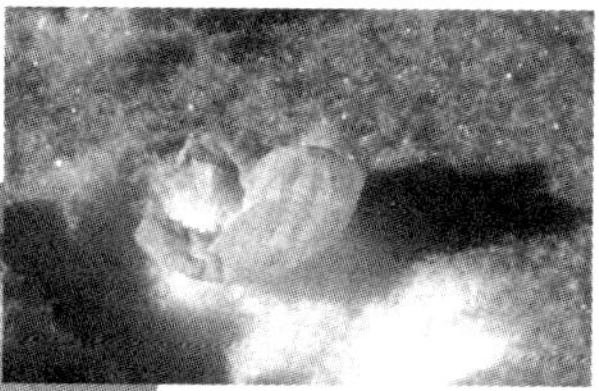

上　壊されたシャボン玉
下　キツネの足跡（右側からあらわれ寄り道をして左前方に去った跡）

清水弘文堂書房の本の注文方法

■電話注文03－3770－1922／046－804－2516■FAX注文046－875－8401■Eメール注文mail@shimizukobundo.com（いずれも送料300円注文主負担）■電話・FAX・Eメール以外で清水弘文堂書房の本をご注文いただく場合には、もよりの本屋さんにご注文いただくか、本の定価（消費税込み）に送料300円を足した金額を郵便為替（為替口座00260－3－59939 清水弘文堂書房）でお振り込みくだされば、確認後、一週間以内に郵送にてお送りいたします（郵便為替でご注文いただく場合には、振り込み用紙に本の題名必記）。

再生する国立公園 日本の自然と風景を守り、支える人たち
ASAHI ECO BOOKS 25

発行 二〇〇九年三月五日
著者 瀬田信哉
発行者 荻田 伍
発行所 アサヒビール株式会社
住所 東京都墨田区吾妻橋一・二三・一
電話番号 〇三・五六〇八・五一一一
編集発売 株式会社清水弘文堂書房
発売者 礒貝日月
住所 東京都目黒区大橋一・三・七・二〇七
電話番号 《受注専用》〇三・三七七〇・一九二二
Eメール mail@shimizukobundo.com
HP http://shimizukobundo.com/
編集室 清水弘文堂書房葉山編集室
住所 神奈川県三浦郡葉山町堀内八七〇・一〇
電話番号 〇四六・八〇四・二五一六
FAX 〇四六・八七五・八四〇一
印刷所 モリモト印刷株式会社

ISBN978-4-87950-591-0 C0031